Der Traum des Nebukadnezar

Aus dem «Speculum humanae salvationis». Codex Palatinus Latinus 413. Vatikan. 15. Jahrh.

C. G. JUNG

ÜBER PSYCHISCHE ENERGETIK UND DAS WESEN DER TRÄUME

WALTER-VERLAG
OLTEN UND FREIBURG IM BREISGAU

Erschienen 1967
in «Die Dynamik des Unbewußten»
Gesammelte Werke Band 8

Vierte Auflage der Einzelausgabe

Druck: Tschudi & Co., Glarus
Printed in Switzerland

ISBN 3530 40750 x

INHALT

VORWORT ZUR ERSTEN AUFLAGE

In diesem vorliegenden II. Bande der «Psychologischen Abhandlungen» lasse ich vier Arbeiten erscheinen, von denen drei bisher nur in englischer Sprache publiziert sind. (Nr. 1, 2, und 4 in *Collected Papers on Analytical Psychology,* 2. Aufl., London 1917.) Während sich eine Arbeit mit dem immer noch ungelösten Problem der Traumbedeutung befaßt, beschäftigen sich die drei übrigen Untersuchungen mit einer – nach meiner Ansicht – höchst zentralen Frage, nämlich mit den psychischen Grundfaktoren, den *dynamischen Bildern,* welche, wie mir scheint, das Wesen der psychischen Energie ausdrücken. Ich bin mit meinem Begriffe einer psychischen Energie *(Wandlungen und Symbole der Libido,* 1912; Neuauflage: *Symbole der Wandlung,* 1952) auf ebensoviel Widerspruch wie Unverständnis gestoßen, so daß es mir lohnend erschien, das Problem der psychischen Energetik nochmals, und zwar diesmal nicht von der angewandten, sondern von der theoretischen Seite her, zu behandeln. Der Leser muß daher keine Wiederholungen befürchten.

Küsnacht-Zürich 1928

C. G. Jung

VORWORT ZUR ZWEITEN AUFLAGE

Die in diesem Bande enthaltenen Aufsätze stellen Versuche dar, die chaotische Mannigfaltigkeit der psychischen Phänomene durch die Einführung von Begriffen, welche auch auf andern Gebieten Geltung haben, zu ordnen. Da wir noch ganz am Anfang psychologischer Erkenntnis stehen, gilt unsere Bemühung elementaren Begriffen und Tatsachengruppen und nicht den doch nie ganz zu durchleuchtenden, individuellen Komplikationen, an denen unsere Kasuistik so reich ist. Mit dem FREUDschen «Modell» der Neurose und des Traumes ist das Erfahrungsmaterial nur ungenügend erklärt; infolgedessen muß sich die ärztliche Psychologie um eine weitere Vervollkommnung der Methoden sowohl wie ihrer psychologischen Begriffe bemühen, und dies ganz besonders darum, weil die «akademische» Psychologie bis jetzt darauf verzichtet hat, das Unbewußte empirisch zu erforschen. Es fällt also nach wie vor der ärztlichen Psychologie die Aufgabe zu, die für das Verständnis der Gesamtpsyche so wichtige Kompensationsbeziehung zwischen der bewußten und der unbewußten Seele zu erforschen.

Außer den nötigen Verbesserungen haben keine eingreifenden Veränderungen des Textes stattgefunden. Die Zahl der Aufsätze ist auf sechs vermehrt worden, indem ich eine kurze Übersicht über die *Komplextheorie,* sowie eine Darstellung der neueren Gesichtspunkte in der *Traumforschung* beifügte.

Küsnacht-Zürich im Mai 1947 Der Autor

ÜBER DIE ENERGETIK DER SEELE

I

ALLGEMEINES ÜBER DIE ENERGETISCHE BETRACHTUNGSWEISE IN DER PSYCHOLOGIE

EINLEITUNG

Der Begriff der *Libido,* den ich vorgeschlagen habe [1], ist auf viele Mißverständnisse, sogar auch auf strikte Ablehnung gestoßen. Es dürfte daher nicht überflüssig sein, wenn ich nochmals auf die Grundlagen dieses Begriffes eingehe.

Es ist eine allgemein bekannte Tatsache, daß man physische Geschehnisse von zwei Standpunkten aus betrachten kann, nämlich vom *mechanistischen* und vom *energetischen* Standpunkt [2]. Die mechanistische Anschauung ist rein kausal und begreift das Geschehnis als Folge aus einem Grunde, in der Weise nämlich, daß unveränderliche Substanzen nach festen Gesetzen ihre Beziehungen zueinander ändern.

Die energetische Anschauung dagegen ist im wesentlichen final [3] und begreift das Geschehnis aus der Folge zum Grunde in der Weise, daß eine Energie den Veränderungen der Erscheinungen zugrunde liege, in eben diesen Veränderungen sich konstant erhalte und schließlich entropisch einen Zustand allgemeinen Gleichgewichtes herbeiführe. Der energetische Ablauf hat bestimmte Richtung (Ziel), indem er unabänderlich (irreversibel) dem Potentialgefälle folgt. Die Energie

1. Vgl. *Wandlungen und Symbole der Libido.* 1912, p. 120 ff; Neuauflage: *Symbole der Wandlung.* 1952. p. 218 ff.

2. Vgl. W. Wundt, *Grundzüge der physiologischen Psychologie.* III. 5. Aufl. 1903, p. 692 ff. Bezüglich des dynamistischen Standpunktes vgl. Ed. v. Hartmann, *Weltanschauung der modernen Physik.* 1909, p. 202 ff.

3. Ich vermeide den Ausdruck «teleologisch», um dem Mißverständnis, welches dem landläufigen Begriff der Teleologie anhaftet, auszuweichen, nämlich der Annahme, die Teleologie enthalte den Begriff einer antizipierenden Zwecksetzung.

ist keine Anschauung einer im Raume bewegten Substanz, sondern ein aus den Bewegungsbeziehungen abstrahierter *Begriff*. Seine Grundlagen sind also nicht die Substanzen selber, sondern ihre Beziehungen, während die Grundlage des mechanistischen Begriffs die im Raume sich bewegende Substanz ist.

Beide Gesichtspunkte sind für das Begreifen des physischen Geschehens unerläßlich und erfreuen sich deshalb allgemeiner Anerkennung, indem durch das Nebeneinanderbestehen von mechanistischer und energetischer Betrachtungsweise eine dritte Anschauungsform sich allmählich herausgebildet hat, die sowohl mechanistisch als energetisch ist, obschon, rein logisch betrachtet, das Aufsteigen vom Grund zur Folge, die progressive Ursachwirkung, nicht zugleich auch die regressive Auswahl eines Mittels zum Zwecke sein kann[4]. Wir können unmöglich denken, daß ein und dieselbe Verknüpfung von Tatsachen zugleich kausal und final sei, denn die eine Determinierung schließt die andere aus. Es sind eben zwei verschiedene Betrachtungsweisen, von denen die eine die Umkehrung der andern ist, denn das Finalitätsprinzip ist die logische Umkehrung des Kausalitätsprinzips. Die Finalität ist nicht nur logisch möglich, sondern ist auch ein unerläßliches Prinzip der Erklärung, denn keine Naturerklärung kann nur mechanistisch sein. Ja, wenn unserer Anschauung nur bewegte Substanzen gegeben wären, so gäbe es nur Kausalerklärung. Aber ebenso sind unserer Anschauung auch die Bewegungsbeziehungen gegeben, welche zur energetischen Betrachtungsweise nötigen[5]. Wenn dem nicht so

4. «Finalursachen und mechanische Ursachen schließen sich aus, weil eine eindeutige Funktion nicht zugleich eine vieldeutige sein kann.» (WUNDT, l. c., III, p. 728.) Es erscheint mir als unzulässig, von «Zweckursachen» zu sprechen, indem dies ein hybrider Begriff ist, der aus einer Vermischung kausaler und finaler Betrachtungsweise hervorgeht. Bei WUNDT ist die Kausalreihe zweigliedrig und eindeutig, nämlich Ursache M und Wirkung E, die Zweckreihe aber dreigliedrig und mehrdeutig, nämlich Zwecksetzung A, Mittel M, Zweckerfüllung E. Diese Konstruktion halte ich ebenfalls für ein hybrides Gebilde, indem der Begriff der Zwecksetzung eine kausal gedachte Ergänzung der wirklichen finalen Reihe M–E ist, die ebenfalls zweigliedrig und eindeutig ist. Insofern nämlich die finale Betrachtungsweise nur die Umkehrung der kausalen ist (WUNDT), ist M–E einfach der umgekehrt betrachtete kausale Zusammenhang. Die Finalität kennt keine an den Anfang gesetzte Ursache, denn finale Betrachtungsweise ist keine kausale, hat also keinen Ursachebegriff, wie auch die kausale Betrachtungsweise keinen Zweck- resp. Erfüllungsbegriff hat.

5. Der Streit zwischen Energetismus und Mechanismus ist ein Parallelfall des alten Universalienproblems. Gewiß ist der sinnlichen Anschauung nur das Einzelding ge-

wäre, so hätte es überhaupt nie der Erfindung des Energiebegriffs bedurft.

Das Vorwiegen der einen oder andern Betrachtungsweise hängt weniger von dem objektiven Verhalten der Dinge, als vielmehr von der psychologischen Einstellung des Forschers und Denkers ab. Einfühlung führt zur mechanistischen, Abstraktion zur energetischen Betrachtungsweise. Beide Richtungen sind geneigt, den Denkfehler zu begehen, ihre Prinzipien durch die sogenannten objektiven Gegenstände der Erfahrung zu hypostasieren und anzunehmen, daß die subjektive Anschauung identisch mit dem Verhalten der Dinge sei, daß also z. B. die Kausalität, wie wir sie in uns vorfinden, auch objektiv im Verhalten der Dinge liege. Dieser Irrtum ist ganz gewöhnlich und führt darum zu unaufhörlichen Konflikten mit dem entgegengesetzten Prinzip, denn es kann, wie gesagt, unmöglich gedacht werden, daß die Determinierung zugleich kausal und final sei. Dieser unerträgliche Widerspruch kommt aber nur durch die unerlaubte und gedankenlose Projektion der bloßen Betrachtungsweise ins Objekt zustande. Die Betrachtungsweisen sind nur dann ohne Widerspruch, wenn sie in der Sphäre des Psychologischen gehalten und nur hypothetisch in das objektive Verhalten der Dinge projiziert werden. Das Kausalitätsprinzip erträgt ohne Widerspruch seine logische Umkehrung, die Tatsachen aber nicht, darum müssen sich Finalität und Kausalität im Objekt ausschließen. Nach der bekannten Manier der Verkleinerung pflegt man allerdings einen vom theoretischen Standpunkt aus unzulänglichen Kompromiß zustande zu bringen, dadurch daß man dieses Stückchen kausal, jenes Stückchen final betrachtet[6], wobei dann allerhand theoretische Mischprodukte zustande kommen, die aber, man kann es nicht ableugnen, ein relativ getreues Abbild der Wirklichkeit

geben, und insofern ist das Universale nur nomen, ein Wort. Zugleich aber sind auch die Ähnlichkeiten resp. die Beziehungen der Dinge gegeben, und insofern ist das Universale eine Realität (ABAELARDS *relativer Realismus).*

6. Finalität und Kausalität sind zwei Möglichkeiten des Verstehens, die antinomisch sind. Sie sind progressive und regressive «Interpretanten» (WUNDT) und als solche kontradiktorisch. Dieser Satz ist natürlich nur dann richtig, wenn vorausgesetzt wird, daß der Energiebegriff eine Abstraktion ist, welche Beziehung ausdrückt. («Die Energie ist Beziehung». ED. V. HARTMANN, l. c., p. 196.) Nicht richtig aber ist dieser Satz, wenn ein hypostasierter Energiebegriff (wie z. B. bei W. OSTWALD, *Die Philosophie der Werte.* 1913) vorausgesetzt ist.

ergeben[7]. Wir müssen uns stets vor Augen halten, daß auch trotz schönster Übereinstimmung der Tatsachen mit unserer Anschauung Erklärungsprinzipien eben nur Betrachtungsweisen, d. h. Phänomene der psychologischen Einstellung und der aprioristischen Bedingungen des Denkens überhaupt sind.

DIE MÖGLICHKEIT DER PSYCHOLOGISCHEN QUANTITÄTSBESTIMMUNG

Aus dem bisher Gesagten dürfte ohne weiteres erhellen, daß jegliches Geschehen sowohl die mechanistisch-kausale, wie die energetisch-finale Betrachtungsweise herausfordert. Die *Opportunität,* d. h. die *Erfolgsmöglichkeit* allein entscheidet, ob diese oder jene Betrachtungsweise den Vorzug erringt. Wenn z. B. die qualitative Seite des Geschehens in Frage kommt, so wird die energetische Betrachtungsweise den kürzeren ziehen, indem sie nichts mit den Substanzen, sondern nur mit deren quantitativen Bewegungsbeziehungen zu tun hat.

Es ist schon viel darüber gestritten worden, ob das psychische Geschehen ebenfalls einer energetischen Betrachtungsweise unterworfen werden könne oder nicht. A priori ist kein Grund vorhanden, warum dies nicht möglich wäre, denn es liegen keine Gründe vor, das psychische Geschehen von den objektiven Gegenständen der Erfahrung auszunehmen, denn auch das Psychische selber kann ein Gegenstand der Erfahrung sein. Wie WUNDTS Beispiel zeigt[8], kann man in guten Treuen daran zweifeln, ob der energetische Gesichtspunkt in bezug auf psychische Phänomene überhaupt verwendbar sei, und wenn ja, ob die Psyche als ein relativ geschlossenes System betrachtet werden dürfe.

Was den ersten Punkt anbetrifft, so muß ich mich ganz VON GROT, einem der ersten, der psychische Energetik forderte, anschließen, wenn er sagt: «Der Begriff der psychischen Energie ist in der Wissen-

7. «Der Unterschied zwischen teleologischer und kausaler Betrachtung ist kein sachlicher, der die Inhalte der Erfahrung in zwei disparate Gebiete scheidet, sondern beide Betrachtungsweisen sind lediglich formal verschieden, derart, daß zu jeder Zweckbeziehung eine Kausalverknüpfung als ihre Ergänzung gehört, umgekehrt aber auch jeder kausalen Verbindung nötigenfalls eine teleologische Form gegeben werden kann.» (WUNDT, l. c., III, p. 737.)

8. Vgl. Fußnote 4 oben.

schaft ebenso berechtigt, wie derjenige der physischen Energie, und die psychische Energie hat ebensolche quantitativen Maße und verschiedene Formen wie die physische[9].»

Was den zweiten Punkt anbetrifft, so unterscheide ich mich von den bisherigen Bearbeitern dieser Frage insofern, als ich mich mit der Frage der Einordnung der psychischen Energieprozesse ins physische System so gut wie nicht beschäftige. Ich tue dies darum nicht, weil wir darüber höchstens vage Vermutungen, aber keine wirklichen Anhaltspunkte besitzen. Obschon ich sicher bin, daß die psychische Energie irgendwie mit dem physischen Prozeß aufs innigste verknüpft ist, so bedürfen wir noch ganz anderer Erfahrungen und Einsichten, um auch nur mit einiger Kompetenz von dieser Verknüpfung zu sprechen. Was die philosophische Seite der Frage betrifft, so stehe ich ganz auf dem Boden der von BUSSE hierüber entwickelten Anschauungen[10]. Ich muß auch KÜLPE beipflichten, wenn er hiezu sagt: «Es bliebe sich demnach ganz gleich, ob ein Quantum geistiger Energie sich in den Ablauf der materiellen Prozesse einschöbe oder nicht: das Gesetz der Erhaltung der Energie in seiner bisherigen Auffassung würde nicht verletzt werden[11].»

Die psychophysische Relation ist meines Erachtens ein Problem für sich, das vielleicht einmal gelöst werden wird. Derweilen aber hat sich die Psychologie bei dieser Schwierigkeit nicht aufzuhalten, sondern kann die Psyche als ein *relativ* geschlossenes System betrachten. Dabei muß allerdings mit dem mir unhaltbar erscheinenden «psychophysischen» Standpunkt gebrochen werden, denn seine epiphänomenologische Betrachtungsweise ist noch ein Erbstück des alten, wissenschaftlichen Materialismus. Wie z. B. LASSWITZ, VON GROT u. a. meinen, hätten die Erscheinungen des Bewußtseins keine funktionellen Verknüpfungen untereinander, denn sie seien ja *nur* (!) «Erscheinungen, Äußerungen, Merkmale gewisser tieferer funktioneller Verhältnisse». Die Kausalbeziehungen psychischer Tatsachen unter sich, die wir jederzeit beobachten können, widersprechen der epiphänomenologischen Ansicht, die eine fatale Ähnlichkeit hat mit der materialistischen Mei-

9. N. VON GROT, *Die Begriffe der Seele und der psychischen Energie in der Psychologie.* In: *Archiv für systematische Philosophie.* IV. 1898, p. 290.

10. L. BUSSE, *Geist und Körper, Seele und Leib.* 1903.

11. O. KÜLPE, *Einleitung in die Philosophie.* 7. Aufl., 1915. p. 150.

nung, daß die Psyche das Sekret des Gehirns sei, wie die Galle das der Leber. Eine Psychologie, die das Psychische als Epiphänomen betrachtet, tut besser, sich eine Gehirnphysiologie zu nennen und mit der überaus spärlichen Ausbeute sich zu begnügen, welche eine solche Psychophysiologie liefert. Das Psychische verdient als ein Phänomen an sich genommen zu werden; denn es liegen gar keine Gründe vor, wonach es als bloßes Epiphänomen zu betrachten wäre, obschon es an die Gehirnfunktion gebunden ist, so wenig als man das Leben als ein Epiphänomen der Kohlenstoffchemie auffassen kann.

Die unmittelbare Erfahrung von psychischen Quantitätsbeziehungen einerseits und die tiefe Dunkelheit einer noch ganz unfaßbaren psychophysischen Verknüpfung andererseits berechtigen zu einer wenigstens provisorischen Betrachtung der Psyche als eines relativ geschlossenen, energetischen Systems. Ich befinde mich damit in direktem Gegensatz zu von Grots psychologischer Energetik. Meines Erachtens bewegt er sich damit auf einem ganz unsicheren Boden, weshalb auch seine weiteren Ausführungen wenig Beweiskraft besitzen. Immerhin möchte ich von Grots Formulierungen, als die Äußerungen eines Pioniers auf diesem schwierigen Gebiete, dem Leser wörtlich vorsetzen:

1. Die psychischen Energien sind ebensolche Quantitäten und Größen, wie die physischen.

2. Sie sind gegenseitig in einander, als verschiedene Formen der psychischen Arbeit und psychischen Potentialität, umwandelbar.

3. Sie können ebenso in physische Energien und umgekehrt verwandelt werden (durch Vermittlung der physiologischen Prozesse)[12].

Ich brauche wohl kaum beizufügen, daß Satz 3 mit einem bedeutungsschweren Fragezeichen versehen werden muß. Es ist in letzter Linie nur die Opportunität, welche darüber entscheidet, nicht ob die energetische Betrachtungsweise an sich möglich sei, sondern ob sie im praktischen Fall Erfolg verspricht[13].

Die Möglichkeit der exakten Quantitätsbestimmung der physikalischen Energie hat die Erfolgsmöglichkeit der energetischen Betrachtungsweise für das physische Geschehen *bewiesen*. Es wäre aber auch

12. von Grot, l. c., p. 323.

13. von Grot geht sogar so weit zu sagen: «Das onus probandi fällt denen zu, die die psychische Energetik leugnen, aber nicht denen, die sie anerkennen.» l. c., p. 324.

möglich, das physische Geschehen energetisch zu betrachten, wenn keine exakte Quantitätsbestimmung, sondern bloß die Möglichkeit der *Schätzung der Quantitäten* vorhanden wäre [14]. Wenn aber selbst eine bloße Schätzung durchaus unmöglich wäre, dann müßte man allerdings auf eine energetische Betrachtungsweise verzichten, denn wenn nicht zum mindesten eine Schätzungsmöglichkeit der Quantitäten vorhanden ist, ist der energetische Standpunkt gänzlich überflüssig.

a) *Das subjektive Wertsystem*

Die Anwendungsmöglichkeit des energetischen Standpunktes in der Psychologie beruht ausschließlich auf der Frage, ob Quantitätsschätzungen der psychischen Energie möglich sind. Diese Frage ist unbedingt zu bejahen, denn unsere Psyche besitzt sogar ein außerordentlich fein ausgearbeitetes Schätzungssystem, nämlich das *System der psychologischen Werte.* Werte sind energetische Quantitätsschätzungen. Dabei ist zu bemerken, daß wir nicht einmal bloß über ein objektives Wertsystem, sondern auch über ein objektives Maßsystem verfügen, nämlich über die kollektiven moralischen und ästhetischen Werte. Dieses Maßsystem ist allerdings für unsere Zwecke direkt nicht verwendbar, denn es ist eine allgemein festgesetzte Wertskala, welche die subjektiven, resp. individuellen psychologischen Bedingungen nur indirekt berücksichtigt.

Was für unsere Zwecke in erster Linie in Betracht kommt, ist das *subjektive Wertsystem,* d. h. die subjektiven Schätzungen des einzelnen Individuums. Wir können tatsächlich die subjektiven Werte unserer psychologischen Inhalte bis zu einem gewissen Grade einschätzen, wenn schon es uns bisweilen außerordentlich schwer fällt, sie auch objektiv richtig, d. h. im Vergleich mit allgemein festgesetzten Werten richtig zu bemessen. Diese Vergleichung ist jedoch für unsere Zwecke überflüssig, wie schon gesagt. Wir können unsere subjektiven Bewertungen auch untereinander vergleichen und ihre *relative* Stärke bestimmen. Das Maß ist allerdings relativ zu den Werten der andern Inhalte und darum

14. Dies war tatsächlich der Fall mit DESCARTES, der zuerst das Prinzip der Erhaltung der Quantität der Bewegung aufstellte, ohne aber über die physikalischen Maßmethoden, die erst die neuere Zeit entdeckt hat, zu verfügen.

kein absolutes und objektives, aber insofern für unsere Zwecke genügend, als ungleiche Wertintensitäten innerhalb gleicher Qualitäten mit Sicherheit erkannt werden können und gleiche Werte unter denselben Bedingungen sich nachweisbar die Waage halten.

Die Schwierigkeit beginnt erst, wo es sich um die Vergleichung von Wertintensitäten von verschiedenen Qualitäten handelt, z. B. bei der Vergleichung des Wertes eines wissenschaftlichen Gedankens und eines Gefühlseindruckes. Hier wird die subjektive Schätzung unsicher und darum unzuverlässig. Ebenso beschränkt sich die subjektive Schätzung nur auf Bewußtseinsinhalte; sie ist deshalb in Ansehung des Wertes unbewußter Einflüsse untauglich, wo es sich um Schätzungen handelt, welche die Grenzen des Bewußtseins überschreiten sollten.

Bei dem bekannten kompensatorischen Verhältnis von Bewußtsein und Unbewußtem[15] ist es aber gerade von großem Belang, die Möglichkeit von Wertbestimmungen für das Unbewußte aufzufinden. Wenn wir eine energetische Betrachtungsweise des psychischen Geschehens durchführen wollen, so sind wir genötigt, die überaus wichtige Tatsache ins Auge zu fassen, daß bewußte Werte anscheinend verschwinden können, ohne sich in einer entsprechenden bewußten Leistung wieder zu zeigen. In diesem Falle müssen wir theoretisch ihr Erscheinen im Unbewußten erwarten. Da uns aber das Unbewußte weder bei uns selbst noch beim andern direkt zugänglich ist, so kann die Bewertung nur eine indirekte sein, d. h. wir haben Hilfsmethoden nötig, um Schätzungen vorzunehmen. Bei der subjektiven Bewertung hilft Gefühl und Einsicht ohne weiteres, da es sich um eine Funktion handelt, die sich seit undenklicher Zeit entwickelt und aufs feinste differenziert hat. Schon das Kind übt sich frühzeitig in der Differenzierung seiner Wertskala, indem es abwägt, wen es lieber hat, den Vater oder die Mutter, wer an die zweite und die dritte Stelle kommt, und wen es am meisten haßt usw. Diese bewußte Schätzung versagt

15. Die Einseitigkeit des Bewußtseins wird durch eine eventuell gegensätzliche Position im Unbewußten kompensiert. Es sind in erster Linie die Tatsachen der Psychopathologie, welche die Kompensationseinstellung des Unbewußten deutlich zeigen. Viel Belegmaterial hiezu in den FREUDschen sowie ADLERschen Schriften, ebenso in meiner *Psychologie der Dementia praecox,* 1907. Theoretisches in: *Instinkt und Unbewußtes,* in diesem Bande. Über die psychische Kompensation in ihren allgemeinen Zusammenhängen vgl. A. MAEDER, *Régulation psychique et guérison.* In: *Archives suisses de neurologie et de psychiatrie.* XVI, 1925.

nicht nur gegenüber den Manifestationen des Unbewußten, sondern verkehrt sich sogar in offensichtliche Falschschätzungen, die man auch als «Verdrängungen» oder «Verschiebung des Affektes» bezeichnet. Die subjektive Bewertung ist also bei der Schätzung unbewußter Wertintensitäten gänzlich auszuschließen. Infolgedessen bedürfen wir objektiver Anhaltspunkte, welche eine indirekte, aber *objektive Schätzung* ermöglichen.

b) *Die objektive Quantitätsschätzung*

Ich habe bei der Untersuchung der Assoziationsphänomene [16] gezeigt, daß es gewisse Gruppierungen von psychischen Elementen um gefühlsbetonte Inhalte gibt, die man als *Komplexe* bezeichnet. Der gefühlsbetonte Inhalt, der Komplex, besteht aus einem Kernelement und einer großen Anzahl sekundär konstellierter Assoziationen. Das Kernelement besteht aus zwei Komponenten, erstens aus einer Bedingung, die durch die Erfahrung gegeben ist, also einem Erlebnis, welches kausal mit der Umgebung verknüpft ist, zweitens aus einer dem individuellen Charakter immanenten Bedingung dispositioneller Natur.

Das Kernelement ist ausgezeichnet durch den sogenannten Gefühlston, die affektive Betonung. Diese Betonung ist, energetisch ausgedrückt, eine *Wertquantität*. Subjektiv kann die Quantität, insofern das Kernelement bewußt ist, relativ eingeschätzt werden. Ist das Kernelement aber, wie das häufig vorkommt, unbewußt [17] oder wenigstens

16. Vgl. *Diagnostische Assoziationsstudien*. 3. Aufl. 1915.

17. Daß ein Komplex oder sein wesentlicher Kern unbewußt sein kann, ist keine selbstverständliche Tatsache. Ein Komplex wäre gar kein Komplex, wenn er nicht eine gewisse, sogar beträchtliche, affektive Intensität besäße. Dieser energetische Wert sollte ihn – wie man eigentlich erwarten müßte – automatisch ins Bewußtsein heben, d. h. seine ihm innewohnende Attraktivkraft müßte eigentlich die bewußte Aufmerksamkeit anziehen. (Kraftfelder ziehen sich gegenseitig an!) Daß dies nun, wie die Erfahrung lehrt, häufig nicht der Fall ist, bedarf einer besonderen Erklärung. Die nächstliegende und einfachste Erklärung gibt die FREUDsche *Verdrängungstheorie*. Diese Theorie setzt eine im Bewußtsein vorhandene Gegenposition voraus, d. h. die bewußte Einstellung ist dem unbewußten Komplex sozusagen feind und erlaubt ihm keine Bewußtwerdung. Diese Theorie erklärt tatsächlich sehr viele Fälle. Es gibt aber nach meiner Erfahrung Fälle, die sich nach dieser Theorie nicht erklären lassen. Die Verdrängungstheorie hat eigentlich nur diejenigen Fälle im Auge, in denen ein an sich bewußtseinsfähiger Inhalt entweder aus dem vollen Bewußtsein verdrängt und unbewußt gemacht wird, oder a limine von der Bewußtwerdung weggehalten wird. Sie zieht aber jene andern Fälle

in seiner psychologischen Bedeutung unbewußt, dann versagt die subjektive Schätzung. Hier hat die indirekte Schätzungsmethode einzusetzen. Sie gründet sich im Prinzip auf folgende Tatsache: Das Kernelement schafft automatisch einen Komplex in dem Maße, als es affektbetont ist, d. h. energetischen Wert besitzt, wie ich im zweiten und dritten Kapitel meiner *Psychologie der Dementia praecox* ausführlich gezeigt habe. Das Kernelement hat, entsprechend seinem energetischen Wert, *konstellierende Kraft.* Von ihm aus erfolgt eine spezifische Konstellation der psychischen Inhalte. Daraus entsteht der Komplex, der also eine durch den energetischen Wert dynamisch bedingte Konstellation psychischer Inhalte ist. Die erfolgende Konstellation ist aber nicht bloß eine reine Irradiation der Erregung, sondern eine durch die *Qualität* des Kernelementes bedingte *Auswahl* der erregten psychischen Inhalte, welche natürlich energetisch nicht erklärt werden kann, indem die energetische Erklärung quantitativ ist und nicht qualitativ. Zur qualitativen Erklärung benötigen wir des kausalen Gesichtspunktes [18]. Der Satz also, auf den sich die objektive Schätzung psychologischer Wertintensitäten gründet, lautet folgendermaßen: *Die konstellierende Kraft des Kernelementes entspricht dessen Wertintensität bzw. dessen Energie.*

nicht in Betracht, wo aus den an sich nicht bewußtseinsfähigen Materialien des Unbewußten sich ein Inhalt von hoher energetischer Intensität formt, der aber zunächst nicht oder nur unter größten Schwierigkeiten bewußt werden kann. In einem solchen Fall ist die bewußte Einstellung dem unbewußten Inhalt nicht nur nicht feindlich, sondern stünde ihm ganz bereitwillig gegenüber: es handelt sich um schöpferische Neubildungen, die ja bekanntlich überaus häufig ihren allerersten Anfang im Unbewußten nehmen. Wie die Mutter ihr Kind zwar sehnlichst erwartet und es doch nur mit Mühe und Schmerzen zum Licht der Welt bringt, so kann auch ein neuer, schöpferischer Inhalt trotz der Bereitwilligkeit des Bewußtseins für lange Zeit im Unbewußten verharren, ohne daß er «verdrängt» wäre. Er hat zwar einen hohen energetischen Wert und wird doch nicht bewußt. Es ist nicht allzuschwer, diesen Fall zu erklären: da der Inhalt neu und eben deshalb dem Bewußtsein fremd ist, existieren noch gar keine Assoziationen und Beziehungsbrücken zu den Bewußtseinsinhalten. Alle diese Verbindungen müssen erst mühsam gebahnt werden. Ohne sie kann gar keine Bewußtheit zustande kommen. Für die Unbewußtheit eines Komplexes müßte man daher in der Hauptsache zwei Erklärungsgründe in Betracht ziehen: 1. die Verdrängung eines bewußtseinsfähigen und 2. die Fremdheit eines noch bewußtseinsunfähigen Inhaltes.

18. oder eines hypostasierten Energiebegriffes, wie ihn OSTWALD hat. Der für eine kausal-mechanistische Erklärungsweise nötige Substanzbegriff dürfte sich aber wohl kaum auf diese Weise umgehen lassen, denn «Energie» ist im Grunde doch stets nur ein Quantitätsbegriff.

Welche Mittel aber haben wir, um die konstellierende Kraft, welche die Anreicherung eines Komplexes an Assoziationen bewirkt, in ihrem energetischen Werte einzuschätzen? Wir können diesen energetischen Betrag einschätzen:

1. *Nach der relativen Zahl der durch das Kernelement bewirkten Konstellationen.* Die Feststellung geschieht durch direkte Beobachtung einerseits und durch analytische Erschließung andererseits, d. h. je häufiger wir Konstellationen begegnen, die durch einen und denselben Komplex bedingt sind, desto größer muß dessen psychologische Wertigkeit sein.

2. *Nach der relativen Häufigkeit und Intensität der sogenannten Störungs- oder Komplexmerkmale.* Darunter sind nicht nur etwa die im Assoziationsexperiment auftretenden Merkmale zu verstehen, welche ja nichts anderes sind als Komplexwirkungen, deren Form durch die besondere Versuchssituation bedingt ist, sondern wir haben es hier mit denjenigen Phänomenen zu tun, die dem von Versuchsbedingungen freien psychologischen Prozeß eigentümlich sind. Einen großen Teil dieser Erscheinungen hat FREUD beschrieben, als da sind Versprechen, Verschreiben, Vergessen, Mißverstehen und andere Symptomhandlungen. Dazu kommen noch die von mir beschriebenen Automatismen, «Gedankenentzüge», «Bannungen», «Danebenreden[19]» etc. Die Intensität dieser Phänomene läßt sich z. T. direkt durch Zeitmessung bestimmen, wie ich beim Assoziationsexperiment gezeigt habe. Dasselbe ist auch möglich beim unbeschränkten psychologischen Prozeß, wo wir leicht mit der Uhr in der Hand Wertintensität durch Messung der Zeit bestimmen können, welche der Patient braucht, um über gewisse Dinge zu reden. Man könnte einwenden, daß die Patienten doch sehr oft den Hauptteil ihrer Zeit damit verschwenden, daß sie über Nebensachen reden, um die Hauptsache zu umgehen. Das zeigt aber eben, wie viel wichtiger ihnen die sogenannten Nebensachen sind. Der Beobachter muß sich davor hüten, durch arbiträres Urteil die tatsächlichen Hauptinteressen des Patienten als Nebensachen im Sinne einer subjektiven, theoretischen Voraussetzung zu erklären, sondern er hat sich zur Feststellung der Werte ganz an die objektiven Kriterien zu halten. Wenn also z. B. eine Patientin Stunden verschwendet, um

19. Vgl. *Über die Psychologie der Dementia praecox.* 1907. p. 101 ff.

über ihre Mägde zu klagen, statt auf den vom Arzt vielleicht ganz richtig gesehenen Hauptkonflikt zu kommen, so bedeutet dies, daß der Mägdekomplex einen aktuell höheren Energiewert besitzt, als der vielleicht noch unbewußte Konflikt, der sich erst im weiteren Verlaufe der Behandlung als das Kernelement entpuppen wird, oder daß die von der hochwertigen bewußten Position ausgehende Hemmung das Kernelement durch Überkompensation noch im Unbewußten hält.

3. *Nach der Intensität affektiver Begleiterscheinungen.* Für diese Phänomene haben wir objektive Bestimmungsmöglichkeiten, die zwar keine Messung der Affektgröße, wohl aber deren Schätzung erlauben. Die experimentelle Psychologie hat uns dafür eine Reihe von Methoden gegeben. Abgesehen von den Zeitmessungen, die mehr die Hemmung des Assoziationsprozesses, als aktuelle Affekte bestimmen, haben wir besonders folgende Mittel:

a) die Pulskurve[20];
b) die Atmungskurve[21];
c) das psychogalvanische Phänomen[22].

Die leicht erkennbaren Veränderungen dieser Kurven erlauben schätzungsweise Rückschlüsse auf die Intensität der Störungsursachen. Es ist auch, wie die Erfahrung zur Genüge gezeigt hat, möglich, bei der Versuchsperson absichtlich affektive Phänomene hervorzubringen durch psychologische Reize, die man für dieses Individuum in bezug auf den Versuchsleiter als besonders affektbetont kennt[23].

20. Vgl. H. Berger, *Über die körperlichen Äußerungen psychischer Zustände.* 1904. A. Lehmann, *Die körperlichen Äußerungen psychischer Zustände.* Ins Deutsche übersetzt von F. Bendixen. 1899.

21. Petersen und Jung, *Psycho-physical Investigations with the Galvanometer and Pneumograph in Normal and Insane Individuals,* in: *Brain,* XXX, 1907. Nunberg, *Über körperliche Begleiterscheinungen assoziativer Vorgänge.* In: Jung, *Diagnostische Assoziationsstudien.* II, 1910, XII. Ricksher and Jung, *Further Investigations on the Galvanic Phenomenon.* In: *Journal of Abnormal and Social Psychology.* II, 1907.

22. Veraguth, *Das psychogalvanische Reflexphänomen.* Berlin. 1909. L. Binswanger, *Über das Verhalten des psychogalvanischen Phänomens beim Assoziationsexperiment.* In: Jung, *Diagnostische Assoziationsstudien* II.

23. Ich verweise dafür auf meine *Diagnostischen Assoziationsstudien,* sowie *Collected Papers on Analytical Psychology.* 2. Aufl. 1917. Kap. II (Beide in Ges. Werke, Bd. 2.)

Abgesehen von diesen experimentellen Methoden haben wir aber auch ein subjektiv hochdifferenziertes System für die Erkennung und Abschätzung aktueller Affekterscheinungen an andern: dafür ist nämlich ein direkter Erkennungsinstinkt vorhanden, den auch die Tiere in hohem Maße haben, nicht nur ihrer eigenen Spezies, sondern auch den Menschen und den andern Tieren gegenüber. Wir nehmen schon die leisesten Schwankungen emotionaler Natur an andern wahr und haben ein sehr feines Gefühl für Qualität und Quantität der Affekte der Mitmenschen.

II

DIE ANWENDUNG DES ENERGETISCHEN STANDPUNKTES

DER PSYCHOLOGISCHE ENERGIEBEGRIFF

DER Ausdruck «psychische Energie» wird schon seit langem verwendet. Wir finden ihn z. B. schon bei SCHILLER[24]. Den energetischen Gesichtspunkt haben auch VON GROT[25] und TH. LIPPS[26] verwendet. LIPPS unterscheidet die psychische Energie von der physikalischen Energie, ebenso läßt STERN[27] die Frage dieses Zusammenhanges offen. LIPPS verdanken wir eine Scheidung des Begriffes der *psychischen Energie* und der *psychischen Kraft.* Psychische Kraft ist für LIPPS die Möglichkeit, daß überhaupt in der Seele Vorgänge entstehen und zu einem bestimmten Grade der Wirksamkeit gelangen. Psychische Energie dagegen ist «die in den Vorgängen selbst liegende Möglichkeit, diese Kraft in sich zu aktualisieren[28]». Andernorts spricht LIPPS auch von «psychischen Quantitäten». Die Unterscheidung von Kraft und Energie ist begrifflich unerläßlich, denn die Energie ist eigentlich ein Begriff, der objektiv in der Erscheinung an sich nicht vorhanden, sondern immer nur in der spezifischen Erfahrungsgrundlage gegeben ist, d. h. in der Erfahrung ist die Energie immer spezifisch als Bewegung und Kraft, wenn aktuell, als Lage oder Kondition, wenn potentiell. Die psychische Energie erscheint, wenn aktuell, in den spezifischen dynamischen Seelenphänomenen wie Trieb, Wünschen, Wol-

24. SCHILLER denkt sozusagen energetisch. Er operiert mit Vorstellungen wie «Verlegung der Intensität» u. a. m. In: *Über die ästhetische Erziehung des Menschen.* 1795.

25. NICOLAS VON GROT, *Die Begriffe der Seele und der psychischen Energie in der Psychologie.* In: *Archiv für systematische Philosophie,* IV, 1898.

26. TH. LIPPS, *Leitfaden der Psychologie.* 1906, II, p. 62, 66 ff.

27. L. W. STERN, *Über Psychologie der individuellen Differenzen.* 1900, p. 119 ff.

28. *Leitfaden der Psychologie,* p. 36 (Ausg. v. 1903).

len, Affekt, Aufmerksamkeit, Arbeitsleistung etc., welche eben *psychische* Kräfte sind. Wenn potentiell, erscheint die Energie in den spezifischen Errungenschaften, Möglichkeiten, Bereitschaften, Einstellungen etc., welche Konditionen sind.

Die Unterscheidung von besonderen Energien, wie Lustenergie, Empfindungsenergie, Kontrastenergie, etc., wie sie LIPPS vornimmt, erscheint mir begrifflich unzulässig, denn die Spezifikationen der Energie sind eben die Kräfte und die Konditionen. Die Energie ist ein quantitativer Begriff, der die Kräfte und Konditionen subsumiert. Nur letztere sind qualitativ bestimmt, denn es sind Begriffe, die Qualitäten ausdrücken, welche durch Energie zur Wirksamkeit gebracht werden. Der Quantitätsbegriff darf nie qualitativ zu gleicher Zeit sein, sonst würde er niemals die Darstellung von Kräftebeziehungen ermöglichen, was doch seine eigentliche Bestimmung ist.

Da wir nun leider wissenschaftlich nicht nachweisen können, daß ein Äquivalenzverhältnis zwischen physischer und psychischer Energie besteht [29], so bleibt uns nichts anderes übrig, als entweder die energetische Betrachtungsweise fallen zu lassen, oder eine besondere psychische Energie zu postulieren, was als eine hypothetische Operation durchaus möglich wäre. Die Psychologie darf sich, so gut wie die Physik, dieses Sonderrecht eigener Begriffsbildung einräumen, wie schon LIPPS bemerkte, insofern sich eine energetische Betrachtungsweise überhaupt lohnt und nicht bloß eine Subsumtion unter einen vagen Allgemeinbegriff bedeutet, wie WUNDT mit Recht hervorhebt. Wir sind aber der Ansicht, daß sich die energetische Betrachtungsweise psychischer Phänomene lohne, indem gerade die quantitativen Beziehungen, deren Existenz im Psychischen unmöglich geleugnet werden kann, Erkenntnismöglichkeiten enthalten, welche eine nur qualitative Betrachtung übersieht.

Bestände nun die Psyche, wie die Bewußtseinspsychologen es wünschen, nur aus den Bewußtseinsvorgängen (wenn auch zugestandenermaßen etwas «dunkeln»), so könnten wir uns mit der Postulierung

29. A. MAEDER ist sogar der Ansicht, daß die «schöpferische Tätigkeit» im Organismus und ganz besonders in der Psyche «den Energieverbrauch überrage». Er vertritt auch die Meinung, daß man für die Psyche neben dem Erhaltungs- und Entropieprinzip noch ein drittes Prinzip, das der *Integration,* aufstellen müsse. Vgl. *Heilung und Entwicklung im Seelenleben.* 1908, pp. 50 und 69 f.

einer «psychischen Energie» begnügen. Da wir aber überzeugt sind, daß die unbewußten Vorgänge auch zur Psychologie gehören, und nicht bloß zur Physiologie des Gehirns (als bloße Substratvorgänge), so sind wir genötigt, unsern Energiebegriff auf eine etwas breitere Basis zu stellen. Wir stimmen WUNDT völlig bei, daß es dunkelbewußte Dinge gibt. Wir nehmen ebenfalls eine Helligkeitsskala der Bewußtseinsinhalte an; wo aber das Schwarze anfängt, da hört für uns die Psyche nicht auf, sondern setzt sich fort ins Unbewußte. Auch lassen wir der Gehirnphysiologie ihr Teil, indem wir annehmen, daß die unbewußten Funktionen schließlich in die Substratvorgänge übergehen, denen man keine psychische Qualität nachrühmen kann, es sei denn auf dem Wege der philosophischen Hypothese einer Allbeseelung.

Mit der Abgrenzung des Begriffes einer psychischen Energie hat es daher für uns gewisse Schwierigkeiten, weil uns jegliche Möglichkeit fehlt, das Psychische vom *biologischen* Vorgang schlechthin zu trennen. Das Biologische erträgt ebenso gut wie das Psychische eine energetische Betrachtungsweise, insofern der Biologe eine derartige Betrachtungsweise als nützlich und wertvoll empfindet. Wie das Psychische, so ist auch der Lebensvorgang überhaupt in keinem exakt nachweisbaren Äquivalenzverhältnis zur physischen Energie.

Wenn wir uns auf den Boden des wissenschaftlichen Commonsense stellen und uns allzu weitreichender philosophischer Betrachtungen enthalten, so tun wir wohl am besten, wenn wir den psychischen Prozeß eben einfach als einen Lebensvorgang auffassen. Damit erweitern wir den engeren Begriff einer psychischen Energie zum weiteren Begriff einer *Lebens-Energie,* welche die sogenannte psychische Energie als eine Spezifikation subsumiert. Damit gewinnen wir den Vorteil, quantitative Beziehungen über den engeren Umfang des Psychischen hinaus in biologische Funktionen überhaupt verfolgen zu können, womit wir den unzweifelhaft vorhandenen und schon längst diskutierten Beziehungen von «Seele und Leib» vorkommenden Falles gerecht werden können.

Der Begriff einer Lebens-Energie hat nun nichts zu tun mit einer sogenannten Lebenskraft, denn diese wäre als Kraft nichts anderes als eine Spezifikation einer universalen Energie, womit das Sonderrecht einer Bio-Energetik gegenüber der physischen Energetik unter Übergehung der bis jetzt noch unausgefüllten Kluft zwischen dem physischen Prozeß und dem Lebensprozeß aufgehoben wäre. Ich habe vorgeschlagen, die hypothetisch angenommene Lebens-Energie mit Rücksicht auf den von uns beabsichtigten psychologischen Gebrauch als *Libido* zu bezeichnen und sie so von einem universalen Energiebegriff zu unterscheiden, in Wahrung des biologischen und psychologischen Sonderrechtes eigener Begriffsbildung. Ich will damit dem Bio-Energetiker keineswegs zuvorkommen, sondern ihm freimütig zugeben, daß ich in Absicht auf *unsern* Gebrauch den Terminus Libido angewendet habe. Für seinen Gebrauch mag er eine «Bio-Energie» oder «Vital-Energie» vorschlagen.

Ich muß an dieser Stelle einem möglichen Mißverständnis vorbeugen. Ich habe nämlich keineswegs die Absicht, mich in vorliegender Abhandlung auf eine Diskussion der Streitfrage des psychophysischen Parallelismus und der Wechselwirkung einzulassen. Diese Theorien sind Spekulationen über die Möglichkeiten des Nebeneinander- oder Zusammenwirkens von Leib und Seele und betreffen eben jenen Punkt, den ich aus meiner Betrachtung fortlasse, nämlich die Frage, ob der psychische Energieprozeß neben dem oder im physischen Prozeß eingeschlossen bestehe. Meines Erachtens wissen wir darüber so gut wie nichts. Ich halte mit BUSSE[30] die Wechselwirkung für denkbar und finde keinen Anlaß, dieser Denkbarkeit die Hypothese eines psychophysischen Parallelismus entgegenzustellen, denn es erscheint gerade dem Psychotherapeuten, dessen eigentliches Arbeitsgebiet eben in der kritischen Sphäre der Wechselwirkung von Leib und Seele liegt, als höchst wahrscheinlich, daß das Psychische und das Körperliche nicht zwei nebeneinander herlaufende Prozesse, sondern durch Wechselwirkung verknüpft sind, obschon deren eigentliche Natur sich unserer Erfahrung sozusagen noch gänzlich entzieht. Tiefgreifende Erörterungen über diese Frage sind für den Philosophen wohl unerläßlich, für eine empirische Psychologie dagegen ist die Beschränkung auf erfahrungsgemäß zugängliche Stoffe empfehlenswert. Obschon es uns bis jetzt nicht gelungen ist, den psychischen Energieprozeß in den physischen Prozeß einzuschließen, ist es auch den Gegnern einer solchen Möglichkeit nicht gelungen, den psychischen Prozeß vom physischen mit Sicherheit abzutrennen.

30. L. BUSSE, *Geist und Körper, Seele und Leib.* 1903.

Wenn wir uns vornehmen, den psychischen Lebensvorgang energetisch zu betrachten, so übernehmen wir damit auch die Verpflichtung, es nicht nur beim Begriff bewenden zu lassen, sondern auch seine Verwendbarkeit dem Erfahrungsmaterial gegenüber zu erproben. Eine energetische Betrachtungsweise ist überflüssig, wenn sich ihr Hauptsatz, nämlich der von der Erhaltung der Energie, als unverwendbar erweist. Wir müssen hiebei nach dem Vorschlag von BUSSE das *Äquivalenzprinzip* und das *Konstanzprinzip* unterscheiden. Das Äquivalenzprinzip besagt, «daß für jede Energie, die irgendwo zur Erzeugung eines Zustandes aufgewandt und verbraucht wird, anderswo ein gleich großes Quantum der gleichen oder andern Energieform auftritt»; das Konstanzprinzip dagegen, «daß die Gesamtenergie sich stets gleich bleibt, keiner Vermehrung und keiner Verminderung fähig ist[31]». Das Konstanzprinzip ist also eine zwar logisch notwendige, aber generalisierende Folgerung aus dem Äquivalenzprinzip und hat darum praktisch keine Bedeutung, da unserer Erfahrung immer nur Teilsysteme zugrunde liegen.

Für unsere Aufgabe kommt also zunächst nur das Äquivalenzprinzip in Frage. Ich habe in meinem Buch über die *Wandlungen und Symbole der Libido*[32] die Möglichkeit aufgezeigt, gewisse Entwicklungsprozesse und ähnliche Veränderungen unter dem Äquivalenzprinzip zu begreifen. Ich will auf das dort Gesagte hier nicht in extenso zurückkommen, sondern nur nochmals hervorheben, daß FREUDS Erforschung der Sexualität reiche Beiträge zu unserer Frage liefert. Man sieht sozusagen nirgends besser als gerade beim Verhältnis der Sexualität zur Gesamtpsyche, wie das Verschwinden des einen Libidoquantums vom Auftreten eines entsprechenden Wertes in anderer Form gefolgt ist. Leider hat die zwar begreifliche Überschätzung der Sexualität FREUD dazu geführt, auch die Umformungen, welche andern spezifischen, der Sexualität koordinierten Kräften der Seele entsprechen, auf die Sexualität zu reduzieren, was ihm den nicht unberechtigten Vorwurf des Pansexualismus eingetragen hat. Der Mangel der FREUDschen Anschauung besteht in der Einseitigkeit, zu der die mechanistisch-kausale Be-

31. L. BUSSE, l. c.
32. Neuauflage: *Symbole der Wandlung.* Vgl. vor allem 2. Teil, Kap. 3.

trachtungsweise immer neigt, nämlich in der simplifizierenden reductio ad causam, welche, je wahrer, je einfacher und je umfassender sie ist, umso weniger der Bedeutung des analysierten und reduzierten Gebildes gerecht wird. Wer FREUDS Arbeiten aufmerksam liest, wird leicht sehen, welch bedeutsame Rolle das Äquivalenzprinzip in seiner Auffassungsbildung spielt. Man sieht dies besonders deutlich in seinen kasuistischen Untersuchungen, wo er Verdrängungen und ihre Ersatzbildungen beschreibt[33]. Wer selber praktisch auf diesem Gebiete tätig ist, der weiß, daß das Äquivalenzprinzip auch in der Neurosenbehandlung von großem heuristischem Wert ist; wenn man es auch nicht immer bewußt verwendet, so verwendet man es doch gefühlsmäßig: wenn irgend ein bewußter Wert, z. B. eine Übertragung, sich mindert oder gar verschwindet, so sucht man sofort nach der Ersatzbildung, in der Erwartung, irgendwo einen äquivalenten Wert auftauchen zu sehen. Das Auffinden des Ersatzes ist nicht schwer, wenn die Ersatzbildung ein Inhalt des Bewußtseins ist. Der Fall, daß ein Libidobetrag – anscheinend ohne Ersatzbildung – verschwindet, ereignet sich aber häufig. In diesem Fall ist der Ersatz unbewußt, oder es ist, wie dies gewöhnlich vorkommt, dem Patienten unbewußt, daß eine gewisse neue Tatsache die korrespondierende Ersatzbildung ist. Es kommt aber auch vor, daß ein beträchtlicher Libidobetrag dermaßen verschwindet, als ob er vom Unbewußten völlig aufgeschluckt wäre, ohne eine daraus entstehende, neue Wertposition. In einem solchen Fall tut man gut daran, das Äquivalenzprinzip strikte festzuhalten, denn eine sorgfältige Beobachtung des Patienten wird bald feststellen können, daß Anzeichen einer unbewußten Aktivität auftreten, sei es eine Steigerung gewisser Symptome, oder ein neues Symptom, oder besondere Träume, oder eigentümliche, vorbeihuschende Phantasiefragmente und dergleichen mehr. Wenn es nun der Analyse dieser Symptome gelingt, jene verborgenen Inhalte dem Bewußtsein zuzuführen, so kann man wohl in der Regel nachweisen, daß der aus dem Bewußtsein verschwundene Libidobetrag ein Gebilde im Unbewußten erzeugt hat, welches trotz aller Verschiedenheit nicht wenige Züge gemein hat mit jenen bewußten Inhalten, welche ihre Energie verloren hatten. Es ist, wie wenn die Libido gewisse Qualitäten mit sich ins Unbewußte geschleppt hätte, was oft der-

33. *Sammlung kleiner Schriften zur Neurosenlehre.* 1908/1909. 2 Bde.

maßen deutlich ist, daß man schon an diesen Charakteren erkennen kann, woher die das Unbewußte aktivierende Libido stammt.

Es gibt hiefür schlagende und allgemein bekannte Beispiele: wenn sich das Kind von den Eltern innerlich zu trennen anfängt, so entstehen Phantasien von Ersatzeltern. Solche Phantasien werden fast in der Regel auf wirkliche Personen übertragen. Übertragungen dieser Art erweisen sich aber auf die Dauer als unhaltbar, insofern der reifende Mensch den Elternkomplex, nämlich Autorität, Verantwortlichkeit und Selbständigkeit, assimilieren muß. Er muß ja selber zu Vater oder Mutter werden. Ein anderes Gebiet, reich an einschlägigen Beispielen, ist die christlich-religiöse Psychologie. Die Verdrängung der Triebe (d.h. eigentlich der primitiven *Triebhaftigkeit)* führt zu religiösen Ersatzbildungen, zur «Gottesminne», in der nur ein Blinder die Sexualcharaktere nicht sehen kann.

Diese Überlegung führt uns zu einer weiteren Analogie mit der physikalischen Energielehre. Bekanntlich kennt die Energielehre nicht bloß einen *Intensitätsfaktor,* sondern auch einen *Extensitätsfaktor.* Letzterer ist eine praktisch notwendige Zutat zum reinen Energiebegriff. Er vermittelt die Verbindung des Begriffes einer reinen Intensität mit dem Begriff der «Menge» (z.B. Lichtmenge im Gegensatz zu Lichtstärke). «... die Menge oder der Extensitätsfaktor der Energie haftet an einem Gebilde (...) und ist nicht auf ein anderes übertragbar ohne Übertragung von Teilen des Gebildes; der Intensitätsfaktor dagegen kann von einem Gebilde zu einem andern übergehen[34].» Der Extensitätsfaktor gibt also die in der Erscheinung jeweils vorhandene dynamische Bestimmtheit der Energie[35].

So gibt es auch einen psychologischen Extensitätsfaktor, der nicht in ein neues Gebilde ohne Übertragen von Teilen oder Charakteren des früheren Gebildes, an dem er haftete, eingehen kann. Auf diese Eigentümlichkeit der Energieumwandlung habe ich ausführlich aufmerksam gemacht in einer früheren Arbeit, wo ich zeigte, daß die Libido nicht als reine Intensität das eine Gebilde verläßt und restlos in ein anderes übergeht, sondern daß sie Charaktere der alten Funktionen auf die

34. ED. VON HARTMANN, *Die Weltanschauung der modernen Physik.* 2. Aufl. 1909, p. 5.

35. Die Physik von heute setzt Energie identisch mit Masse. Diese Feststellung kommt aber für unsere Zwecke nicht in Betracht.

neue überträgt[36]. Diese Eigentümlichkeit ist so hervorstechend, daß sie sogar zu falschen Schlüssen Anlaß gibt, nicht nur zu falschen Theorien, sondern auch zu folgenschweren Selbsttäuschungen: Z. B. der Libidobetrag einer gewissen Sexualform geht in ein anderes Gebilde über, dabei nimmt er gewisse Besonderheiten seiner früheren Anwendung mit. Es liegt in diesem Fall sehr nahe, zu denken, daß die Dynamis des neuen Gebildes ebenfalls sexuell sei[37]. Oder der Libidobetrag einer geistigen Aktivität geht über in ein wesentlich materielles Interesse, wobei das Individuum fälschlicherweise glaubt, das neue Gebilde sei ebenfalls geistiger Art. Dieser Schluß ist im Prinzip falsch, denn er berücksichtigt nur die relative Ähnlichkeit zweier Gebilde, vernachlässigt aber ihre ebenso wesentliche Differenz.

Die praktische Erfahrung lehrt uns ganz allgemein, daß eine psychische Tätigkeit immer nur äquivalent ersetzt werden kann; so z. B. kann ein pathologisches Interesse, ein intensives Haften an einem Symptom sich nur durch eine ebenso intensive Bindung an ein anderes Interesse ersetzen lassen, weshalb auch eine Ablösung der Libido vom Symptom ohne diesen Ersatz nie erfolgt. Ist der Ersatz von geringerem Energiewerte, so wissen wir sofort, daß ein Teilbetrag der Energie anderswo aufzufinden ist, wenn nicht im Bewußtsein, dann in unbewußter Phantasiebildung oder in einer Störung der «parties supérieures» der physiologischen Funktionen (um mich eines trefflichen Ausdruckes JANETS zu bedienen).

Abgesehen von diesen längst vorhandenen praktischen Erfahrungen ermöglicht uns aber die energetische Auffassung auch eine andere *Theoriebildung*. Nach der kausalen Auffassung FREUDS sind es immer dieselben unveränderlichen Substanzen, die Sexualkomponenten, auf

36. Vgl. *Symbole der Wandlung*, 1952, p. 260 f.

37. Die Reduktion eines komplexen Gebildes auf die Sexualität ist nur dann eine gültige Kausalerklärung, wenn man vorher übereingekommen ist, daß man nur die Funktion der Sexualkomponente in komplexen Gebilden erklären wolle. Nimmt man aber die Rückführung auf die Sexualität für eine gültige Kausalerklärung, so kann dies nur mittels der stillschweigenden Voraussetzung geschehen, daß es sich lediglich um ein Sexualgebilde handle. Damit wäre aber a priori festgestellt, daß ein komplexes psychisches Gebilde nur ein Sexualgebilde sei; eine offenkundige petitio principii! Es ist auch nicht zu behaupten, daß die Sexualität der einzige seelische Grundtrieb sei, daher jene Sexualerklärung nur eine Komponentenerklärung sein kann, aber niemals eine genügende psychologische Theorie.

deren Wirksamkeit die Deutung mit monotoner Gleichmäßigkeit hinweist, was FREUD selber einmal hervorhebt. Es ist selbstverständlich, daß der Geist der reductio ad causam oder in primam figuram der psychologisch so überaus wichtigen *Idee finaler Entwicklung* nie gerecht werden kann, indem jede Veränderung des Zustandes nichts ist als eine «Sublimierung» der Grundsubstanzen und damit soviel wie ein uneigentlicher Ausdruck für dieselbe alte Sache.

Die Idee einer Entwicklung ist nur möglich, wenn der Gedanke der unveränderlichen Substanz nicht hypostasiert wird durch die sogenannte objektive Wirklichkeit, d. h. wenn die Kausalität nicht als mit dem Verhalten der Dinge identisch gesetzt wird; denn die Entwicklungsidee fordert die Veränderlichkeit der Substanzen, die, energetisch betrachtet, Energiesysteme sind von theoretisch unbegrenzter Ablösbarkeit und Auswechselbarkeit unter dem Äquivalenzprinzip und unter der selbstverständlichen Voraussetzung der Möglichkeit eines Gefälles. Auch hier geraten wir, wie bei der Betrachtung der kausalen und finalen Verknüpfung, in eine unauflösbare Antinomie durch die Projektion der energetischen Hypothese, indem die unveränderliche Substanz nicht zugleich ein Energiesystem sein kann [38]. Für den mechanistischen Gesichtspunkt hängt die Energie an der Substanz, weshalb WUNDT von einer «Energie des Psychischen» spricht, welche im Laufe der Zeit zugenommen habe und deshalb die Anwendung der Energiesätze nicht zulasse. Für den energetischen Standpunkt dagegen ist die Substanz nichts anderes als Ausdruck oder Zeichen eines Energiesystems. Diese Antinomie ist nur solange unauflösbar, als wir nicht wissen, daß Betrachtungsweisen fundamentalen psychologischen Einstellungen entsprechen, die offenbar in gewissem Maße mit den Bedingungen des Objektes zusammenfallen, infolgedessen sind ihre Gesichtspunkte auch praktisch anwendbar. Es ist darum erklärlich, daß sowohl Kausalisten wie Finalisten sich verzweifelt für die objektive Gültigkeit ihres Prinzips wehren, indem es nämlich auch das Prinzip ihrer persönlichen Einstellung zu Leben und Welt ist, dessen bedingte Gültigkeit niemand ohne weiteres annehmen wird, denn niemand – er sei denn eine Art Selbstmörder – liebt es, den Ast, auf dem er sitzt,

38. Dieser Satz gilt natürlich nur für den makrophysischen Bereich, in welchem es «absolute» Gesetze gibt.

selber abzusägen. Aber die unvermeidlichen Antinomien, die sich aus der Projektion logisch berechtigter Prinzipien ergeben, zwingen zu einer grundlegenden Untersuchung der eigenen psychologischen Einstellung, wodurch einzig und allein die Vergewaltigung des logisch berechtigten andern Prinzips vermieden wird. Die Antinomie muß sich in ein *antinomisches Postulat* auflösen, so unbefriedigend dies auch für den Konkretismus des Menschen sein mag und so sehr es dem naturwissenschaftlichen Geist widerstrebt, der sogenannten Wirklichkeit das Wesen einer geheimnisvollen Irrationalität zu lassen, die sich aber aus dem antinomischen Postulat notwendig ergibt [39].

Die Entwicklungslehre kann ohne den finalen Gesichtspunkt nicht auskommen, selbst DARWIN arbeitet mit finalen Begriffen, wie Anpassung etc., was WUNDT gebührend hervorhebt. Die anschauliche Tatsache der Differenzierung und Entwicklung ist mit Kausalität nie erschöpfend zu erklären, denn sie erfordert den finalen Gesichtspunkt, den der Mensch im Laufe seiner psychischen Entwicklung ebenso hervorgebracht hat, wie den kausalen.

Die finale Auffassung versteht die Ursachen als Mittel zum Zweck. Ein einfaches Beispiel ist die Frage der *Regression:* Kausal ist die Regression bedingt z. B. durch die «Fixierung an die Mutter». Final aber regrediert die Libido zur *Imago* der Mutter, um dort die Erinnerungsassoziationen aufzufinden, über welche die Entwicklung beispielsweise aus einem sexuellen System in ein geistiges System erfolgen kann.

Die erstere Erklärung erschöpft sich in der Bedeutung der Causa und übersieht die Zweckbedeutung des Vorganges der Regression vollständig. Auf diese Weise wird die Kulturbildung zum bloßen Surrogat, weil der Inzest eben unmöglich ist. Die letztere Erklärung aber läßt bereits alles voraussehen, was sich aus der Regression ergeben wird, und zugleich läßt sie uns verstehen, was die Erinnerungsbilder zu bedeuten haben, welche die regredierende Libido wieder belebt hat. Dem Kausalisten erscheint letztere Auffassung natürlicherweise unglaublich hypothetisch, dem Finalisten aber ist die «Fixierung an die Mutter» eine willkürliche Annahme, der er vorwirft, daß sie den Zweck voll-

39. Vgl. dazu: *Psychologische Typen,* 1921, p. 425 ff; 8. Aufl. 1950, p. 405 ff. (Ges. Werke, Bd. 6, Paragr. 571 ff.)

kommen übersieht, der noch einzig für die Wiederbelebung der Mutterimago verantwortlich gemacht werden könne. ADLER z. B. erhebt zahlreiche Vorwürfe dieser Art gegen FREUDS Theorie. Ich versuchte, beiden Standpunkten, allerdings nicht explicite, in meiner Arbeit *Wandlungen und Symbole der Libido,* gerecht zu werden, was mir als unklare und zweifelhafte Stellungnahme beiderseits angekreidet wurde. Ich teile darin das Los der Neutralen während des Krieges, denen öfters sogar die bona fides abgesprochen wurde.

Was der kausalen Betrachtung *Tatsache* ist, ist der finalen *Symbol,* und umgekehrt. Alles was der einen Ansicht *eigentlich* ist, ist der andern *uneigentlich.* Wir müssen es darum beim antinomischen Postulat bewenden lassen und die Welt *auch* als psychisches Phänomen betrachten. Gewiß ist für die Wissenschaft unerläßlich zu wissen, wie es «an sich» sei, aber auch die Wissenschaft kann die psychologischen Bedingungen des Erkennens nicht umgehen, und die Psychologie hat diese Bedingungen noch ganz besonders wahrzunehmen. Weil die Seele auch den finalen Gesichtspunkt besitzt, so ist es psychologisch unstatthaft und führt in die bekannte Deutungsmonotonie hinein, wenn wir rein kausal gegenüber dem psychischen Phänomen verfahren.

Die durch die energetische Betrachtungsweise vermittelte symbolistische Auffassung der causae ist eine Notwendigkeit für die Differenzierung der Seele. Denn ohne symbolistische Auffassung der Tatsachen sind sie unveränderliche Substanzen, welche stetig weiter wirken, wie dies z. B. in der alten FREUDschen Traumatheorie der Fall ist. Die causa ermöglicht keine Entwicklung. Für die Seele ist reductio ad causam das Gegenteil von Entwicklung, sie hält die Libido an den elementaren Tatsachen fest. Vom Standpunkt des Rationalismus ist dies das einzig Gute, vom Standpunkt der Seele aber ist es das Unlebendige und trostlos Langweilige, womit natürlich nicht bestritten sein soll, daß die Anheftung der Libido an die Grundtatsachen für viele Menschen unbedingt nötig ist. Insofern diese Forderung aber erfüllt ist, kann die Seele nicht immer dabei stehen bleiben, sondern muß sich weiter entwickeln, indem die causae sich ihr in Mittel zum Zweck, in symbolische Ausdrücke für einen zurückzulegenden Weg verwandeln. Die ausschließliche Bedeutung der causa, also ihr Energiewert, verschwindet damit und erscheint wieder im Symbol, dessen Attraktionskraft das entsprechende Libidoquantum darstellt. Der Wert einer causa ist nie aufzuheben durch Setzung eines willkürlichen und rationalen Zieles. Das ist immer ein Notbehelf.

Die seelische Entwicklung kann durch Absicht und Willen allein nicht geschehen, sondern bedarf des attraktiven Symbols, dessen Wertquantum das der causa übersteigt. Die Bildung des Symbols kann auch nicht eher erfolgen, bevor die Seele nicht lange genug bei den elementaren Tatsachen verweilt hat, d. h. so lange, bis die innere oder äußere Notwendigkeit des Lebensprozesses eine Energieumsetzung herbeiführt. Wenn der Mensch rein instinktiv und automatisch lebte, so könnten die Umsetzungen nach rein biologischen Gesetzen erfolgen. Etwas davon sehen wir noch im Seelenleben der Primitiven, das zugleich ganz konkretistisch und ganz symbolistisch ist. Beim Kulturmenschen erweist sich der sonst so nützliche Rationalismus des Bewußtseins als schwerstes Hindernis für reibungslose Energieumsetzungen, indem die Ratio sich immer zur Vermeidung ihrer unerträglichen Antinomie exklusive auf die eine oder andere Seite stellt und ihre einmal gewählten Werte krampfhaft festzuhalten sucht, und zwar wiederum so lange, als die Tatsache der menschlichen Vernunft als «unveränderliche Substanz» gilt und damit ihre symbolistische Auffassung ausgeschlossen ist. Die Ratio ist aber nur relativ und hebt sich in ihren Antinomien selbst auf. Sie ist *auch* nur Mittel zum Zweck, ein symbolischer Ausdruck für den Durchgangspunkt eines Entwicklungsweges.

DIE ENTROPIE

Das Äquivalenzprinzip ist der eine praktisch wichtige Satz der Energetik, der andere notwendig ergänzende Satz ist das *Entropieprinzip.* Die Energieumsetzungen sind nur möglich infolge vorhandener Intensitätsdifferenzen. Nach dem CARNOTschen Satz kann Wärme nur dann in Arbeit verwandelt werden, wenn sie vom wärmeren zum kälteren Körper übergeht. Es verwandelt sich mechanische Arbeit aber fortwährend in Wärme, die wegen ihrer niederen Intensität nicht mehr in Arbeit zurückverwandelt werden kann. So gleicht ein geschlossenes energetisches System seine Intensitätsdifferenzen allmählich zu gleichmäßiger Temperatur aus, wodurch jede weitere Veränderung ausgeschlossen ist. Dies ist der sogenannte *Wärmetod.*

Das Entropieprinzip ist uns in der Erfahrung nur als Prinzip von Teilvorgängen, die ein relativ geschlossenes System darstellen, bekannt. Als ein solch relativ geschlossenes System kann auch die Psyche betrachtet werden. Auch ihre Energieumsetzungen führen zur Ausgleichung von Differenzen, die nach der BOLTZMANNschen Formulierung[40] aus einem unwahrscheinlichen in einen wahrscheinlichen Zustand überführt, womit aber die Möglichkeit einer weiteren Veränderung immer mehr beschränkt wird. Wir sehen diesen Vorgang z. B. bei der Ausbildung einer dauernden und relativ unveränderlichen Einstellung. Nach anfänglich heftigen Schwankungen gleichen sich die Gegensätze aus, und es entsteht allmählich eine neue Einstellung, deren spätere Stabilität umso größer ist, je größer die anfänglichen Differenzen waren. Je weiter die Spannung der Gegensätze, desto größer ist die daraus hervorgehende Energie; und je größer die Energie, desto stärker die konstellierende, attraktive Kraft. Dieser größeren Attraktion entspricht ein größerer Umfang des konstellierten psychischen Materials, und je mehr dieser Umfang wächst, desto geringer wird die Möglichkeit späterer Störungen, die sich aus Differenzen mit vorher nicht konstelliertem Material ergeben könnten. Daher ist eine aus umfangreichen Ausgleichungen sich ergebende Einstellung besonders dauerhaft.

Die tägliche psychologische Erfahrung liefert Beweise für die Richtigkeit dieses Satzes: schwerste Konflikte, wenn überwunden, hinterlassen eine Sicherheit und Ruhe oder Gebrochenheit, die kaum mehr zu stören, beziehungsweise kaum mehr zu heilen ist, und umgekehrt bedarf es gerade größter Gegensätze und deren Konflagration zur Hervorbringung wertvoller und dauerhafter Erfolge. Da unserer Erfahrung nur relativ geschlossene Systeme zugänglich sind, so sind wir auch nirgends in der Lage, eine absolute, psychologische Entropie zu beobachten. Aber je stärker die Abschließung des psychologischen Systems ist, desto eher gelangt auch das Phänomen der Entropie zur Geltung[41]. Wir sehen das besonders bei denjenigen Geistesstörungen, die durch intensive Absperrung der Umwelt charakterisiert sind. Die sogenannte «affektive Verblödung» der Dementia praecox oder Schizophrenie ist wohl als Entropiephänomen anzusprechen. Gleicherweise

40. L. BOLTZMANN, *Populäre Schriften.* 1905, p. 33.

41. Ein System ist absolut geschlossen, wenn keine äußere Energiezufuhr mehr möglich ist. Nur in diesem Fall kann Entropie eintreten.

sind auch alle jene sogenannten Degenerationserscheinungen zu verstehen, die sich in psychologischen Einstellungen entwickeln, welche den Zusammenhang mit der Umwelt auf die Dauer ausschließen. Solche relativ abgeschlossene, psychologische Systeme sind auch die *willkürlich gerichteten Vorgänge,* wie das gerichtete Denken und das gerichtete Fühlen. Diese Funktionen basieren auf dem Prinzip der Ausschließung des Nichtpassenden, das eine Ablenkung von der gewählten Richtung veranlassen könnte. Die «zugehörigen» Elemente werden der gegenseitigen Ausgleichung überlassen und unterdessen vor äußerer störender Einwirkung geschützt. So erreichen sie nach einiger Zeit ihren wahrscheinlichen Zustand, der seine Festigkeit erweist z. B. in einem «feststehenden» Begriff oder einer «eingelebten» Anschauungsweise etc. Wie fest dergleichen Dinge sind, kann der ermessen, der es versucht, solche Gebilde aufzulösen, z. B. ein Vorurteil zu beseitigen oder eine Denkweise zu ändern. In der Völkergeschichte kosten solche Veränderungen sogar Ströme von Blut. Insofern aber absolute Abschließung unmöglich ist (pathologische Fälle vielleicht ausgenommen), setzt sich auch der energetische Prozeß als Entwicklung fort, infolge des «Reibungsverlustes» mit abnehmender Intensität, mit geringerem Gefälle.

Diese Art, die Dinge zu betrachten, ist schon längst bekannt. Jedermann spricht von den «Stürmen der Jugend», die der «Ruhe des Alters» weichen. Man spricht von «gefestigter Überzeugung» nach den «Kämpfen des Zweifels», vom «Ausgleich innerer Spannungen» etc. Das ist die unwillkürliche energetische Betrachtungsweise, die jedermann hat. Für den wissenschaftlichen Psychologen ist diese Betrachtungsweise allerdings so lange wertlos, als er keine Nötigung verspürt, psychologische Werte einzuschätzen. Für die physiologische Psychologie kommt dieses Problem gar nicht in Frage, denn sie beschäftigt sich mit der physiologischen Seite der Psychologie, wie schon ihr Name sagt. Die Psychiatrie ist, wie bekannt, gegenüber der Psychologie rein deskriptiv und hat sich bis vor kurzem um die psychologische Kausalität gar nicht gekümmert, ja sie sogar geleugnet. Der Analytischen Psychologie aber war es vorbehalten, auch den energetischen Gesichtspunkt berücksichtigen zu müssen, denn der kausalmechanistische Standpunkt der FREUDschen Psychoanalyse genügt nicht, um der Tatsache der psychologischen *Werte* gerecht zu werden. Der Wert verlangt einen quantitativen Erklärungsbegriff, den ein qualitativer Begriff, wie z. B. Sexualität, niemals ersetzen kann. Ein qualitativer Begriff ist immer die Bezeichnung einer Sache, einer Substanz, ein quantitativer Begriff dagegen immer die Bezeichnung einer Intensitätsrelation und niemals einer Substanz oder Sache. Ein qualitativer Begriff, der keine Substanz oder Sache oder Tatsache bezeichnet, ist eine mehr oder weniger arbiträre Ausnahme; dazu muß ich auch einen qualitativen, hypostasierten Energiebegriff rechnen. Die wissenschaftliche Kausalerklärung bedarf bisweilen solcher Annahmen, jedoch dürfen sie nicht zu dem Zweck angenommen werden, um durch sie eine energetische Betrachtungsweise überflüssig zu machen. Umgekehrt gilt das Gleiche für die Energetik, welche bisweilen eine Tendenz zeigt, die Substanz zu leugnen und damit rein teleologisch oder final zu werden. Ein qualitativer Begriff für Energie gesetzt ist unzulässig, denn es wäre eine Spezifikation der Energie, welche aber eine Kraft ist. Das wäre in der Biologie Vitalismus, in der Psychologie Sexualismus (FREUD), oder ein anderer -ismus, insofern es nachzuweisen wäre, daß die Forscher die Energetik der Gesamtpsyche auf eine bestimmte Kraft oder einen Trieb reduzieren. Die Triebe aber sind, wie schon gesagt, Spezifikationen. Die Energie steht darüber als Beziehungsbegriff und will schlechterdings nichts anderes ausdrücken als die Relationen psychologischer Werte.

ENERGETISMUS UND DYNAMISMUS

Das bisher über die Energie Gesagte bezieht sich auf einen *reinen* Begriff der Energie. Die Energie ist, wie ihr Korrelat, der Zeitbegriff, eine unmittelbar, a priori gegebene Anschauungsform[42] einerseits, andererseits aber ein *konkreter, angewandter oder empirischer Begriff,*

42. Darum ist ihre Idee auch so alt wie die Menschheit. Wir treffen sie schon bei den Grundanschauungen der Primitiven. Vgl. LEHMANN, *Mana,* 1922, und meine Ausführungen in: *Über die Psychologie des Unbewußten,* Ges. Werke, Bd. 7, Paragr. 108. HUBERT ET MAUSS *(Mélanges d'Histoire des Religions,* Préface, p. XXIX) nennen Mana ebenfalls eine Kategorie des Verstandes. Ich setze ihre Ausführungen wörtlich hieher: «Constamment présentes dans le langage, sans qu'elles y soient de toute nécessité explicites, – les catégories – existent d'ordinaire plutôt sous la forme d'habitudes directrices de la conscience, elles-mêmes inconscientes. La notion de *mana* est un de ces principes: elle est donnée dans le langage; elle est impliquée dans toute une série de

der aus Erfahrung abstrahiert ist, wie alle wissenschaftlichen Erklärungsbegriffe[43]. Der angewandte Energiebegriff betrifft immer das Verhalten der Kräfte, d. h. der bewegten Substanzen, denn anders ist die Energie der *Erfahrung* nicht zugänglich als eben durch die Anschauung des Verhaltens bewegter Substanzen. Daher reden wir praktisch von elektrischer Energie usw., nämlich so, als ob die Energie jeweils eine bestimmte Kraft wäre. Aus dieser Vermengung des empirischen oder angewandten Begriffs mit der Anschauungsform des Geschehnisses entstehen jene konstanten Verwechslungen von «Energie» und «Kraft». Gleicherweise ist der psychologische Energiebegriff kein reiner, sondern auch ein konkreter und angewandter Begriff, der unserer Anschauung als sexuelle, vitale, geistige, moralische etc. «Energie» entgegentritt, d. h. mit andern Worten, in Form des Triebes, dessen unverkennbare, dynamische Natur uns zur begrifflichen Parallelisierung mit den physikalischen Kräften berechtigt.

Durch die Anwendung des reinen Begriffes auf die Stoffe der Erfahrung tritt notwendigerweise eine Konkretisierung oder Veranschaulichung des Begriffes ein, wodurch es dann den Anschein hat, als ob damit auch eine Substanz durch den Begriff gesetzt sei. Dies ist z. B. der Fall beim Begriff des physikalischen Äthers, der, obschon er ein Begriff ist, doch ganz als eine Substanz gehandhabt wurde. Diese Täuschung ist unvermeidlich, da wir unfähig sind, uns ein Quantum anschaulich vorzustellen, es sei denn ein Quantum von Etwas. Dieses Etwas ist die Substanz. Daher hypostasiert sich jeder angewandte Begriff unvermeidlich, auch wider unsern Willen, worüber wir allerdings nie vergessen dürfen, daß wir es doch mit einem Begriff zu tun haben.

Ich habe vorgeschlagen, den Energiebegriff, den wir in der Analytischen Psychologie gebrauchen, mit dem Worte «Libido» zu bezeichnen. Die Wahl des Wortes mag in einigen Beziehungen nicht ideal sein,

jugements et de raisonnements, portant sur des attributs qui sont ceux du mana, nous avons dit que le mana est une catégorie. Mais le mana n'est pas seulement une catégorie spéciale à la pensée primitive, et aujourd'hui, en voie de réduction c'est encore la forme première qu'ont revêtue d'autres catégories qui fonctionnent toujours dans nos esprits: celles de substance et de cause.» usw.

43. Ich muß für das Nähere auf: *Psychologische Typen,* 1921, p. 436 ff. und p. 630 ff. verweisen; 8. Aufl. 1950, p. 415 ff. und p. 591 ff. (Ges. Werke, Bd. 6, Paragr. 584 ff. u. 811 ff.)

jedoch schien es mir, als ob dieser Begriff schon aus Gründen historischer Gerechtigkeit den Namen Libido verdiene. Denn FREUD hat zum ersten Male wirklich dynamische psychologische Zusammenhänge verfolgt und zusammenhängend dargestellt und sich dabei des bequemen Ausdruckes der Libido bedient, allerdings mit einer spezifisch sexuellen Definition, seinem allgemeinen Ausgangspunkt entsprechend, welcher eben die Sexualität ist. Neben «Libido» braucht FREUD auch den Ausdruck «Trieb» (z. B. «Ichtriebe») und «psychische Energie» (in der *Traumdeutung* z. B.). Da FREUD sich sozusagen ausschließlich auf die Sexualität und ihre zahlreichen Verästelungen in der Psyche beschränkt, so genügt für seine Absicht die sexuelle Definition der Energie als einer spezifischen Triebkraft. Im Hinblick auf eine allgemeine psychologische Theorie hingegen ist es unmöglich, eine nur sexuelle Energie, d. h. einen spezifischen Trieb als Erklärungsbegriff zu benützen, da die psychische Energieumwandlung nicht bloß *sexuelle Dynamik* ist. Die sexuelle Dynamik ist im Totalbereiche der Psyche nur ein Spezialfall. Ihre Existenz ist damit nicht geleugnet, sondern sie ist nur an die richtige Stelle gerückt.

Da sich der angewandte Energiebegriff für die Anschauung sofort in den Seelenkräften (den Trieben, Affekten und sonstigen dynamischen Vorgängen) hypostasiert, so ist seine Anschaulichkeit durch das Wort «Libido» meines Erachtens trefflich gekennzeichnet, denn ähnliche Anschauungen haben sich ähnlicher Bezeichnungen schon seit alters bedient, z. B. SCHOPENHAUERS «Willen», die ὁρμή des ARISTOTELES, PLATOS «Eros», EMPEDOKLES' «Liebe und Haß der Elemente» oder BERGSONS «élan vital». Aus diesen Begriffen habe ich nur die Anschaulichkeit der Bezeichnung genommen, nicht aber die Begriffsdefinition. Die Unterlassung einer ausführlichen Aufklärung hierüber in meinem früheren Buche hat allerdings viele Mißverständnisse verschuldet, indem mir fast allgemein eine Art vitalistischer Begriffsbildung vorgeworfen wurde.

Mit dem Worte «Libido» verbinde ich, wie gesagt, keine sexuelle Definition[44], womit aber das Vorhandensein einer sexuellen Dynamik

44. Das lateinische Wort «libido» hat keineswegs einen ausschließlich sexuellen Sinn, sondern die allgemeine Bedeutung von Begierde, Verlangen, Drang. Ausführliche Belege hiezu in: *Wandlungen und Symbole der Libido*. 1925, p. 119. Neuauflage: *Symbole der Wandlung*. 1952, p. 213 ff.

ebensowenig geleugnet ist, wie irgend einer andern Dynamik, z. B. der des Hungertriebes u. a. Ich habe schon 1912 darauf aufmerksam gemacht, daß meine Anschauung eines allgemeinen Lebenstriebes, Libido genannt, anstelle des Begriffes «psychische Energie» steht, den ich in der *Psychologie der Dementia praecox»* gebrauchte. Ich beging dabei die Unterlassungssünde, daß ich den Begriff nur in seiner psychologischen Anschaulichkeit darstellte, wobei ich seine Metaphysik, deren Erörterung nunmehr im Vorliegenden geschieht, außer acht ließ. Indem ich aber den Libidobegriff ganz in seiner Anschaulichkeit beließ, handhabte ich ihn auch, als ob er hypostasiert wäre. Insofern trage ich die Schuld an Mißverständnissen. Ich habe deshalb nachträglich in meiner *«Darstellung der psychoanalytischen Theorie»* 1913 ausdrücklich erklärt, *«daß die Libido, mit der wir operieren, nicht nur nicht konkret oder bekannt sei, sondern geradezu ein X ist, eine reine Hypothese, ein Bild oder Rechenpfennig, ebensowenig konkret faßbar wie die Energie der physikalischen Vorstellungswelt*[45]*»*. Libido ist daher nichts anderes als ein abgekürzter Ausdruck für «energetische Betrachtungsweise». Wir werden es eben in der anschaulichen Darstellung nie fertig bringen, mit reinen Begriffen zu operieren, es sei denn, daß es uns gelänge, das Phänomen mathematisch auszudrücken. Solange dies aber nicht möglich ist, wird sich der angewandte Begriff in der Anschauung immer automatisch durch den Stoff der Erfahrung hypostasieren.

Es ist noch einer andern Unklarheit zu gedenken, welche sich ergibt durch den anschaulichen Gebrauch des Libidobegriffes und des Energiebegriffes überhaupt; das ist die in der Sphäre der Anschaulichkeit unvermeidliche Vermischung der Energie mit dem kausalen Wirkungsbegriff, welcher ein dynamischer und kein energetischer Begriff ist.

Die kausal-mechanistische Anschauung sieht die Tatsachenreihe a-b-c-d folgendermaßen: a bewirkt b, b bewirkt c, etc. Hierin ist der Wirkungsbegriff eine Qualitätsbezeichnung, also eine virtus der Ursache, oder mit andern Worten eine Dynamis. Die finalenergetische Anschauung dagegen sieht folgendermaßen: a-b-c sind Mittel der Energieumsetzungen, die ursachelos von a, dem unwahrscheinlichen Zustand, über b-c entropisch zum wahrscheinlichen Zustande ablaufen. Hierin

45. Vgl. *Versuch einer Darstellung der psychoanalytischen Theorie*. 2. Aufl. 1955, p. 54 f.

ist von einer Ursachewirkung gänzlich abgesehen, indem nur die Wirkungsintensitäten berücksichtigt werden. Insofern die Intensitäten dieselben sind, so können wir statt a-b-c-d auch w-x-y-z setzen.

Der Stoff der Erfahrung nun ist beide Male die Reihe a-b-c-d, jedoch mit dem Unterschied, daß die mechanistische Anschauung einen Dynamismus aus der von ihr betrachteten Ursachewirkung ableitet, während die energetische Anschauung statt der Ursachewirkung die Äquivalenz der umgesetzten Wirkung betrachtet. D. h. beide betrachten die Reihe a-b-c-d, die eine Anschauung jedoch qualitativ, die andere quantitativ. Die kausale Betrachtung abstrahiert aus dem Stoffe der Erfahrung den dynamischen Begriff, während die finale Betrachtung ihren reinen Energiebegriff in der Anschauungssphäre anwendet und *gleichsam* zu einer Dynamis werden läßt. Trotz ihrer erkenntnistheoretischen Verschiedenheit, die an Absolutheit nichts zu wünschen übrig läßt, vermischen sich die beiden Betrachtungsweisen doch unvermeidlich im Kraftbegriff, wenn nämlich die kausale Einstellung die reine Wahrnehmung der wirkenden qualitas zum Begriffe der Dynamis abstrahiert, und wenn die finale Einstellung ihren reinen Begriff durch die Anwendung anschaulich werden läßt. Darum spricht der Mechanist von der «Energie *des Psychischen*», der Energetiker dagegen von der «psychischen *Energie*». Aus dem Gesagten dürfte mit Evidenz hervorgehen, daß ein und derselbe Vorgang im Lichte der verschiedenen Betrachtungsweisen ein jeweils ganz anderes Aussehen gewinnt.

III

DIE GRUNDBEGRIFFE DER LIBIDOTHEORIE

PROGRESSION UND REGRESSION

Wohl eines der wichtigsten energetischen Phänomene des Seelenlebens ist die Progression und Regression der Libido. Unter Progression ist zunächst das tägliche Weiterschreiten des psychologischen Anpassungsprozesses zu verstehen. Die Anpassung ist, wie bekannt, nie ein für alle Mal geleistet, obschon man geneigt ist, dergleichen zu glauben, dank einer Verwechslung der erreichten Einstellung mit der wirklichen Anpassung. Wir vermögen der Anpassungsforderung nur mittelst einer entsprechend gerichteten Einstellung zu genügen. Die Anpassungsleistung vollzieht sich demnach in zwei Etappen: 1. Erreichung der Einstellung. 2. Vollendung der Anpassung mittelst der Einstellung. Die Einstellung zur Wirklichkeit ist etwas außerordentlich Dauerhaftes, aber so dauerhaft der Habitus ist, so wenig dauerhaft ist seine effektive Anpassungsleistung. Dies ist die notwendige Folge der beständigen Veränderung der Umgebung und der dadurch bedingten Neuanpassung.

Die *Progression* der Libido bestände somit in einer fortlaufenden Befriedigung der Anforderung der Umweltsbedingungen. Da diese Leistung nur mittelst einer Einstellung erreicht werden kann, die nämlich als Einstellung notwendigerweise ein Gerichtetsein und damit eine gewisse Einseitigkeit in sich schließt, so kann der Fall leicht eintreten, daß die Einstellung die Anpassungsforderung nicht mehr erfüllen kann, indem Veränderungen der äußeren Bedingungen stattgefunden haben, welche eine andere als die vorhandene Einstellung erfordern. Z. B. kann die Fühleinstellung, welche mittelst Einfühlung den Wirklichkeitsanforderungen nachzukommen sucht, leicht einer Kondition begegnen, die nur mittelst einer Denkeinstellung, d. h. eines vorgängigen, denkenden Begreifens erfüllt werden kann. In diesem Fall versagt die Fühleinstellung. Damit hört auch die Progression der Libido auf. Das vorher vorhandene Lebensgefühl erlischt, dafür steigert sich der psychische Wert gewisser Bewußtseinsinhalte in unangenehmer Weise, subjektive Inhalte und Reaktionen drängen sich vor, der Zustand wird affektiv und zu Explosionen geneigt. Diese Symptome bedeuten eine *Aufstauung der Libido*. Der Stauungszustand ist immer gekennzeichnet durch den *Zerfall der Gegensatzpaare*. Während der Progression der Libido sind die Gegensatzpaare geeint im koordinierten Ablauf der psychologischen Vorgänge. Ihr Zusammenwirken ermöglicht die äquilibrierte Gleichmäßigkeit des Prozesses, der ohne innere Gegenwirkung einseitig und unsinnig würde. Daher faßt man alle Extravaganz und Übertriebenheit mit Recht als Gleichgewichtsverlust auf, indem offenbar darin die koordinierende Wirkung des Gegenimpulses fehlt. Es gehört daher zum Wesen der Progression, welche die geglückte Anpassungsleistung ist, daß Impuls und Gegenimpuls, Ja und Nein, zu gleichmäßiger gegenseitiger Einwirkung gelangen. Diese Ausgleichung und Vereinigung der Gegensatzpaare sehen wir z. B. im Überlegungsprozeß vor einem schwerwiegenden Entschluß. In der Libidostauung, wo die Progression unmöglich geworden ist, können sich Ja und Nein nicht mehr zu einem koordinierten Akt vereinigen, indem Ja und Nein gleiche Werte erlangen, die sich gegenseitig das Gleichgewicht halten. Je länger die Stauung dauert, desto höher steigt der Wert der gegensätzlichen Positionen, die sich dementsprechend an Assoziationen anreichern und immer neue Bezirke des psychischen Materials sich angliedern. Die Spannung führt zum Konflikt; der Konflikt führt zu gegenseitigen Verdrängungsversuchen, und wenn die Verdrängung der Gegenpartei gelingt, dann ist die *Dissoziation*, die «Spaltung der Persönlichkeit», das Uneinssein mit sich selber eingetreten und damit eine Möglichkeit der Neurose geschaffen. Die Akte, die aus diesem Zustande erfolgen, sind inkoordiniert, resp. pathologisch, und gewinnen das Ansehen von Symptomhandlungen; obschon sie z. T. normal determiniert sind, so basieren sie doch andererseits auf dem verdrängten Gegensatz, der aber zum Unterschied vom progressiven Geschehen nicht äquilibrierend, sondern gegensätzlich wirkt, wodurch der Effekt nicht gefördert, sondern gestört wird.

Der Kampf der Gegensätze ginge in nutzloser Weise immer weiter, wenn nicht mit dem Ausbruch des Konfliktes der Prozeß der *Regression,* die rückläufige Bewegung der Libido einsetzte. Durch das Aufeinanderprallen der Gegensätze tritt eine allmähliche Entwertung der Gegensatzpaare ein. Der Wertverlust nimmt stetig zu, und er ist das einzige, was das Bewußtsein wahrnimmt. Er ist gleichbedeutend mit der Regression. Nämlich in dem Maße, als der Wertverlust der bewußten Gegensätze weiterschreitet, erhöht sich der Wert aller derjenigen psychischen Prozesse, welche hinsichtlich der Anpassung nicht in Betracht kommen und deshalb selten oder nie zu bewußter Verwendung gelangen. Es handelt sich bei diesen psychischen Elementen, welche hinsichtlich der Anpassung an die Umwelt nicht in Betracht kommen, um hauptsächlich unbewußte Elemente. Die Wertigkeit der Bewußtseinshintergründe und des Unbewußten nimmt daher zu, infolgedessen zu erwarten ist, daß es Einfluß auf das Bewußtsein gewinnen wird. Die unbewußten Werte kommen wegen der Hemmung, die das Bewußte auf das Unbewußte ausübt, zunächst nur indirekt zur Geltung. Die Hemmung, der sie unterliegen, ist eine Folge des exklusiven Gerichtetseins der bewußten Inhalte. (Die Hemmung ist identisch mit dem, was FREUD «Zensur» nennt.) Die indirekte Manifestation des Unbewußten findet statt in Form von Störungen des bewußten Ablaufes, beim Assoziationsexperiment in Form der Komplexmerkmale, sonst in Form der von FREUD zuerst beschriebenen Symptomhandlungen, in neurotischen Zuständen in Form von Symptomen.

Indem die Regression die Wertigkeit derjenigen Inhalte erhöht, die zuvor vom bewußten Anpassungsprozeß ausgeschlossen und daher meistens «dunkel bewußt» oder gänzlich unbewußt sind, werden psychische Elemente über die Bewußtseinsschwelle gedrängt, die hinsichtlich der Anpassung anerkanntermaßen unnützlich sind, weshalb sie auch stets von der gerichteten psychischen Funktion ferngehalten wurden. Welcher Art diese Inhalte sind, ist aus den FREUDschen Schriften reichlich zu ersehen; es sind nicht nur infantil-sexuelle, sondern überhaupt inkompatible Inhalte und Tendenzen, teils unmoralischer, teils unästhetischer, teils irrationaler, resp. imaginärer Natur. Dieser hinsichtlich der Anpassung offenkundig minderwertige Charakter ist Anlaß geworden zu jenem in psychoanalytischen Schriften üblichen entwertenden Urteil über den Seelengrund[46]. Bei oberflächlicher Betrachtung ist es allerdings Grundschlamm, was die Regression zu Tage fördert. Wenn man sich aber bei der oberflächlichen Betrachtung und Bewertung der geförderten Materialien nicht aufhält und es auch aufgibt, auf Grund einer vorgefaßten Lehrmeinung nach dem Schein zu urteilen, so wird man entdecken, daß darin nicht bloß inkompatible und deshalb verworfene Reste des Tageslebens oder unbequeme verwerfliche Urtendenzen des animalischen Menschen zu erblicken sind, sondern daß darin auch Keime neuer Lebensmöglichkeiten liegen[47]. Darin besteht einer der großen Werte der Psychoanalyse, daß sie ungescheut die inkompatibeln Inhalte ans Licht zieht, was ein gänzlich nutzloses, ja verwerfliches Beginnen wäre, wenn nicht eben in den verdrängten Inhalten die Möglichkeiten zu einer Erneuerung des Lebens lägen. Daß dem so ist und so sein muß, weiß man nicht nur aus reichlicher praktischer Erfahrung, sondern kann es auch aus folgender Überlegung schließen.

Der Prozeß der Anpassung verlangt eine gerichtete bewußte Funktion, die durch innere Konsequenz und logische Geschlossenheit charakterisiert ist. Wie wir schon sahen, muß das Gerichtetsein der Funktion alles Nichtpassende ausschließen, um eben die Richtung aufrecht zu erhalten. Das Nichtpassende verfällt der Hemmung und damit der Entziehung der Aufmerksamkeit. Die bewußt gerichtete Anpassungsfunktion ist erfahrungsgemäß nur *eine,* denn, wenn ich mich z. B. *denkend* einstelle, so kann ich mich nicht zugleich auch *fühlend* einstellen, weil Denken und Fühlen zwei ganz verschiedene Funktionen sind. Ich muß sogar, um den logischen Gesetzen des Denkens genügen zu können, das Gefühl sorgfältig ausschließen, um den Denkprozeß nicht durch das Gefühl zu stören. In diesem Fall entziehe ich dem Fühlprozeß die Libido soviel wie möglich, weshalb diese Funktion

46. Etwa in der Art des alten Hudibras, dessen Meinung KANT *(Träume eines Geistersehers.* III. Hauptst.) erwähnt: «Wenn ein hypochondrischer Wind in den Eingeweiden tobt, so kommt es darauf an, welche Richtung er nimmt; geht er abwärts, so wird daraus ein F . . ., steigt er aber aufwärts, so ist er eine Erscheinung oder eine heilige Eingebung.»

47. Die professionelle Übersättigung mit neurotischen Uneigentlichkeiten macht den Arzt skeptisch. Ein verallgemeinerndes Urteil aus der pathologischen Ecke hat aber den Nachteil, immer schief zu sein.

einem relativen Unbewußtsein verfällt. Erfahrungsgemäß ist die Einstellung in der Hauptsache habituell, und daher sind die andern nicht passenden Funktionen, insofern sie inkompatibel mit der praevalierenden Einstellung sind, relativ unbewußt, daher unbenützt, ungeübt, undifferenziert und notwendigerweise durch Koexistenz assoziiert mit den übrigen sonstigen Inhalten des Unbewußten, deren Minderwertigkeit und Inkompatibilität ich bereits angedeutet habe. Dadurch erscheinen diese Funktionen, wenn sie durch Regression aktiviert werden und so das Bewußtsein erreichen, in einer sozusagen inkompatibeln Form, gewissermaßen entstellt und mit dem Schlamm der Tiefe bedeckt.

Wenn wir uns nun erinnern, daß der Grund zur Stauung der Libido das Versagen der bewußten Einstellung war, so verstehen wir jetzt, inwiefern die durch Regression aktivierten unbewußten Inhalte wertvolle Keime sind: sie enthalten nämlich die Elemente zu jener andern Funktion, welche durch die bewußte Einstellung ausgeschlossen war und die befähigt wäre, die versagende bewußte Einstellung wirksam zu ergänzen oder zu ersetzen. Wenn das Denken als Anpassungsfunktion versagt, weil es sich um eine Situation handelt, an die man sich nur durch Einfühlung anpassen kann, so enthält das durch Regression aktivierte unbewußte Material eben die fehlende Fühlfunktion, aber noch in embryonaler resp. archaischer und unentwickelter Form. Gleicherweise wird beim entgegengesetzten Typus die Regression eine die versagende bewußte Einfühlung wirksam kompensierende Denkfunktion im Unbewußten aktivieren.

Dadurch, daß die Regression einen unbewußten Tatbestand aktiviert, konfrontiert sie das Bewußtsein mit dem Problem der Seele gegenüber dem Problem äußerer Anpassung. Es ist natürlich, daß das Bewußtsein sich gegen die Annahme der regressiven Inhalte sträubt, jedoch wird es durch die Unmöglichkeit der Progression doch schließlich dazu gezwungen, sich den regressiven Werten zu unterwerfen; d. h. mit andern Worten: die Regression führt zur Notwendigkeit der Anpassung an die Seele, die psychische Innenwelt.

Gleichermaßen nun, wie die Anpassung an die Umwelt versagen kann durch die Einseitigkeit der Anpassungsfunktion, so kann auch die Anpassung an die Innenwelt versagen durch die Einseitigkeit der Funktion, die sich mit ihr beschäftigt. Wenn z. B. die Libidostauung erfolgte wegen des Versagens der Denkeinstellung gegenüber der äußeren Anpassungsforderung, und wenn dann die unbewußte Fühlfunktion durch Regression aktiviert wurde, so besteht zunächst nur ein Einfühlen in die Innenwelt, was für den Anfang genügen mag. Auf die Dauer wird aber die Einfühlung nicht genügen, sondern die Denkfunktion wird ebenfalls herangezogen werden müssen, genau so, wie das Gegenteil gegenüber der Außenwelt nötig wurde. Dadurch wird eine völlige Einstellung auf die Innenwelt zur Notwendigkeit, nämlich solange, bis die innere Anpassung erreicht ist. Ist die Anpassung erreicht, so kann wiederum Progression eintreten.

Das Prinzip der Progression und Regression bildet sich ab in dem von FROBENIUS bearbeiteten Walfischdrachenmythus [48], wie ich das in meinem Buch *«Wandlungen und Symbole der Libido»* ausführlich dargelegt habe. Der Held ist der symbolische Darsteller der Libidobewegung. Das Eingehen in den Drachen ist die regressive Richtung. Die Fahrt nach Osten (die Nachtmeerfahrt) und die dabei eintretenden Ereignisse symbolisieren die Anpassungsleistungen gegenüber den Bedingungen der psychischen Innenwelt. Das völlige Verschlungensein und Verschwinden des Helden im Bauche des Drachen stellt die völlige Abkehr der Einstellung von der Außenwelt dar. Die Bewältigung des Monstrums von innen ist die Anpassungsleistung an die Bedingungen der Innenwelt. Das Herauskommen aus dem Leibe (das Ausschlüpfen) mit Vogelhilfe, was zugleich ein Sonnenaufgang ist, ist der Wiederbeginn der Progression.

Es ist charakteristisch, daß während des Verschlungenseins des Helden das Monstrum die Nachtmeerfahrt *nach Osten* antritt, d. h. zum Sonnenaufgang, wodurch meines Erachtens die Tatsache gekennzeichnet wird, daß die Regression nicht notwendigerweise einen *Rückschritt* im Sinne einer *Rückentwicklung* oder *Degeneration* bedeutet, sondern vielmehr eine notwendige Phase in der Entwicklung darstellt, in der aber dem Menschen das Bewußtsein einer Entwicklung mangelt, da er sich in einer Zwangslage befindet, welche sich so darstellt, als ob er sich in einem frühinfantilen, ja sogar embryonalen Zustande im Mutterleibe selber befände. Wenn der Mensch in diesem Zustande verbleibt, dann erst kann man von Rückentwicklung, Involution oder Degeneration sprechen.

48. Vgl. L. FROBENIUS, *Das Zeitalter des Sonnengottes*. 1904.

Ebenso ist *Progression* nicht etwa mit *Entwicklung* zu verwechseln, denn der beständige Fluß oder Ablauf des Lebens ist nicht notwendigerweise Entwicklung oder Differenzierung, indem ja seit Urzeiten gewisse Tier- und Pflanzenspezies sozusagen auf der gleichen Stufe der Differenzierung stehen geblieben sind und trotzdem weiterleben. So kann auch das menschliche Seelenleben progressiv sein ohne Evolution und regressiv ohne Involution. Evolution und Involution haben zunächst mit Progression und Regression nichts zu tun, indem diese letzteren eigentlich bloße Lebensbewegungen sind, die trotz ihrer Bewegung stationären Charakter haben. Sie entsprechen dem, was GOETHE sehr schön als Systole und Diastole bezeichnet hat[49].

Gegen diese Auffassung des Mythus, nämlich daß er psychologische Tatsachen darstelle, haben sich schon viele Einwände erhoben. Bekanntlich kann man sich schwer von der Idee trennen, daß der Mythus gewissermaßen eine erklärende Allegorie astronomischer, meteorologischer oder vegetativer Vorgänge sei. Die Koexistenz erklärender Tendenzen ist wohl kaum zu leugnen, denn es sind zu viele schlagende Beweise dafür vorhanden, daß der Mythus auch erklärende Bedeutung hat, aber damit ist die Frage nicht beantwortet, warum der Mythus gerade in dieser Weise, allegorisierend, erkläre. Es ist eigentlich zu verstehen, woher der Primitive diesen Erklärungsstoff nimmt. Und daneben ist die Tatsache auch nicht zu übersehen, daß das Kausalitätsbedürfnis des Primitiven keineswegs so groß ist wie das unsrige. Es liegt ihm noch gewissermaßen weit weniger an der Erklärung als am Fabulieren. Wir können bei unsern Patienten sozusagen tagtäglich sehen, wie mythische Phantasien entstehen: sie werden nicht ersonnen, sondern stellen sich dar als Bilder oder Vorstellungsreihen, die aus dem Unbewußten sich aufdrängen, und wenn sie erzählt werden, so haben sie nicht selten den

49. Diastole ist die im All sich ausbreitende Extraversion der Libido. Die Systole ist ihre Zusammenziehung auf das Individuum, die Monade. («. . . die bewußt kraftvoll zusammenziehende, das Einzelne gebärende Systole und die sehnsüchtig erweiternde, das All umfassenwollende Diastole». CHAMBERLAIN, *Goethe,* 1912, p. 571.) Beharrung in einer der beiden Einstellungen bedeutet *Tod* (l. c.), darum ist der Typus unzulänglich und bedarf der Ergänzung durch die entgegengesetzte Funktion. (Verhält sich jedoch ein Mensch lediglich empfangend, hält die Diastole dauernd an, dann tritt, so wie im körperlichen, so auch im seelischen Leben, die Lähmung und schließlich der Tod ein. 'Beleben' kann nur die Tat; ihre erste Bedingung ist Beschränkung, d. h. die Systole, welche festabgegrenztes Maß schafft. Je energischer die Tat, umso resoluter wird die Beschränkung durchgeführt werden müssen.» (l. c., 581.)

Charakter zusammenhängender Episoden vom Werte mythischer Darstellungen. Auf diese Weise entstehen die Mythen, darum haben auch die Phantasien, die aus dem Unbewußten stammen, so viel Verwandtes mit den primitiven Mythen. Insofern aber der Mythus nichts anderes ist, als eine Projektion aus dem Unbewußten und keineswegs eine bewußte Erfindung, so ist nicht nur die Tatsache verständlich, daß wir überall auf dieselben Mythenmotive stoßen, sondern auch, daß der Mythus typische psychische Phänomene darstellt.

Es drängt sich nun die Frage auf, wie der Vorgang der Progression und der Regression energetisch zu verstehen sei. Es ist ohne weiteres deutlich, daß es sich bei Progression und Regression um *Kraftvorgänge* handelt. Die Progression wäre zu vergleichen mit einem Wasserlauf, der vom Berg zu Tal fließt. Die Aufstauung entspricht einem spezifischen Hindernis in der Richtung des Laufes, etwa einer Talsperre, welche die kinetische Energie des Laufes in die potentielle Energie der Lage umwandelt. Durch die Aufstauung wird das Wasser gezwungen, einen andern Weg einzuschlagen, wenn es infolge der Aufstauung eine Höhe erreicht hat, die ihm erlaubt, irgendwo überzufließen. Es fließt vielleicht in einen Kanal, der die lebendige Energie des Gefälles durch eine Turbinenanlage zur Umwandlung in Elektrizität führt. Diese Umwandlung wäre ein Bild für die durch Stauung und Regression erzeugte neue Progression, deren – gegenüber früher – veränderter Charakter dadurch gekennzeichnet ist, daß die Energie sich nunmehr auf neue Weise manifestiert. In diesem Umwandlungsprozeß ist das Äquivalenzprinzip von besonders heuristischem Wert. *Die Intensität der Progression erscheint wiederum in der Intensität der Regression.*

Es geht aus dem Wesen der energetischen Betrachtungsweise keineswegs hervor, daß es Progression und Regression der Libido geben muß, sondern nur, daß es äquivalente Transformationen geben muß, denn die Energetik sieht nur das quantum, erklärt aber niemals das quale. So sind Progression und Regression spezifische Vorgänge, die man als dynamische Prozesse auffassen muß, und die als solche durch Qualitäten der Substanz bedingt sind. Progression und Regression lassen sich daher niemals aus dem Wesen des Energiebegriffes ableiten, sondern sie lassen sich nur in ihren gegenseitigen Relationen energetisch verstehen. Warum es Progression und Regression gibt, läßt sich nur aus den Qualitäten der Substanz verstehen, also mechanistisch-kausal.

Die Progression als ein fortlaufender Anpassungsprozeß an die Umweltsbedingungen ist begründet in der vitalen Notwendigkeit der Anpassung. Die Not erzwingt die absolute Orientierung auf die Umweltsbedingungen und die Verdrängung aller derjenigen Tendenzen und Möglichkeiten, welche der Individuation dienen.

Die Regression dagegen als eine Anpassung an die Bedingungen der eigenen Innenwelt ist begründet in der vitalen Notwendigkeit, den Anforderungen der Individuation zu genügen. Der Mensch ist keine Maschine in dem Sinn, daß er anhaltend dieselbe Arbeitsleistung vollziehen könnte, sondern er kann der Forderung der äußeren Not in idealer Weise nur dann völlig entsprechen, wenn er auch an seine eigene Innenwelt angepaßt ist, d. h. wenn er in Übereinstimmung mit sich selber ist. Und umgekehrt kann er sich nur dann an seine eigene Innenwelt anpassen und die Übereinstimmung mit sich selber erreichen, wenn er auch den Umweltsbedingungen angepaßt ist. Die eine oder die andere Funktion kann nur zeitweilig vernachlässigt werden, wie die Erfahrung zeigt: wenn nämlich z. B. nur einseitige Anpassung nach außen geleistet, während das Innere vernachlässigt wird, so tritt allmählich eine Erhöhung des Wertes der inneren Bedingungen auf, was sich in einem Vordrängen persönlicher Elemente in der äußeren Anpassung bemerkbar macht. So sah ich einmal einen drastischen Fall: ein Fabrikant, der sich emporgearbeitet hatte und zu Wohlhabenheit gelangt war, fing an, sich an eine gewisse Phase seiner Jugend zu erinnern, wo er viel Freude an Kunst hatte. Er fühlte das Bedürfnis, diese Tendenzen wieder aufzunehmen und begann nun, eigene künstlerische Muster für seine Fabrikwaren zu erfinden. Der Erfolg war, daß niemand mehr diese künstlerischen Produkte kaufen wollte, und daß der Mann selber nach Ablauf weniger Jahre bankrott war. Sein Fehler war, daß er das, was nach innen gehörte, in das Außen übertrug, indem er die Anforderung der Individuation mißverstand. Ein derartiges auffälliges Versagen einer bisher genügenden Anpassungsfunktion erklärt sich aus diesem typischen Mißverstehen der inneren Anforderung.

Obschon Progression und Regression kausal begründet sind in der Natur der Lebensvorgänge einerseits und den Umweltsbedingungen andererseits, so müssen wir sie doch, wenn wir sie energetisch betrachten, nur als Mittel oder Durchgangspunkte des energetischen Ablaufes auffassen. Unter diesem Gesichtswinkel erfolgt die Progression und die aus ihr resultierende Anpassungsleistung als ein Mittel zur Regression, nämlich zur Manifestation der Innenwelt in der Außenwelt, wodurch ein neues Mittel geschaffen ist zu einer Progression veränderter Art, die eine bessere Anpassung an die Umweltsbedingungen darstellt.

EXTRAVERSION UND INTROVERSION

Progression und Regression können mit Extraversion und Introversion der Libido in Beziehung gesetzt werden. Progression als Anpassung an die äußeren Bedingungen könnte als Extraversion, und Regression als Anpassung an die inneren Bedingungen als Introversion aufgefaßt werden. Aus dieser Parallelisierung entstünde aber eine beträchtliche Begriffsverwirrung. Progression und Regression sind höchstens vage Analogien zu Extraversion und Introversion. In Wirklichkeit betreffen diese letzteren Begriffe Dynamismen anderer Art als Progression und Regression. Letztere sind Dynamismen oder gesetzmäßige Formen der Energieumsetzungen, während Extraversion und Introversion, wie schon ihr Name andeutet, Dynamismen oder Formen der Progression wie der Regression sind. Progression ist eine im Sinne der Zeit vorwärtsschreitende Lebensbewegung. Diese Bewegung kann in zwei verschiedenen Formen stattfinden, entweder *extravertiert,* wenn die Objekte, d. h. die Umweltsbedingungen die Art und Weise der Progression vorwiegend beeinflussen, oder *introvertiert,* wenn die Progression sich den Bedingungen des Ich (genauer des «subjektiven Faktors») bequemen muß. Ebenso kann die Regression auf zwei Arten erfolgen, entweder als ein Rückzug von der Außenwelt (Introversion) oder als eine Flucht in extravagantes äußeres Erleben (Extraversion). Ein Mißerfolg versetzt den Einen in einen Zustand dumpfen Brütens, den Andern treibt er in die Wirtshausbummelei. Diese beiden verschiedenen Reaktionsweisen, die ich als Extra- und Introversion bezeichnet habe [50], entsprechen zwei gegensätzlichen Einstellungstypen.

Die Libido bewegt sich nicht nur gleichsam vorwärts und rückwärts, sondern auch auswärts und einwärts. Die Psychologie letzterer Bewegung habe ich ausführlich in meinem Typenbuche dargestellt und kann deshalb hier auf weitere Ausführungen in dieser Beziehung verzichten.

50. Vgl. mein Buch *Psychologische Typen.* Ges. Werke, Bd. 6.

In *«Wandlungen und Symbole der Libido»*, 2. Teil, Kap. III, gebrauchte ich den Ausdruck «Verlagerung der Libido», um damit die energetische Verwandlung oder Umsetzung zu bezeichnen. Ich denke bei diesem Ausdruck an ein Verlegen psychischer Intensitäten oder Werte von einem Inhalt auf einen andern, entsprechend der sogenannten Umwandlung der Energie, welche z. B. als Wärme durch die Dampfmaschine in Dampfspannung und dann in Bewegungsenergie übersetzt wird. Gleichermaßen wird die Energie gewisser psychischer Phänomene durch geeignete Mittel zur Umwandlung in andere Dynamismen gebracht. Ich habe in meinem oben erwähnten Buche Beispiele für diese Umwandlungsprozesse gegeben, sodaß ich mir hier weitere Beispiele ersparen kann.

In der sich selbst überlassenen Natur verwandelt sich die Energie ihrem natürlichen Gefälle entsprechend, wobei sie Naturphänomene, aber keine «Arbeitsleistung» erzeugt. So lebt auch der Mensch, sich selbst überlassen, sozusagen als Naturphänomen und erzeugt keine Arbeit im eigentlichen Sinne des Wortes. Die Kultur aber stellt die Maschine dar, durch welche das natürliche Gefälle zur Arbeitsleistung ausgenützt wird. Daß der Mensch überhaupt zur Erfindung dieser Maschine kam, muß tief in seiner Natur begründet liegen, ja sogar in der Natur der lebenden Wesen überhaupt, indem der lebende Stoff selber ein Energietransformator ist, wobei das Leben irgendwie, auf noch unbekannte Weise, am Umwandlungsprozeß teilnimmt. Das Leben findet statt dadurch, daß es die natürlichen physikalischen und chemischen Bedingungen sozusagen als Mittel zu seiner Existenz benützt. Der lebende Körper ist eine Maschine, die den aufgenommenen Energiebetrag äquivalent in andere dynamische Manifestationen verwandelt. Man kann nicht sagen, daß die physische Energie in Leben verwandelt werde, sondern bloß, daß die Umwandlung der Ausdruck des Lebens sei.

Gleichermaßen wie der lebende Körper eine Maschine ist, so haben auch andere Adaptationen an die physikalischen und chemischen Bedingungen den Wert von Maschinen, welche andere Umwandlungsformen ermöglichen. So sind alle die Mittel, die z. B. das Tier, abgesehen von der direkten Ernährung seines Körpers, zur Sicherung und Weiterführung seiner Existenz benötigt, Maschinen, welche das natürliche Gefälle zur Arbeitsleistung ausnützen. Wenn der Biber Bäume fällt und dadurch die Wasserläufe staut, so ist das eine Arbeitsleistung, die durch seine Differenzierung bedingt ist. Seine Differenzierung ist eine natürliche Kultur, welche als Umformer der Energie, als Maschine, funktioniert. So ist auch die menschliche Kultur, als ein natürliches Differenzierungsprodukt, eine Maschine, zunächst eine technische Maschine, welche natürliche Bedingungen zur Umformung physikalischer und chemischer Energie benützt, dann aber auch eine geistige Maschine, welche geistige Bedingungen zur Umformung der Libido benützt.

Ebenso wie es dem Menschen gelungen ist, eine Turbine zu erfinden, einen Fluß darauf zu leiten und aus der daraus gewonnenen Bewegungsenergie Elektrizität zu erzeugen, die mannigfacher Verwertung fähig ist, so ist es ihm auch gelungen, den natürlichen Trieb, der seinem Gefälle nach verläuft, ohne Arbeit zu leisten, durch eine Maschine in eine andere dynamische Form überzuführen, welche Arbeitsleistung ermöglicht.

Die Umwandlung der Triebenergie geschieht durch Überleitung auf ein *Analogon des Triebobjektes.* Wie das Kraftwerk den Wasserfall nachahmt und dadurch dessen Energie habhaft wird, so ahmt die psychische Maschine den Trieb nach und wird dadurch dessen Energie habhaft. Ein gutes Beispiel hiefür ist die Frühlingszeremonie der Watschandis[51]. Sie graben nämlich ein Loch von länglicher Form in den Boden und umstecken es mit Buschwerk, sodaß es an ein weibliches Genitale erinnert. Um dieses Loch tanzen sie, wobei sie ihre Speere so vor sich halten, daß sie an den penis in erectione erinnern. Indem sie das Loch umtanzen, stoßen sie die Speere in die Grube und rufen dazu: pulli mira, pulli mira, wataka! (non fossa, non fossa, sed cunnus!) Keiner der Teilnehmer darf während der Zeremonie auf eine Frau blicken.

Mit dem Loch schaffen die Watschandis ein Analogon des weiblichen Genitale, des Objektes des natürlichen Triebes. Durch das vielfache Rufen und die Ekstase des Tanzes suggerieren sie sich, daß das

51. Vgl. K. T. Preuss, *Der Ursprung der Religion und Kunst* (in: *Globus* 86, 1904. p. 338), sowie F. Schultze, *Psychologie der Naturvölker.* 1925, p. 168, und Jung, *Wandlungen und Symbole der Libido.* 1912, p. 144; Neuaufl. *Symbole der Wandlung.* 1952, p. 247 f.

Erdloch wirklich ein Genitale sei, und, damit sie in dieser Illusion nicht durch das wirkliche Triebobjekt gestört werden, darf keiner auf eine Frau blicken. Es handelt sich also um unzweifelhafte Kanalisierung der Energie und Überleitung derselben auf ein Analogon des ursprünglichen Objektes durch den Vorgang des Tanzes (der eigentlich ein Begattungsspiel ist, wie bei den Vögeln und andern Tieren) und durch die Nachahmung des sexuellen Aktes [52].

Dieser Tanz hat einen besonderen Sinn als Erdbefruchtungszeremonie, weshalb er auch im Frühling stattfindet. Es ist eine *magische Handlung,* die den Zweck hat, die Libido auf die Erde überzuleiten, wodurch die Erde einen besonderen psychischen Wert erhält und dadurch ein Erwartungsobjekt wird. Der Geist beschäftigt sich dann mit ihr und ist durch sie determiniert, wodurch die Möglichkeit und Wahrscheinlichkeit gegeben ist, daß der Mensch ihr seine Aufmerksamkeit widmet, was die psychologische Vorbedingung des Ackerbaues wäre. Der Ackerbau erfolgt tatsächlich, wenn auch nicht ausschließlich, unter sexuellen Analogiebildungen. Das «Brautlager auf dem Acker» ist eine solche Überleitungszeremonie: Der Bauer nimmt sein Weib in einer Frühlingsnacht auf den Acker und begattet sie dort, um das Feld zu befruchten. Dadurch wird eine nahe Beziehung und Analogie hergestellt, welche so wirkt wie ein Kanal, der aus dem Flußbett abzweigt und sein Wasser in ein Kraftwerk führt. Die Triebenergie wird eng mit dem Acker assoziiert, sodaß die Ackerbebauung sozusagen den Wert einer Sexualhandlung erhält. Diese Assoziation gewährleistet eine dauernde Überleitung von Interesse auf den Acker. Der Acker wirkt infolgedessen *anziehend* auf den Bebauer, und letzterer wird sich daher mit dem Acker beschäftigen, was selbstverständlich der Fruchtbarkeit des Feldes zugute kommt.

Wie MERINGER in sehr schöner Weise zeigt, drückt sich die Assoziation von Libido (auch in sexuellem Sinne) und Ackerbau in der Sprache aus [53]. Die Überleitung der Libido auf den Acker findet natürlich

52. Vgl. dazu die Beobachtung bei PECHUEL-LOESCHE, *Volkskunde von Loango.* 1907, p. 38: die Tänzer scharren mit dem einen Fuß den Boden und führen dabei spezifische Beckenbewegungen aus.

53. R. MERINGER, *Wörter und Sachen.* In: *Indogermanische Forschungen.* XVI, 1904; und JUNG, *Wandlungen und Symbole der Libido.* 1912, p. 145; *Symbole der Wandlung.* 1952, p. 248 f., F. N. 22.

nicht nur durch Sexualanalogie statt, sondern auch durch direkten Berührungszauber, z. B. durch den Gebrauch des «Walens» auf dem Acker[54]. Der Primitive empfindet die Überleitung der Libido so konkret, daß er sogar seine Ermüdung bei der Arbeit als ein Ausgesogensein durch den Ackerdämon auffaßt[55]. Alle größeren Unternehmungen und Leistungen, wie Ackerbau, Jagd, Krieg usw., werden von den Primitiven mit magischen Analogiehandlungen durch vorbereitenden Zauber eingeleitet, der ganz offenkundig den psychologischen Zweck hat, die Libido auf die notwendig gewordene Tätigkeit überzuleiten. In den Büffeltänzen der Taos-Pueblos stellen die Tänzer Jäger und Wild zugleich dar. Durch die Erregung und Lust des Tanzes wird die Libido in die Form der Jagdtätigkeit übergeführt. Die hiezu nötige Lust des Tanzes wird erzeugt durch rhythmisches Trommeln und den erregenden Gesang der alten Männer, welche auch die ganze Zeremonie dirigieren. Alte Leute leben bekanntlich in ihren Erinnerungen und sie lieben es, von ihren früheren Taten zu reden, sie werden «warm» dabei. Wärme «zündet», und so gibt gewissermaßen der Alte den ersten Anstoß zum Tanz, zur mimischen Zeremonie, welche den Zweck hat, die Jungen und Jüngsten an die Jagd zu gewöhnen und sie darauf psychisch vorzubereiten. Ähnliche «rites d'entrée» werden von vielen primitiven Stämmen berichtet[56]. Ein klassisches Beispiel ist die Atninga-Zeremonie der Aruntas. Sie besteht darin, daß die zu einem Rachezug aufgeforderten Stammgenossen zuerst «ärgerlich» gemacht werden müssen. Dies geschieht dadurch, daß der Führer das Haar des zu rächenden Toten mit dem Munde und dem Penis des «ärgerlich» zu machenden Mannes verbindet. Dazu kniet der Führer so auf den Mann und umarmt ihn, wie wenn er einen Sexualakt an ihm vollzöge[57]. Es wird angenommen, auf diese Weise werde bewirkt, daß «die Eingeweide des Mannes zu brennen anfingen vor Begierde, den Mord zu rächen». Die Zeremonie bezweckt offenbar eine intime Bekanntschaft jedes einzelnen mit dem Ermordeten. Dadurch wird jeder geneigt gemacht, den Toten zu rächen.

54. Vgl. MANNHARDT, *Wald- und Feldkulte.* I, 1904, p. 480 ff.

55. MANNHARDT, l. c., p. 483.

56. Zusammenfassendes bei LÉVY-BRUHL, *Les fonctions mentales dans les sociétés inférieures.* 2. Aufl. 1912, p. 262 ff.

57. Sprechende Abbildungen in: SPENCER AND GILLEN, *The Northern Tribes of Central Australia.* 1904, p. 560.

Die oft enorme Umständlichkeit solcher Zeremonien zeigt, wessen es bedarf, um die Libido aus ihrem natürlichen Strombett, nämlich der alltäglichen Gewohnheit, abzuleiten und einer ungewohnten Tätigkeit zuzuführen. Der moderne Verstand glaubt dies mit einem bloßen Willensentschluß erreichen und dabei aller magischen Zeremonien entraten zu können, weshalb er auch lange um ein passendes Verständnis primitiver Zeremonien verlegen war. Wenn man aber berücksichtigt, daß die Primitiven in viel höherem Maße unbewußt, d. h. bloßes Naturphänomen sind als wir und daher das, was wir «Willen» nennen, sozusagen überhaupt nicht kennen, so begreift man ohne weiteres, warum sie umständlicher Zeremonien bedürfen, wo bei uns ein einfacher Willensentschluß genügt. Wir sind bewußter, d. h. mehr domestiziert. Es ist uns im Laufe der Jahrtausende geglückt, nicht nur die uns umgebende wilde Natur zu bändigen, sondern auch unsere eigene Wildheit in Fesseln zu legen (wenigstens in gewisser Weise und temporär!). Immerhin haben wir «Willen», nämlich *disponible Energie* erworben, vielleicht nicht viel, aber doch mehr als der Primitive, und brauchen deshalb keine magischen Tänze mehr, um uns zu einer Unternehmung «stark» zu machen, wenigstens nicht für alle gewöhnlichen Fälle. Wenn es sich hingegen um etwas handelt, das unsere Kräfte übersteigen, etwas, das auch schief gehen könnte, dann legen wir mit dem Segen der Kirche einen feierlichen Grundstein, wir «taufen» das vom Stapel laufende Schiff, man versichert sich im Kriegsfall der Hilfe eines patriotischen Gottes; der Angstschweiß hat schon den stärksten Leuten ein Stoßgebet abgepreßt. So braucht es nur etwas unsichere Konditionen, um die «magischen Umständlichkeiten» wieder auf ganz natürliche Weise zu beleben. Durch die Zeremonie werden nämlich tiefere emotionale Kräfte ausgelöst, die Überzeugung wird zur blinden Autosuggestion, und das psychische Gesichtsfeld wird auf einen Fixpunkt eingeschränkt, auf den sich dann die ganze Wucht der unbewußten vis a tergo konzentriert. Und es ist eine objektive Tatsache, daß es dem Sicheren eher gelingt, als dem Unsicheren.

Die psychologische Maschine, welche Energie verwandelt, ist das *Symbol.* Ich meine ein wirkliches Symbol und nicht ein Zeichen. So ist das Erdloch der Watschandis nicht ein Zeichen für das Genitale des Weibes, sondern ein Symbol, welches die Idee des zu befruchtenden Erdweibes darstellt. Eine Verwechslung mit einem menschlichen Weibe würde das Symbol semiotisch deuten und dadurch fatalerweise den Wert der Zeremonie stören. Darum dürfen die Tanzenden auch auf keine Frau blicken. Durch die semiotische Auffassung würde die Maschine zerstört, genau so, wie wenn man die Druckleitung zu einer Turbine zerstörte, weil das doch nur ein sehr unnatürlicher Wasserfall sei, der durch Verdrängung der natürlichen Bedingungen zustande kam. Es liegt mir natürlich ferne, behaupten zu wollen, die semiotische Deutung sei unsinnig; sie ist nicht nur möglich, sondern auch sehr wahr. Ihre Nützlichkeit sei unbestritten in allen jenen Fällen, wo die Natur bloß verkrüppelt wird, ohne daß effektive Arbeitsleistung dabei herauskommt. Die semiotische Deutung wird aber unsinnig, wenn sie ausschließlich und schematisch verwendet wird, wenn sie dadurch die wirkliche Natur des Symbols verkennt und es zum bloßen Zeichen erniedrigt.

Die erste Arbeitsleistung, die der Primitive, durch Analogiebildung, der Triebenergie abzwingt, ist die *Magie.* Eine Zeremonie ist magisch, wenn sie nicht zur effektiven Arbeitsleistung durchgeführt wird, sondern bei der Erwartung stehen bleibt. In diesem Fall wird die Energie auf ein neues Objekt übergeführt, wobei sie einen neuen Dynamismus erzeugt, der aber solange magisch bleibt, als er nicht effektive Arbeit leistet. Der Vorteil, der bei der magischen Zeremonie herauskommt, ist, daß das neubesetzte Objekt Wirkungsmöglichkeit in bezug auf die Psyche erhält. Durch seinen Wert wirkt es determinierend und vorstellungsbildend, sodaß der Geist auf längere Zeit davon angezogen und damit beschäftigt ist. Dadurch entstehen Handlungen, die am magischen Objekt quasi spielerisch ausgeführt werden, meistens rhythmische Tätigkeiten. Ein gutes Beispiel dafür sind jene südamerikanischen Felszeichnungen, welche in Furchen bestehen, die in härtesten Stein tief eingegraben sind. Sie entstanden dadurch, daß Jahrhunderte lang die Indianer die Furchen spielerisch immer wieder mit Steinen nachzogen. Der Inhalt der Zeichnungen ist kaum zu deuten, die damit verbundene Tätigkeit aber ist ungleich bedeutender[58].

Die Determinierung des Geistes durch das magisch wirkende Objekt hat auch die Möglichkeit zur Folge, daß der Mensch durch die anhaltende spielerische Beschäftigung mit dem Objekt allerhand Entdeckungen daran macht, die ihm sonst entgangen wären. Bekanntlich sind gerade auf diese Weise schon viele Entdeckungen gemacht worden. Nicht vergebens heißt die *Magie die Mutter der Wissenschaft.* Bis tief ins Mittelalter hinein war das, was wir heute Naturwissenschaft nennen, nichts anderes als Magie. Ein treffliches Beispiel hiefür ist die Alchemie, deren Symbolik den oben im Prinzip geschilderten Verwandlungsprozeß der Energie in unmißverständlicher Deutlichkeit zeigt, und die späteren Alchemisten waren sich dieser Weisheit sogar bewußt[59]. Aber erst durch die Entwicklung der Magie zur Wissenschaft, d. h. durch den Fortschritt von bloßem Erwartungsstadium zur wirklichen technischen Arbeit am Objekt ist es zur Beherrschung der Naturkräfte gekommen, wie das magische Zeitalter sie träumte. Selbst der Traum der Alchemie von der Verwandlungsmöglichkeit der Elemente ist in Erfüllung gegangen. Die magische Fernbewirkung hat sich durch die Entdeckung der Elektrizität realisieren lassen. Wir haben also allen Grund, die Symbolbildung zu schätzen und dem Symbol unsere Achtung entgegen zu bringen als dem unschätzbaren Mittel, das uns die Möglichkeit gibt, den bloß triebmäßigen Ablauf des energetischen Prozesses zu effektiver Arbeitsleistung zu benützen. Gewiß ist der Wasserfall schöner als ein Kraftwerk, aber die dira necessitas lehrt uns, die elektrische Beleuchtung und die elektrische Industrie höher zu schätzen, als die schöne Unnützlichkeit des Wasserfalls, die uns während einer Viertelstunde an einem Ferienspaziergang ergötzt.

In derselben Weise, wie wir in der physikalischen Natur nur einen ganz beschränkten Teil der natürlichen Energie in praktisch verwertbare Form überzuführen vermögen, während wir weitaus den größten Teil ungenützt in Naturphänomenen sich auswirken lassen müssen, so können wir auch in unserer psychischen Natur nur einen kleinen Teil der Energie dem natürlichen Ablauf entziehen. Ein ungleich größerer

58. TH. KOCH-GRÜNBERG, *Südamerikanische Felszeichnungen.* 1907.

59. Vgl. H. SILBERER, *Probleme der Mystik und ihrer Symbolik.* 1914; Neuaufl. 1961. Sowie CHR. ROSENCREUTZ, *Chymische Hochzeit.* 1616.

Teil kann von uns nicht gefaßt werden, sondern unterhält den gesetzmäßigen Ablauf des Lebens. Daher ist die Libido natürlicherweise auf die verschiedenen Funktionssysteme verteilt, denen sie nicht gänzlich entzogen werden kann. Die Libido ist in diesen Funktionen *investiert* als deren nicht zu verwandelnde, spezifische Kraft. Nur wo es der Fall ist, daß das Symbol ein größeres Gefälle darbietet als die Natur, ist es möglich, die Libido in andere Formen überzuführen. Die Kulturgeschichte hat hinlänglich bewiesen, daß der Mensch einen relativen Überschuß an Energie besitzt, der anderer Verwendung fähig ist als des bloß natürlichen Ablaufes. Die Tatsache, daß das Symbol diese Ablenkung ermöglicht, beweist, daß nicht alle Libido in naturgesetzmäßiger Form, die ihren regelmäßigen Ablauf erzwingt, sich festgelegt hat, sondern ein gewisses Quantum an Energie übrig geblieben ist, das man als *Libidoüberschuß* bezeichnen könnte. Es wäre denkbar, daß dieser Überschuß dadurch zustande käme, daß die festorganisierten Funktionen die Intensitätsunterschiede nicht genügend auszugleichen vermögen. Sie wären einer Wasserleitung zu vergleichen, deren Querschnitt zu klein ist, um eine bestimmte Wassermenge, die sich beständig ergänzt, genügend abzuleiten. Das Wasser würde dann irgendwie überfließen. Aus dem Libidoüberschuß ergeben sich gewisse psychische Prozesse, die durch bloße Naturbedingungen nicht oder nur sehr ungenügend zu erklären sind. Es sind dies religiöse Prozesse, deren Natur wesentlich symbolisch ist. Vorstellungssymbole sind religiöse Ideen, Handlungssymbole sind Riten oder Zeremonien. Sie sind die Manifestation und der Ausdruck des Libidoüberschusses. Sie sind zugleich Übergänge zu neuen Tätigkeiten, die man spezifisch als Kulturtätigkeiten bezeichnen muß, im Gegensatz zu den gesetzmäßig ablaufenden instinktiven Funktionen.

Ich habe das Symbol, das Energie umsetzt, auch als Libidoanalogie[60] bezeichnet und darunter Vorstellungen verstanden, welche geeignet sind, die Libido äquivalent auszudrücken, und dadurch eben in eine andere Form als die ursprüngliche überzuführen. Die Mythologie liefert unzählige Gleichnisse dieser Art, angefangen mit den heiligen Gegenständen, den Churingas, den Fetischen, bis zu den Götterfiguren.

60. *Wandlungen und Symbole der Libido.* 1912, p. 91. Neuauflage: *Symbole der Wandlung.* 1952, p. 159.

Die Riten, mit denen die heiligen Gegenstände umgeben werden, lassen oft sehr deutlich ihre Natur als Energietransformation erkennen, so z. B. reibt der Primitive rhythmisch seinen Churinga, nimmt dadurch die magische Kraft des Fetischs in sich auf und erteilt zu gleicher Zeit auch dem Fetisch wieder «Ladung» [61]. Eine höhere Stufe auf derselben Linie ist die Totemidee, welche mit den Anfängen der Gemeinschaftsbildung aufs innigste verbunden ist und direkt hinüberführt zur Idee des Palladiums, der Schutz- und Stammesgottheit und der Idee menschlicher Gemeinschaftsorganisation überhaupt. Der Prozeß der Umsetzung der Libido durch das Symbol hat seit den Anfängen der Menschheit stattgefunden und wirkt immer noch fort. Die Symbole wurden nie *bewußt ersonnen,* sondern wurden vom Unbewußten produziert auf dem Wege der sogenannten Offenbarung oder Intuition [62]. Bei der nahen Beziehung mythologischer Symbole zu den Traumsymbolen und in Anbetracht der Tatsache, daß, wie P. LEJEUNE sich ausdrückt, der Traum «le dieu des sauvages» ist, ist es überaus wahrscheinlich, daß ein großer Teil der historischen Symbole direkt aus dem Traum stammt oder zum mindesten durch den Traum angeregt ist [63]. Für die Wahl des Totems wissen wir es sogar ganz sicher, ebenso liegen entsprechende Zeugnisse für die Wahl der Götter vor. Diese seit uralters bestehende Symbolfunktion ist auch heute noch vorhanden, obschon die Entwicklung des Geistes seit vielen Jahrhunderten danach strebte, die individuelle Symbolbildung zu unterdrücken. Ein erster Schritt dazu war die Bildung einer offiziellen Staatsreligion, ein weiterer Schritt die Ausrottung des Polytheismus, die ihren ersten Anfang wohl in dem reformatorischen Versuch von Amenophis IV. fand. Die christliche Epoche hat bekanntlich Außerordentliches geleistet in der Unterdrückung der individuellen Symbolbildung. In dem Maße, als die Intensität der

61. SPENCER AND GILLEN, *The Northern Tribes of Central Australia.* 1904, p. 277.

62. «Man of course, has always been trying to understand and to control his environment, but in the early stages this *process was unconscious.* The matters which are problems for us existed latent in the primitive brain; there, undefined, lay both problem and answer; through many ages of savagery, first one and then another partial answer emerged into consciousness; at the end of the series, hardly completed to-day, there will be a new synthesis in which riddle and answer are one.» A. E. CRAWLEY, *The Idea of the Soul.* 1909, p. 11.

63. «Les rêves sont pour les sauvages ce que la Bible est pour nous, la source de la révélation divine.» GATSCHET, *The Klamath Language,* zit. bei LÉVY-BRUHL, *Les fonctions mentales dans les sociétés inférieures.* 1912, p. 53.

christlichen Idee abzublassen beginnt, darf man auch ein Wiederaufflackern der individuellen Symbolbildung erwarten. Die geradezu ungeheure Sektenvermehrung seit dem 18. Jahrhundert, dem Jahrhundert der «Aufklärung», dürfte ein sprechendes Zeugnis dafür sein. Die gewaltige Ausdehnung der Christian Science, der Theosophie, der Anthroposophie und der Mazdaznanreligion sind weitere Schritte auf dem betretenen Wege.

In der praktischen Arbeit mit unsern Patienten stoßen wir auf Schritt und Tritt auf solche Symbolbildungen, welche die Umwandlung der Libido bezwecken. Im Anfang einer Behandlung finden wir Symbolbildungen am Werke, deren Unzweckmäßigkeit sich dadurch zeigt, daß sie ein zu geringes Gefälle darbieten, sodaß die Libido sich nicht in effektive Leistung umsetzen läßt, sondern unbewußt auf altem Wege abströmt, d. h. in archaisch-sexuellen Phantasien und Phantasiebetätigungen; infolgedessen ist der Patient uneins mit sich selber, d. h. neurotisch. In diesem Falle ist natürlich die Analyse sensu strictiori angezeigt, d. h. die von FREUD inaugurierte reduktive psychoanalytische Methode, welche alle unzulänglichen Symbolbildungen abbaut und auf die natürlichen Elemente reduziert. Das zu hoch liegende und unzweckmäßig gebaute Kraftwerk wird abgerissen und in seine anfänglichen Bestandteile zerlegt, wobei der ursprüngliche natürliche Wasserlauf wiederhergestellt wird. Das Unbewußte fährt fort, Symbole zu bilden, die man natürlich ad infinitum auf ihre Elemente reduzieren könnte.

Der Mensch kann und wird sich aber nie mit dem natürlichen Ablauf der Dinge zufrieden geben, da er immer einen Überschuß an Energie besitzt, dem ein günstigeres Gefälle geboten werden kann als das bloß natürliche, weshalb er unvermeidlicherweise immer wieder danach sucht, so oft man ihn auch durch Reduktion wieder in das natürliche Gefälle zurückzwingt. Wir sind darum zur Überzeugung gelangt, daß, wenn das Unzweckmäßige reduziert, der natürliche Lauf der Dinge wiederhergestellt und dadurch die Möglichkeit eines natürlichen Lebens vorhanden ist, die Reduktion nicht weiter fortzusetzen, sondern dann vielmehr die Symbolbildung synthetisch zu unterstützen sei, sodaß ein günstigeres Gefälle für den Überschuß herauskommt. Die Reduktion auf den natürlichen Zustand ist für den Menschen weder ein Idealzustand, noch ein Allheilmittel. Wenn der natürliche Zustand das wirklich wäre, so müßte der Primitive ein beneidenswertes Dasein führen. Dem ist aber keineswegs so, denn der Primitive ist von Superstitionen und Ängsten und Zwängen, neben allen andern Schmerzen und Mühseligkeiten des menschlichen Lebens dermaßen gequält, daß er, wenn er in unserer Zivilisation lebte, nicht anders denn als schwer neurotisch bezeichnet werden könnte, wenn nicht gar als verrückt. Was würde man von einem Europäer sagen, der sich folgendermaßen benähme: Ein Neger hatte einen Traum, in dem er von seinen Feinden verfolgt, gefangen und lebendig verbrannt wurde. Andern Tags ließ er von seinen Verwandten ein Feuer machen und sich selber mit den Füßen ins Feuer legen, um durch diese apotropäische Zeremonie das geträumte Unheil fernzuhalten. Er wurde derart verbrannt, daß er auf viele Monate schwer krank darniederlag[64].

Aus diesen Ängsten wurde der Mensch befreit durch die zur Kultur führende fortschreitende Symbolbildung. Das Zurückgehen zur Natur muß daher notwendigerweise von einem synthetischen Wiederaufbau des Symbols gefolgt sein. Die Reduktion führt hinunter zum primitiven Naturmenschen und seiner eigentümlichen Geistesverfassung. FREUD hat sein Augenmerk hauptsächlich auf die rücksichtslose Begierde nach Lust, ADLER auf die «Prestigepsychologie» gerichtet. Dies sind allerdings zwei ganz wesentliche Besonderheiten der primitiven Psyche, aber bei weitem nicht die einzigen. Man müßte, der Vollständigkeit halber, auch alle andern Züge von Primitivität, wie das Spielerische, das Mystische, das «Heroische» usw. erwähnen, vor allem aber die überragende Tatsache der primitiven Seele: ihr Ausgeliefertsein an überpersönliche «Mächte», seien dies nun Triebe, Affekte, Superstitionen, Einbildungen, Zauberer, Hexen, Geister, Dämonen oder Götter. Die Reduktion führt in das Unterlegensein des Primitiven, welchem der zivilisierte Mensch entronnen zu sein hofft. Ebenso wie die Reduktion den Menschen mit seiner Unterlegenheit unter «Mächte» bekannt macht und ihm dadurch ein fast gefährliches Problem aufgibt, so führt ihn die synthetische Behandlung des Symbols vor die religiöse Frage, aber nicht etwa zum Problem gegenwärtiger religiöser Bekenntnisse, sondern zum religiösen Problem des Primitiven. Gegenüber den ihn sehr real beherrschenden Mächten kann ihm nur eine ebenso reale Tatsache Schutz und Hilfe gewähren; kein Denksystem, sondern un-

64. LÉVY-BRUHL, l. c., p. 54.

mittelbare Erfahrung nur vermag der blinden Macht der Triebe das Gegengewicht zu halten.

Dem Polymorphismus der primitiven Triebnatur steht regulierend das *Individuationsprinzip* gegenüber; der Vielheit und widerspruchsvollen Zerrissenheit tritt eine kontraktive Einheit entgegen, deren Macht ebenso groß ist wie die der Triebe. Ja, beide Seiten bilden sogar ein für die Selbstregulierung notwendiges Gegensatzpaar, das schon oft als Natur und Geist gekennzeichnet wurde. Die Grundlage dieser Begriffe bilden psychische Konditionen, zwischen denen das menschliche Bewußtsein schwankt wie das Zünglein an der Waage.

Der primitive Geist ist uns, in unmittelbarer Erfahrung, nur gegeben in der Form der noch erinnerbaren Infantilpsyche. Die Eigentümlichkeiten derselben faßt FREUD mit einem gewissen Rechte als infantile Sexualität auf; denn aus dieser *Keimanlage* geht das spätere, reife Sexualwesen hervor. FREUD leitet aber aus der infantilen Keimanlage noch allerhand geistige Eigentümlichkeiten ab, sodaß es auf solche Weise den Anschein hat, als ob auch der Geist aus einer sexuellen Vorstufe hervorginge und mithin nichts anderes sei, als ein Absenker der Sexualität. FREUD übersieht aber, daß die infantile polyvalente Keimanlage nicht bloß eine eigentümliche perverse Vorstufe einer normalen und reifen Sexualität ist, sondern daß sie eben darum eigentümlich pervers erscheint, weil sie nicht nur Vorstufe zur reifen Sexualität, sondern auch zur geistigen Eigenart des Individuums ist. Aus der infantilen Keimanlage geht der *ganze* spätere Mensch hervor, daher ist die Keimanlage ebensowenig bloße Sexualität, wie die Psyche des erwachsenen Menschen. In dieser Keimanlage stecken auch nicht bloß die Anfänge eines erwachsenen Lebens, sondern noch die ganze Erbschaft der Ahnenreihe von unbestimmter Ausdehnung. In dieser Erbschaft sind nicht nur die schon von der Tierstufe herstammenden Instinkte inbegriffen, sondern auch alle jene Differenzierungen, welche vererbbare Spuren hinterlassen haben. So wird eigentlich jedes Kind mit einer ungeheuren *Inkongruenz* geboren; einerseits ein sozusagen tierähnliches, unbewußtes Wesen, andererseits die letzte Verkörperung einer uralten und unendlich komplizierten Erbsumme. Diese Inkongruenz macht die Spannung der Keimanlage aus und erklärt überdies noch viele Rätsel der an Rätseln wahrlich nicht armen kindlichen Psychologie.

Wenn wir nun mittels eines reduktiven Verfahrens die infantilen Vorstufen einer erwachsenen Psyche aufdecken, so finden wir als letzte Grundlage die infantilen Keime, welche einerseits das spätere natürliche Sexualwesen in statu nascendi, andererseits aber auch alle jene verwickelten Vorbedingungen des Kulturwesens enthalten. Dies spiegelt sich wohl am schönsten in den Träumen der Kinder. Viele sind sehr einfach «kindlich» und ohne weiteres verstehbar, andere aber enthalten fast schwindelerregende Bedeutungsmöglichkeiten und Dinge, die nur im Lichte primitiver Parallelen ihren tiefen Sinn enthüllen. Diese andere Seite ist der *Geist in nuce.* Die Kindheit ist nicht nur darum von Bedeutung, weil dort einige Instinktverkrüppelungen ihren Anfang genommen haben, sondern auch darum, weil dort jene weitausschauenden Träume und Bilder, welche ein ganzes Schicksal vorbereiten, erschreckend oder ermutigend vor die kindliche Seele treten, zugleich mit jenen rückblickenden *Ahnungen,* die weit über den Umfang der kindlichen Erfahrung in das Leben der *Ahnen* hinausgreifen. So steht in der Seele des Kindes der «natürlichen» Bedingung eine geistige gegenüber. Bekanntlich ist der im Naturzustande lebende Mensch keineswegs bloß «natürlich», etwa wie ein Tier, sondern er sieht, glaubt, fürchtet, verehrt Dinge, deren Sinn aus den natürlichen Umweltsbedingungen allein gar nicht ersichtlich ist, deren untergelegter Sinn sogar weit von aller Natürlichkeit, Sinnenfälligkeit und Verständlichkeit wegführt, ja sogar nicht selten mit den Instinkten aufs schärfste kontrastiert. Man denke nur an alle jene grausamen Riten und Gebräuche der Primitiven, gegen die sich jedes natürliche Gefühl empört, an alle jene Überzeugungen und Ideen, die zu der Evidenz der Dinge in unüberwindlichem Gegensatz stehen. Diese Tatsachen zwingen zu der Annahme, daß das geistige Prinzip (was dies nun immer sei) sich gegenüber dem bloß natürlichen mit unerhörter Kraft durchsetzt. Man kann ja sagen, daß dies auch «natürlich» sei und beides aus ein und derselben «Natur» herstamme. Ich bezweifle diese Herkunft keineswegs, muß aber hervorheben, daß dieses «natürliche» Ding aus einem Konflikt zweier Prinzipien besteht, denen man je nach Geschmack diesen oder jenen Namen geben mag, und daß *dieser Gegensatz Ausdruck und vielleicht auch Grundlage jener Spannung ist, die wir als psychische Energie bezeichnen.*

Es muß auch aus theoretischen Gründen eine solche Gegensatzspannung im Kinde existieren, denn ohne sie wäre auch gar keine Energie möglich, wie schon HERAKLIT gesagt hat: πόλεμος πατὴρ πάντων [65]. Wie ich bereits bemerkte, kann dieser Konflikt als ein Gegensatz zwischen dem noch tief primitiven Naturwesen des neugeborenen Menschen und seiner hochdifferenzierten Erbmasse verstanden werden. Das Naturwesen ist durch ungebrochene Triebhaftigkeit, d. h. durch ein völliges Ausgeliefertsein an die Triebe charakterisiert. Die diesem Zustand entgegenstehende Erbmasse besteht aus den mnemischen Niederschlägen aller Erfahrungen der Ahnenreihe. Man begegnet dieser Annahme vielfach mit Skepsis, indem man meint, es handle sich um «vererbte Vorstellungen». Davon ist natürlich keine Rede. Es handelt sich vielmehr um vererbte Vorstellungsmöglichkeiten, um «Bahnungen», die durch gehäufte Erfahrungen in der Ahnenreihe sich allmählich ausgebildet haben. Die Vererbung dieser Bahnungen zu leugnen, wäre gleichbedeutend mit der Leugnung der Vererbung des Gehirns. Solche Leute müßten konsequenterweise die Behauptung aufstellen, daß das Kind mit einem Affengehirn geboren werde. Da es aber mit einem menschlichen Gehirn geboren wird, so wird dieses Gehirn auch früher oder später in menschlicher Weise zu funktionieren anfangen, und zwar wird es notwendigerweise auf jener Stufe beginnen, auf der die jüngsten Ahnen standen. Dies ist dem Kind natürlich tief unbewußt. Zunächst werden ihm nur die Triebe bewußt und was diesen Trieben etwa entgegensteht. Das aber sind die sichtbaren Eltern. Deshalb hat das Kind auch noch gar keine Ahnung davon, daß das Hemmende etwa in ihm selber liegen könnte. Zu Recht oder zu Unrecht wird das Hemmende auf die Eltern projiziert. Dieses infantile Vorurteil haftet so stark, daß wir Ärzte oft noch die größte Mühe haben, unsern Patienten das Bewußtsein beizubringen, daß der böse Vater, der alles verbietet, weniger außen, als vielmehr in ihnen selber steckt. Alles, was aus dem Unbewußten wirkt, erscheint projiziert am andern. Nicht, daß die andern ganz unschuldig daran wären, denn auch die schlimmste Projektion ist zum mindesten an ein – wenn auch sehr kleines – Häkchen gehängt, das aber doch der andere geliefert hat.

Obschon die Erbmasse aus physiologischen Bahnungen besteht, so waren es doch geistige Prozesse in der Ahnenreihe, die solche Bahnun-

65. (Der Krieg ist der Vater aller Dinge.)

gen geschaffen haben. Wenn diese Bahnungen dem Individuum zum Bewußtsein kommen, so können sie dies wiederum nur in Form von geistigen Prozessen tun; und wenn schon diese Prozesse nur bewußt werden können durch individuelle Erfahrung und somit als individuelle Erwerbungen erscheinen, so sind sie doch präexistierende Bahnungen, die durch individuelle Erfahrung bloß «ausgefüllt» wurden. Wohl jede «eindrückliche» Erfahrung ist ein solcher Einbruch in ein altes aber bisher unbewußtes Strombett.

Die präexistenten Bahnungen sind harte Tatsachen, so unleugbar wie die historische Tatsache, daß der Mensch aus seiner ursprünglichen Wohngrube eine Stadt gebaut hat. Diese Entwicklung war natürlich nur möglich durch Gemeinschaftsbildung, und diese letztere war nur möglich durch *Triebbeschränkung. Die Triebbeschränkung durch geistige Prozesse setzt sich beim Einzelnen mit derselben Macht und demselben Erfolg durch wie in der Völkergeschichte.* Die Triebbeschränkung ist ein normativer, oder genauer gesagt, ein *nomothetischer*[66] *Prozeß,* dessen Gewalt aus der unbewußten Tatsache der vererbten Bahnungen stammt. Der Geist, als das wirksame Prinzip der Erbmasse, besteht aus der Summe der Ahnengeister, der unsichtbaren *Väter*[67], deren Autorität mit dem Kinde geboren wird.

Der philosophische Begriff von *Geist* hat noch nicht einmal vermocht, seinen eigenen sprachlichen Terminus von der überwältigenden Fessel der Identität mit dem andern Begriff von Geist, nämlich *«Gespenst»* zu befreien. Es ist hingegen der religiösen Anschauung gelungen, über die sprachliche Verhaftung an die Geister dadurch hinauszugelangen, daß sie jene geistige Autorität als *Gott* bezeichnet. Im Laufe der Jahrtausende hat sich diese Anschauung als eine Formulierung jenes geistigen Prinzips, das der bloßen Triebhaftigkeit hemmend entgegensteht, entwickelt. Das ungemein Bedeutsame an diesem Begriff ist der Umstand, daß Gott auch zugleich als Naturschöpfer gedacht ist. Er wird als der Macher jener unvollkommenen Geschöpfe, die irren und sündigen, angesehen, und zugleich ist er ihr Richter und Zuchtmeister. Eine einfache Logik würde wohl sagen: wenn ich ein Geschöpf herstelle, das in Irrtum und Sünde fällt und infolge seiner blinden Triebhaftigkeit so gut wie wertlos ist, so bin ich offenbar ein schlechter

66. (Gesetze schaffend.)
67. SÖDERBLOM, *Das Werden des Gottesglaubens.* 1916, p. 88 ff. und p. 175 ff.

Schöpfer und habe nicht einmal die Gesellenprobe bestanden. (Dieses Argument spielte bekanntlich im Gnostizismus eine bedeutende Rolle.) Die religiöse Auffassung läßt sich aber durch diese Kritik nicht beirren, sondern behauptet, daß die Wege und Absichten der Gottheit unerforschlich seien. Tatsächlich hat auch das gnostische Argument in der Geschichte wenig Anklang gefunden, indem offenbar die Unantastbarkeit der Gottesvorstellung einem vitalen Bedürfnis entspricht, dem gegenüber jede Logik verblaßt. (Wir haben es hier, wohlverstanden, nicht mit Gott als einem Ding an sich zu tun, sondern bloß mit einer menschlichen Anschauung, welche als solche ein legitimes Objekt der Wissenschaft ist.)

Obschon also der Gottesbegriff ein geistiges Prinzip par excellence ist, so will es das kollektive Bedürfnis doch haben, daß er zugleich auch eine Anschauung der ersten schöpferischen Ursache sei, aus der alle jene dem Geistigen widerstrebende Triebhaftigkeit hervorgeht. Damit wäre Gott der Inbegriff nicht nur des geistigen Lichtes, das als späteste Blüte am Baum der Entwicklung erscheint, nicht nur das geistige Erlösungsziel, in welchem alle Schöpfung gipfelt, nicht nur das Ende und der Zweck, sondern auch dunkelste, unterste Ursache aller naturhaften Finsternisse. Dies ist ein ungeheures Paradoxon, das offenbar einer tiefen, psychologischen Wahrheit entspricht. Es stellt nämlich nichts anderes als die Gegensätzlichkeit eines und desselben Wesens dar, eines Wesens, dessen innerste Natur eine Gegensatzspannung ist. Dieses Wesen nennt die Wissenschaft *Energie,* denn sie ist jenes Etwas, das lebendiger Ausgleich zwischen Gegensätzen ist. Aus diesem Grunde dürfte die, an sich unmöglich paradoxe, Gottesanschauung für das menschliche Bedürfnis so befriedigend sein, daß keine noch so berechtigt erscheinende Logik dagegen standhalten kann. Tatsächlich könnte es auch der feinsten Ergrübelung wohl kaum gelingen, eine passendere Formel für diese Grundtatsache der inneren Anschauung zu finden.

Ich glaube, nichts Überflüssiges gesagt zu haben, wenn ich etwas ausführlicher auf die Natur der der psychischen Energie zugrunde liegenden Gegensätze eingegangen bin[68]. Die FREUDsche Theorie besteht

68. Ich habe dasselbe Problem unter anderen Aspekten und in anderer Weise behandelt in: *Wandlungen und Symbole der Libido,* 1912, p. 167 und 410 ff. (Neuauflage: *Symbole der Wandlung,* 1925, p. 287 und 758 ff.); und in: *Psychologische Typen.* 1921, p. 275 ff., 8. Auflage 1950, p. 261 ff. (Ges. Werke, Bd. 6, Paragr. 322 ff.)

in einer kausalen Erklärung der Triebpsychologie. Von diesem Standpunkt aus muß das geistige Prinzip nur als Anhängsel, als ein Nebenprodukt der Triebe erscheinen. Insofern dessen hemmende und unterdrückende Kraft nicht geleugnet werden kann, wird diese den Erziehungseinflüssen, den sittlichen Autoritäten, den Konventionen und Traditionen zugeschrieben. Diese Instanzen ihrerseits beziehen (nach dieser Theorie) ihre Macht wiederum von Verdrängungen, auf dem Wege eines circulus vitiosus. Aber als ein dem Triebe äquivalent entsprechendes Gegenstück wird das Geistige nicht anerkannt.

Der geistige Standpunkt dagegen hat sich in der religiösen Anschauung, die ich als sattsam bekannt voraussetzen darf, verkörpert. Diesem Standpunkt erscheint die FREUDsche Psychologie als bedrohlich. Sie ist aber nicht bedrohlicher als der Materialismus überhaupt, sei er nun wissenschaftlicher oder praktischer Natur. Die theoretische Einseitigkeit der FREUDschen Sexualtheorie ist wenigstens symptomatisch bedeutsam. Sie hat, wenn auch keine wissenschaftliche, so doch eine moralische Berechtigung. Es ist zweifellos richtig, daß die Triebhaftigkeit auf dem Gebiete der Sexualität am allermeisten und eindrücklichsten mit den moralischen Ansichten kollidiert. Der Zusammenstoß von infantiler Triebhaftigkeit und Ethos kann nie vermieden werden. Er ist sogar, wie mir scheint, die conditio sine qua non der psychischen Energie. Während wir alle darin übereinstimmen, daß es ganz selbstverständlich ist, daß Morden, Stehlen und andere Affektrücksichtslosigkeiten jeder Art unzulässig seien, so gibt es doch eine sogenannte *sexuelle Frage*. Man spricht von keiner Mordfrage oder Jähzornsfrage. Man ruft nicht nach sozialen Maßnahmen gegen diejenigen, die ihre schlechten Launen an den Mitmenschen auslassen. Und doch sind das alles Triebhaftigkeiten, aber ihre Unterdrückung erscheint uns als selbstverständlich. Einzig zur Sexualität setzt man ein Fragezeichen. Dieses Zeichen deutet auf einen Zweifel, nämlich auf den Zweifel, ob unsere bisherigen moralischen Begriffe und die darauf gegründeten, gesetzlichen Institutionen genügen oder zweckentsprechend seien. Kein Einsichtiger wird bestreiten, daß in bezug auf dieses Gebiet sehr geteilte Meinungen herrschen. Es wäre ja gar kein Problem dieser Art vorhanden, wenn nicht eine Uneinigkeit der öffentlichen Meinung in dieser Hinsicht bestünde. Es ist offenkundig eine Reaktion gegen eine zu rigorose Sittlichkeit am Werke. Es handelt sich dabei nicht etwa um einen bloßen Ausbruch einer primitiven Triebhaftigkeit. Dergleichen Ausbrüche haben sich bekanntlich noch nie um Sittengesetze und moralische Problematik gekümmert. Sondern es handelt sich um das ernsthafte Bedenken, ob unsere bisherige sittliche Auffassung der Natur der Sexualität gerecht werde oder nicht. Aus diesem Zweifel entsteht naturgemäß ein legitimes Interesse, die Natur der Sexualität besser und tiefer zu verstehen. Diesem Interesse kommen nicht nur die FREUDsche Psychologie, sondern noch viele andere Unternehmungen entgegen. Daß FREUD daher einen besonderen Nachdruck auf die Sexualität legt, dürfte eine mehr oder weniger bewußte Antwort auf die zeitgemäße Frage sein, und umgekehrt dürfte die Aufnahme, die FREUD im Publikum gefunden hat, beweisen, wie zeitgemäß seine Antwort war.

Einem aufmerksamen und kritischen Leser der FREUDschen Schriften wird nicht entgehen, wie allgemein und dehnbar sein Sexualbegriff ist. Er ist in der Tat so weit, daß man sich des öfteren fragt, warum der Autor an gewissen Stellen überhaupt eine Sexualterminologie verwende. Sein Sexualbegriff umfaßt nicht nur die physiologischen Sexualvorgänge, sondern auch beinahe alle Stufen, Phasen und Arten des Gefühls und des Begehrens. Diese enorme Dehnbarkeit macht seinen Sexualbegriff auch universal verwendbar, aber nicht zum Vorteil der dadurch vermittelten Erklärung. Man kann mittels dieses Begriffes ein Kunstwerk oder ein religiöses Erlebnis auf genau dieselbe Art erklären wie ein hysterisches Symptom. Die absolute Verschiedenheit dieser drei Dinge fällt dabei außer Betracht. Die Erklärung kann also nur eine Scheinerklärung sein für mindestens zwei der erwähnten Dinge. Abgesehen von diesen Inkonvenienzen ist es aber psychologisch richtig, wenn das Problem der Triebe zunächst von der Seite der Sexualität aufgefaßt wird, denn dort liegt etwas, was gerade dem Unvoreingenommenen zu denken gibt.

Der Konflikt zwischen Ethos und Sexualität ist heutzutage nicht eine bloße Kollision von Triebhaftigkeit und Moral, sondern ein Kampf um die Daseinsberechtigung eines Triebes oder um die Anerkennung einer in diesem Triebe sich ausdrückenden Macht, die anscheinend nicht mit sich spassen läßt und darum sich unsern wohlmeinenden Sittengesetzen auch nicht fügen will. Die Sexualität ist nicht bloß eine Triebhaftigkeit, sondern auch eine unzweifelhaft schöpferische Macht, die nicht nur Grundursache unseres individuellen Lebens, sondern auch ein sehr ernst zu nehmender Faktor in unserem psychischen Leben ist. Wir wissen heutzutage zur Genüge, was für bedenkliche Folgen Störungen der Sexualität nach sich ziehen können. Man könnte die Sexualität den Wortführer der Triebe nennen, daher der geistige Standpunkt in ihr seinen Hauptwidersacher erblickt; allerdings nicht etwa darum, weil sexuelle Ausschweifung an und für sich unmoralischer wäre als Fressen und Saufen, Geldgier, Tyrannei und Verschwendungssucht, sondern weil der Geist in der Sexualität ein ihm ebenbürtiges, ja verwandtes Gegenstück wittert. Denn so wie der Geist die Sexualität, wie alle andern Triebe, seiner Form unterorden möchte, so hat auch die Sexualität einen alten Anspruch auf den Geist, den sie einstmals – in der Zeugung, Schwangerschaft, Geburt und Kindheit – in sich enthielt, und deren Leidenschaft der Geist in seinen Schöpfungen nicht entraten kann. Was ist der Geist schließlich, wenn ihm kein ebenbürtiger Trieb gegenüber stünde? Er wäre bloß leere Form. Die vernünftige Berücksichtigung anderer Triebe ist uns zur Selbstverständlichkeit geworden; mit der Sexualität ist es aber anders, sie ist uns noch problematisch, d. h. in diesem Punkte sind wir noch nicht zu jener Bewußtheit gelangt, die es uns ermöglichte, dem Trieb völlig gerecht zu werden, ohne eine empfindliche moralische Einbuße. FREUD ist nicht nur ein wissenschaftlicher Forscher, sondern auch ein Anwalt der Sexualität, daher ich seinem Sexualbegriff wenigstens eine moralische Berechtigung in Ansehung der großen Bedeutung des Sexualproblems zuerkenne, ohne dabei imstande zu sein, seinen Begriff auch wissenschaftlich annehmen zu können.

Es ist hier nicht der Ort, die möglichen Gründe der zeitgenössischen Einstellung zur Sexualität zu erörtern. Es genüge hervorzuheben, daß es uns vorkommt, als ob die Sexualität der stärkste und unmittelbarste Trieb sei[69], weshalb er als *der* Trieb überhaupt erscheint. Des ferneren muß ich nun aber auch hervorheben, daß das geistige Prinzip, strenggenommen, nicht mit dem *Triebe* kollidiert, sondern mit der *Triebhaftigkeit,* als welche ein ungerechtfertigtes Überwiegen der Triebnatur gegenüber dem Geistigen zu verstehen ist. *Das Geistige erscheint in der Psyche auch als ein Trieb,* ja, als eine wahre Leidenschaft, wie

69. Bei Primitiven, wo die Magenfrage eine viel größere Rolle spielt, ist dies nicht der Fall.

NIETZSCHE es einmal ausdrückt, «als ein verzehrendes Feuer». Es ist kein Derivat eines andern Triebes, wie es die Triebpsychologie haben möchte, sondern ein *Prinzip sui generis, nämlich die der Triebkraft unerläßliche Form.* Ich habe dieses Problem in einer speziellen Untersuchung, auf die ich hier verweisen muß, behandelt[70].

Diesen beiden, vom menschlichen Geiste dargebotenen Möglichkeiten folgend, geht der Weg der Symbolbildung. Die Reduktion bewirkt eine Zersetzung unzweckmäßiger und untauglicher Symbole und damit eine Rückführung auf den bloß natürlichen Ablauf, wodurch eine relative Stauung der Libido erfolgt. Notgedrungenerweise ergeben sich aus diesem Zustand meistens sogenannte «Sublimierungen», d. h. gewisse Betätigungen kultivierter Art, wodurch der unerträgliche Überschuß der Libido einigermaßen untergebracht wird. Doch werden die eigentlich primitiven Ansprüche damit nicht gedeckt. Wenn man aber die Psychologie dieses Zustandes sorgfältig und ohne Voreingenommenheit untersucht, so ist es leicht, die Ansätze zu primitiver Religionsbildung zu entdecken und zwar zu einer Religionsbildung individueller Art, die von der herrschenden dogmatischen Kollektivreligion sehr verschieden ist.

Da nun die Religionsbildung oder Symbolbildung ein ebenso wichtiges Interesse des primitiven Geistes ist, wie die Befriedigung der Triebe, so ist der Weg der weiteren Entwicklung damit logisch gegeben. Der Weg, der aus dem reduzierten Zustand herausführt, ist die Religionsbildung individueller Natur. Damit tritt auch die Individualität überhaupt aus dem Schleier der Kollektivpersönlichkeit hervor, was unmöglich wäre im Reduktionszustand, denn die Triebnatur ist ihrer Art nach durchaus kollektiv. Die Entwicklung der Individualität ist auch unmöglich oder zum mindesten sehr gehindert, wenn aus dem Reduktionszustand Not-Sublimierungen in gewisse Kulturtätigkeiten erfolgen, die ihrer Art nach ebenfalls wieder kollektiv sind. Insofern die Menschen größtenteils kollektiv sind, so sind die Not-Sublimierungen nicht zu unterschätzende Erfolge einer Behandlung, denn sie ermöglichen vielen Menschen das Weiterexistieren in nutzbringender Tätigkeit. Zu diesen «Kulturtätigkeiten» gehört auch die Religionsübung innerhalb des Rahmens einer bestehenden Kollektivreligion. Die

70. Vgl. *Instinkt und Unbewußtes,* in diesem Bande.

bewundernswerte Weite der katholischen Symbolik gewährt dem Gemüt eine Aufnahme, die für sehr viele Naturen schlechthin befriedigend ist. Die Unmittelbarkeit des Verhältnisses zu Gott, die den Protestantismus kennzeichnet, genügt dem mystischen Selbständigkeitsdrang, und die Theosophie mit ihren unendlichen Vorstellungsmöglichkeiten kommt dem gnostizistischen Anschauungsbedürfnis und der Trägheit des Denkens entgegen.

Diese Organisationen oder Systeme sind *Symbole* (σύμβολον = Glaubensbekenntnis), welche es dem Menschen ermöglichen, eine geistige Gegenposition gegenüber der primitiven Triebnatur aufzurichten, eine Kultureinstellung gegenüber bloßer Triebhaftigkeit. Das war von jeher die Funktion aller Religionen. Auf die längste Zeit hinaus und für weitaus die meisten Menschen genügt das Symbol einer Kollektivreligion. Nur temporär vielleicht und für relativ wenige Menschen sind die bestehenden Kollektivreligionen ungenügend. Wo immer, sei es in einzelnen Individuen, sei es in Gruppen von solchen, der Kulturprozeß im Weiterschreiten begriffen ist, da finden Loslösungen von Kollektivüberzeugungen statt. Jeder Kulturfortschritt ist psychologisch eine Erweiterung des Bewußtseins, eine *Bewußtwerdung,* welche gar nicht anders als durch *Unterscheidung* zustande kommen kann. Ein Fortschritt beginnt daher immer mit *Individuation,* d. h. damit, daß ein Einzelner, seiner Vereinzelung bewußt, einen neuen Weg durchs bisher Unbetretene bahnt. Dazu muß er sich zuerst auf seine Grundtatsachen – ganz abgesehen von aller Autorität und Überlieferung – besinnen und sich seine Unterschiedenheit bewußt werden lassen. Insofern es ihm gelingt, seine erweiterte Bewußtheit zu kollektiver Geltung zu bringen, gibt er durch Gegensatzspannung jene Anregung, welcher die Kultur zu ihren weiteren Fortschritten bedarf.

Es ist damit nicht gesagt, daß die Entwicklung der Individualität unter allen Umständen notwendig oder auch nur opportun sei, obschon es einem scheinen möchte, daß es nach dem Satz, daß «höchstes Glück der Erdenkinder nur die Persönlichkeit» sei, relativ viele Menschen gäbe, denen die Entwicklung der Individualität vor allem nottäte, besonders in unserer kollektiv verflachten Kulturepoche, wo eigentlich die Zeitung den Erdball beherrscht. Nach meiner natürlich beschränkten Erfahrung gibt es unter den Menschen reiferen Alters sehr viele, denen gerade die Entwicklung der Individualität unerläßliches Erfordernis wäre, sodaß ich mir die private und unverbindliche Ansicht gebildet habe, daß es gerade der Mensch reiferen Alters in unserer Zeit dringend nötig hätte, noch ein Stück weiter in individueller Kultur erzogen zu werden, nachdem er durch seine Jugenderziehung in der Schule und eventuell auf der Universität ausschließlich kollektiv ausgebildet und mit Kollektivmentalität förmlich durchtränkt wurde. Ich habe auch reichlich die Erfahrung gemacht, daß Menschen reiferen Alters in dieser Hinsicht eigentlich noch über Erwarten bildungsfähig sind, wennschon gerade durch Lebenserfahrung gereifte und gefestigte Leute sich gegen einen ausschließlich reduktiven Standpunkt am meisten zur Wehr setzen.

Es ist natürlich, daß der Jugendabschnitt des Lebens durch die weitgehende Anerkennung der Triebnatur gewinnen kann, z. B. durch die Anerkennung der Sexualität, deren neurotische Verdrängung den Menschen in ungebührlichem Maße vom Leben fernhält, oder auf unglückliche Weise gerade in ein höchst unpassendes Leben, mit dem er uneins werden *muß,* hineinzwingt. Die gerechte Anerkennung und Würdigung der normalen Triebe führt den jungen Menschen zum Leben und verflicht ihn mit Schicksalen, die ihn weiterführen zu Notwendigkeiten und dadurch bedingten Opfern und Leistungen, welche seinen Charakter festigen und seine Erfahrung reifen. Für den erwachsenen Menschen der zweiten Lebenshälfte dagegen ist die beständige Erweiterung des Lebens offenkundig nicht mehr das richtige Prinzip, denn der Abstieg am Nachmittag des Lebens verlangt Vereinfachung, Einschränkung und Verinnerlichung, d. h. also individuelle Kultur. Der Mensch der biologisch-orientierten ersten Lebenshälfte hat, dank der Jugendlichkeit seines ganzen Organismus, im allgemeinen die Möglichkeit, die Erweiterung des Lebens zu ertragen und etwas Taugliches daraus zu machen. Der Mensch der zweiten Lebenshälfte ist natürlicherweise auf Kultur orientiert, während ihm die abnehmenden Kräfte seines Organismus eine Unterordnung der Triebe unter die Gesichtspunkte der Kultur ermöglichen. Am Übergang aus der biologischen Sphäre in die Kultursphäre scheitern nicht wenige. Unsere Kollektiverziehung hat für diesen Übergang so gut wie gar nicht vorgesorgt. So sehr sie für die Jugenderziehung besorgt ist, so wenig denkt sie an die Erziehung des erwachsenen Menschen, von dem – man weiß nicht, mit welchem Recht – immer vorausgesetzt wird, er habe keine Erziehung mehr nötig. Für diesen außerordentlich wichtigen Übergang von der biologischen Einstellung in die Kultureinstellung, für die Umsetzung der Energie aus der biologischen Form in die Kulturform fehlt ihm sozusagen jede Anleitung. Dieser Umsetzungsprozeß ist ein individueller Vorgang und kann nicht durch allgemeine Regeln und Vorschriften erzwungen werden. Die Umsetzung der Libido erfolgt durch das Symbol. Die Symbolbildung ist ein fundamentales Problem, das nicht in den Rahmen dieser Arbeit gehört. Ich muß dafür auf das 5. Kapitel meines Buches *Psychologische Typen* verweisen, wo ich diese Frage ausführlich behandelt habe.

IV

DER PRIMITIVE LIBIDOBEGRIFF

Wie sehr die Anfänge der religiösen Symbolbildung gerade mit einem energetischen Begriff verbunden sind, zeigen die allerprimitivsten Vorstellungen von einer magischen Potenz, die ebensowohl als objektive Kraft betrachtet wird, als sie auch subjektiver Intensitätszustand ist.

Ich will zur Illustration einige Beispiele geben. Nach dem Bericht von McGee haben die Dacotas folgende Anschauung dieser «Kraft»: Die Sonne ist *wakanda,* nicht *das* wakanda oder *ein* wakanda, sondern einfach *wakanda.* Der Mond ist wakanda, ebenso Donner, Blitz, Sterne, Wind, etc. Auch Menschen, besonders der Schaman, sind wakanda, ebenso die Dämonen der Elemente, die Fetische und sonstige Ritualgegenstände, viele Tiere und auch Gegenden von besonders auffälligem Charakter. McGee sagt: «Der Ausdruck (wakanda) kann vielleicht eher mit ,Geheimnis' wiedergegeben werden als mit irgend einem andern Wort, aber auch dieser Begriff ist zu eng, da wakanda ebenfalls *Kraft, heilig, alt, Größe, belebt, unsterblich* bedeuten kann[71].»

Ähnlich wie wakanda von den Dacotas, wird *oki* von den Irokesen, *manitu* von den Algonkins gebraucht mit der abstrakten Bedeutung von «Kraft» oder «produktiver Energie». Wakanda ist die Anschauung einer «überall verbreiteten, unsichtbaren, aber behandelbaren und übertragbaren Lebensenergie oder Universalkraft»[72]. Das Leben des Primitiven dreht sich sozusagen in allen seinen Interessen darum, diese Kraft in genügender Menge zu besitzen.

Besonders wertvoll ist die Beobachtung, daß ein Begriff wie *manitu*

71. *The Siouan Indians – A Preliminary Sketch.* In: *Fifteenth Report of the U. S. Bureau of Ethnology for 1893–94.* 1897, p. 182; bei Lovejoy, *The Fundamental Concept of the Primitive Philosophy;* in: *The Monist.* XVI, 1906, p. 363.

72. Lovejoy, l. c., p. 365.

auch als Ausruf bei irgend einer erstaunlichen Wahrnehmung vorkommt. Dasselbe berichtet HETHERWICK[73] von den Yaos, die «mulungu» rufen, wenn sie etwas Erstaunliches oder Unbegreifliches sehen. Dabei bedeutet mulungu:

1. die Seele des Menschen, die im Leben lisoka heißt und im Tode zu mulungu wird;
2. die gesamte Geisterwelt;
3. die einem Gegenstand irgendwelcher Art inhärente, magisch wirkende Eigenschaft oder Kraft, wie z. B. Leben und Gesundheit des Körpers;
4. das aktive Prinzip in allem Magischen, Mysteriösen, Unbegreiflichen und Unerwarteten;
5. die große, geistige Kraft, welche die Welt und alles Leben darin hervorbringt.

Ähnlich ist der «wong»-Begriff von der Goldküste. «Wong» kann ein Fluß, ein Baum, ein Amulett sein, ebenso Seen, Quellen, Landbezirke, Termitenhügel, Bäume, Krokodile, Affen, Schlangen, Vögel etc. Fälschlicherweise deutet TYLOR[74] die wong-Kraft animistisch als «Geist» oder «Seele». Es ist aber, wie der Gebrauch von Wong zeigt, eine dynamische Beziehung zwischen dem Menschen und seinen Objekten.

Der Churinga-Begriff[75] bei den Australiern ist ebenfalls eine ähnliche energetische Anschauung. Er bedeutet:

73. Zit. bei LÉVY-BRUHL, *Les fonctions mentales.* 1912, p. 141.

74. EDW. B. TYLOR, *Die Anfänge der Kultur.* 1873, pp. 177, 206.

75. Vgl. SPENCER AND GILLEN, *The Northern Tribes of Central Australia.* 1904, p. 277 f. Vom Churinga als rituellem Gegenstand wird folgender Gebrauch angemerkt: «Der Eingeborene hat eine vage und unklare, aber nichtsdestoweniger starke Überzeugung, daß ein Churinga, wie jeder heilige Gegenstand, der von Generation zu Generation sich vererbte, nicht nur mit einer magischen Kraft begabt ist, die in ihn hineingelegt wurde, als man ihn machte, sondern auch eine Art von Kraft von jedem Individuum, dem er gehörte, angenommen hat. Der Besitzer des Churinga reibt ihn beständig mit der Hand, indem er dazu singt ... und allmählich fühlt er, daß ein besonderes Verhältnis zwischen ihm und dem geheiligten Gegenstand besteht, und daß eine Kraft vom Gegenstand auf ihn und von ihm auf den Gegenstand übergeht.» Fetische werden mit neuer Kraft geladen, wenn man sie wochen- bis monatelang bei einem andern, starken Fetisch stehen läßt. Vgl. PECHUEL-LOESCHE, *Volkskunde von Loango.* 1907. p. 366.

1. den rituellen Gegenstand;
2. den Körper eines individuellen Ahnen (von dem die Lebenskraft stammt);
3. die mystische Eigenschaft irgendwelcher Gegenstände.

Ganz ähnlich ist der zogo-Begriff von der Torresstraße, der ebensowohl substantivisch, wie adjektivisch gebraucht wird. Das australische arunquiltha ist ein Parallelbegriff ähnlicher Bedeutung, nur ist er die Bezeichnung für böse magische Wirksamkeit, und für den bösen Geist, der in einer Eklipse die Sonne verschlingen möchte [76]. Von gleicher Art ist der malayische badi-Begriff, der auch die bösen magischen Beziehungen subsumiert.

Die Forschungen von LUMHOLTZ [77] haben gezeigt, daß die mexikanischen Huichols ebenfalls eine Grundanschauung besitzen von einer Kraft, welche durch den Menschen und die rituellen Tiere und Pflanzen (Hirsch, Hikuli, Getreide, Federn etc.) zirkuliert [78].

Aus den Forschungen von ALICE FLETCHER bei nordamerikanischen Indianern ergibt es sich, daß der wakan-Begriff eine ähnliche energetische Beziehungsanschauung ist, wie die eben besprochenen Begriffe. Durch Fasten, Gebet, Vision kann der Mensch wakan werden. Die Waffen des jungen Mannes sind wakan, *sie dürfen von einer Frau nicht berührt werden* (weil sonst die Libido rückläufig wird). Man betet deshalb zu den Waffen vor dem Kampf (um sie durch Libidobesetzung stark zu machen). Durch wakan wird die Beziehung zwischen Sichtbarem und Unsichtbarem, zwischen Lebendigem und Totem, zwischen dem Teil und dem Ganzen eines Gegenstandes hergestellt.

CODRINGTON sagt vom melanesischen Mana-Begriff: «Der melanesische Geist ist vollständig besessen vom Glauben an eine übernatürliche Kraft oder einen Einfluß, den man fast allgemein als mana bezeichnet. Diese Kraft bewirkt alles, was die gewöhnliche Kraft des Menschen

76. SPENCER AND GILLEN, l. c., p. 458.
77. *Unknown Mexico.* 1903.
78. LÉVY-BRUHL, l. c., p. 139: «Quand les Huichols affirment l'identité du blé, du cerf, du hikuli, et des plumes, c'est bien une sorte de classification qui s'est établie entre leurs représentations, classification dont le principe directeur est la présence commune chez ces êtres, ou plutôt la circulation entre ces êtres d'un pouvoir mystique extrêmement important pour la tribu.»

übersteigt, was außerhalb der gewöhnlichen Naturvorgänge ist; es hängt sich an Personen und Dinge, und offenbart sich in Wirkungen, die nur ihm zugeschrieben werden können. – Es ist eine Kraft oder ein Einfluß von nicht physikalischer, sozusagen übernatürlicher Art, aber es *zeigt sich in physischer Kraft oder in irgend einer Macht oder Qualität, die ein Mensch besitzt. Das Mana ist nirgends fixiert und kann fast überallhin geleitet werden;* nur die Geister, seien es entkörperte Seelen oder seien es übernatürliche Wesen, haben es und können es mitteilen; es wird eigentlich von persönlichen Wesen hervorgebracht, obschon es sich durch das Medium des Wassers oder eines Steines oder eines Knochens auswirkt[79].»

Diese Darstellung zeigt deutlich, daß es sich bei mana wie bei den andern Begriffen um eine Energievorstellung handelt, welche einzig den merkwürdigen Tatbestand dieser primitiven Anschauungen erklärt. Natürlich ist keine Rede davon, daß dem Primitiven die abstrakte Idee einer Energie gegeben wäre; aber zweifellos ist seine Anschauung die konkretistische Vorstufe der abstrakten Idee.

Ähnliche Anschauungen begegnen uns im tondi-Begriff der Batak[80], im atua der Maori, im ani oder han von Ponape, im kasinge oder kalit von Pelew, im anut von Kusaie, im yaris von Tobi, im ngai von Masailand, im andriamanitra der Malagassen, im njomm der Ekoi usw. Eine sozusagen vollständige Übersicht gibt SÖDERBLOM in seinem Buch: *Das Werden des Gottesglaubens.*

LOVEJOY ist der Ansicht – der ich ganz beipflichte –, daß diese Begriffe «nicht Namen sind für das Übernormale oder Erstaunliche – und sicherlich nicht für das, was ehrfürchtiges Staunen, Respekt oder Liebe hervorruft –, sondern eher für das Wirksame, das Mächtige und das Schöpferische». Der in Frage stehende Begriff betrifft recht eigentlich die Anschauung «einer diffusen Substanz oder Energie, von deren Erwerbung alle außerordentliche Kraft oder Fähigkeit oder Fruchtbarkeit abhängt. Diese Energie ist sicherlich fruchtbar (unter gewissen Umständen) und sie ist geheimnisvoll und unbegreiflich, aber sie ist es, weil sie so außerordentlich mächtig ist, und nicht, weil die Dinge, die

79. CODRINGTON, *The Melanesians.* 1891, p. 118. Das von CH. G. SELIGMAN in seinem an wertvollen Beobachtungen reichen Buche *(The Melanesians of British New Guinea.* 1910, p. 446) erwähnte bariaua dürfte ebenfalls zum Manabegriff gehören.

80. WARNECK, *Die Religion der Batak.* 1909.

sie offenbaren, ungewöhnlich oder übernatürlich oder sonst so beschaffen wären, daß sie die vernünftige Erwartung übertreffen». Das präanimistische Prinzip ist der «Glaube an eine Kraft, von der angenommen wird, daß sie nach bestimmten Regeln und verstehbaren Gesetzen wirke, eine Kraft, die erforscht und beherrscht werden kann[81]». LOVEJOY schlägt für diese Anschauungen den Ausdruck «primitive energetics» vor.

Sehr vieles, was von den Forschern animistisch als Geist oder Dämon oder Numen aufgefaßt wurde, gehört zum primitiven Energiebegriff. Wie ich schon erwähnte, ist es eigentlich unrichtig, von einem «Begriff» zu sprechen. «A concept of primitive philosophy», wie sich LOVEJOY ausdrückt, ist natürlich aus unserer Mentalität heraus gedacht, d. h. bei uns wäre es ein *psychologischer Energiebegriff*, beim Primitiven aber ist es ein *psychisches Phänomen*, das als mit dem Objekt verbunden wahrgenommen wird. Eine abstrakte Idee gibt es beim Primitiven nicht, in der Regel sogar nicht einmal einfache konkrete Begriffe, sondern nur Vorstellungen. Jede primitive Sprache liefert dafür reichliche Belege. So ist auch mana kein Begriff, sondern eine Vorstellung, die sich auf die Wahrnehmung der phänomenalen Beziehung gründet. Sie ist die Essenz der von LÉVY-BRUHL beschriebenen «participation mystique». Durch die primitive Sprache wird nur die Tatsache der Beziehung und der durch sie hervorgerufenen Empfindung bezeichnet, wie einige der obigen Beispiele deutlich zeigen, nicht aber die Natur oder das Wesen der Beziehung, resp. des beziehungsetzenden Prinzips. Die Auffindung einer passenden Bezeichnung der Art und des Wesens der verbindenden Kraft war einer späteren Kulturstufe vorbehalten, welche symbolische Bezeichnungen dafür einsetzte.

In seiner klassischen Arbeit über *«Mana»*[82] definiert LEHMANN Mana als das «außerordentlich Wirkungsvolle». Die psychische Natur von Mana wird besonders hervorgehoben von PREUSS[83] und RÖHR[84]. Man kann sich tatsächlich dem Eindruck nicht verschließen, daß die primitive Mana-Anschauung eine Vorstufe unseres psychischen Energie-

81. LOVEJOY, l. c., p. 380 ff.

82. F. R. LEHMANN, *Mana, der Begriff des «außerordentlich Wirkungsvollen» bei Südseevölkern.* 1922.

83. *Der Ursprung der Religion und der Kunst.* In: *Globus,* Bd. 86/87. 1904/05.

84. *Das Wesen des Mana.* In: *Anthropos.* XIV–XV. 1919/20.

begriffes ist und höchst wahrscheinlich auch des Energiebegriffes überhaupt [85].

Die Grundanschauung des Mana kehrt auf der animistischen Stufe in personifizierter Form wieder [86]. Hier sind es nun Seelen, Geister, Dämonen, Götter, welche die außerordentliche Wirkung hervorbringen. Wie LEHMANN mit Recht hervorhebt, haftet dem Mana noch nichts «Göttliches» an, daher man auch in Mana nicht etwa die ursprüngliche Form einer Gottesidee erblicken darf. Aber trotzdem ist wohl kaum zu leugnen, daß Mana eine für das Zustandekommen der Gottesidee nötige oder wenigstens sehr wichtige Vorbedingung ist, wenn schon vielleicht nicht die primitivste aller Vorbedingungen. Eine andere unerläßliche Vorbedingung ist der Faktor der Personifikation, zu dessen Erklärung wohl noch andere psychologische Momente herangezogen werden müssen.

Die fast universale Verbreitung der primitiven Energieanschauung ist ein deutlicher Ausdruck für die Tatsache, daß das menschliche Bewußtsein schon auf frühen Stufen das Bedürfnis fühlte, den wahrgenommenen Dynamismus des seelischen Geschehens anschaulich zu bezeichnen. Wenn wir daher in unserer Psychologie einen Nachdruck auf die energetische Betrachtungsweise legen, so geschieht dies in Übereinstimmung mit seelischen Tatsachen, die dem menschlichen Geiste seit Urzeiten eingegraben sind.

85. Vgl. meine Erörterung über die Art, wie ROBERT MAYER den Energiebegriff fand, in: *Über die Psychologie des Unbewußten.* 1942, p. 121 f; 7. Aufl. 1960, p. 76 f. (Ges. Werke, Bd. 7, Paragr. 106.)

86. CH. G. SELIGMAN *(The Melanesians,* 1910, p. 640 ff.) berichtet von Beobachtungen, welche, nach meiner Ansicht, Übergänge von Mana in animistische Personifikationen sind. Es sind dies die *labuni* der Gelarialeute. «labuni» ist «aussenden». Es handelt sich um dynamische (magische) Wirkungen, die von den Eierstöcken (?) von Weibern, die geboren haben, auf andere ausgehen oder ausgesandt werden können. Labuni sehen aus wie «Schatten», benützen Brücken, um über Flüsse zu gehen, verwandeln sich in Tiere, besitzen aber sonst keinerlei Persönlichkeit oder definierbare Gestalt. Ähnlich ist die Ajik-Anschauung der Elgonyi in Nord-Kenya, wie ich selber beobachtete.

ALLGEMEINES ZUR KOMPLEXTHEORIE

ALLGEMEINES ZUR KOMPLEXTHEORIE[1]

Die moderne Psychologie hat die Tatsache gemeinsam mit der modernen Physik, daß ihrer Methode eine größere erkennerische Bedeutung zufällt, als ihrem Gegenstand. Ihr Gegenstand nämlich, die Psyche, ist von so abgrundtiefer Mannigfaltigkeit, Unbestimmtheit und Unbegrenztheit, daß die von ihr gegebenen Bestimmungen notwendigerweise schwer bis undeutbar sind, wohingegen die von der Betrachtungsweise und von der aus ihr abgeleiteten Methode gesetzten Bestimmungen bekannte Größen sind oder wenigstens sein sollten. Die psychologische Untersuchung geht von diesen, empirisch oder arbiträr bestimmten Faktoren aus und beobachtet die Psyche an der Veränderung eben dieser Größen. Das Psychische erscheint dadurch als *Störung* einer von der jeweiligen Methode vorausgesetzten, wahrscheinlichen Verhaltungsweise. Das Prinzip dieses Procedere ist cum grano salis das naturwissenschaftliche Verfahren überhaupt.

Es ist ohne weiteres klar, daß unter diesen Umständen sozusagen alles von der methodischen Voraussetzung abhängt, und daß das Resultat in der Hauptsache von dieser erzwungen ist, wenn schon der eigentliche *Gegenstand* der Erkenntnis in gewissem Maße mitspricht, aber dabei sich nicht so verhält, wie er sich als autonomes Wesen in natürlicher Ungestörtheit verhalten würde. Man hat daher gerade in der experimentellen Psychologie und vor allem in der Psychopathologie schon vor langem erkannt, daß eine gewisse Experimentanordnung den psychischen Vorgang nicht unmittelbar erfaßt, sondern daß sich zwischen diesen und das Experiment eine gewisse psychische Bedingung einschiebt, die man als *Experimentsituation* bezeichnen könnte. Diese psychische «Situation» kann gegebenenfalls das ganze Experiment in

1. Antrittsvorlesung, gehalten an der Eidg. Techn. Hochschule am 5. Mai 1934.

Frage stellen, indem sie die Versuchsanordnung sowohl wie sogar die dem Experiment zugrunde liegende Absicht *assimiliert*. Unter *Assimilation* versteht man eine Einstellung der Versuchsperson, welche das Experiment mißdeutet, indem eine zunächst unüberwindliche Tendenz besteht, anzunehmen, das Experiment sei beispielsweise eine Intelligenzprüfung oder ein Versuch, einen indiskreten Blick hinter die Kulissen zu tun. Eine solche Einstellung verhüllt den Vorgang, den das Experiment zu erfassen trachtete.

Man hat solche Erfahrungen hauptsächlich beim Assoziationsexperiment gemacht, und es wurde bei dieser Gelegenheit entdeckt, daß das, was die Methode bezweckte, nämlich die Feststellung der durchschnittlichen Reaktionsgeschwindigkeiten und der Reaktionsqualitäten, ein relativ nebensächliches Ergebnis gegenüber der Art und Weise ist, wie die Methode durch das autonome Verhalten der Psyche, nämlich durch Assimilation *gestört* wird. Dabei habe ich nämlich die *gefühlsbetonten Komplexe* entdeckt, welche vorher stets als *Reaktionsfehler* registriert wurden.

Die Entdeckung der Komplexe, sowie der durch diese bewirkten Assimilationsphänomene, zeigte deutlich, auf wie schwachen Füßen die alte, bis auf CONDILLAC[2] zurückgehende Auffassung stand, man könne *isolierte* psychische Vorgänge untersuchen. Es gibt keine isolierten psychischen Vorgänge, so wie es keine isolierten Lebensvorgänge gibt; auf alle Fälle hat man noch kein Mittel entdeckt, sie experimentell zu isolieren[3]. Es gelingt nur einer besonders trainierten Aufmerksamkeit und Konzentration, einen Vorgang anscheinend so zu isolieren, wie es der experimentellen Absicht entspricht. Dies ist aber wiederum eine *Experimentsituation,* die sich von der vorhin beschriebenen nur dadurch unterscheidet, daß diesmal das Bewußtsein die Rolle des assimilierenden Komplexes übernommen hat, während es im früheren Fall mehr oder weniger unbewußte Minderwertigkeitskomplexe waren.

Damit ist nun der *Wert* des Experimentes keineswegs prinzipiell in Frage gestellt, sondern nur kritisch beschränkt. Im Gebiete der psycho-

2. CONDILLAC, ETIENNE BONNOT DE, französischer Philosoph und Nationalökonom. 1715–1780. Er verbreitete die Ansichten LOCKES in Frankreich und ist durch seine Schriften *Traité des systèmes,* 1949, und *Traité des sensations,* 1754, der eigentliche Begründer des Sensualismus geworden.

3. Eine Ausnahme von dieser Regel bilden die Wachstumsvorgänge in Gewebestücken, welche zur Erhaltung ihres Lebens in einer Nährflüssigkeit aufbewahrt sind.

physiologischen Vorgänge, wie z. B. der Sinneswahrnehmungen oder der motorischen Reaktionen, überwiegt infolge der offenkundigen Harmlosigkeit der Versuchsabsicht der reine Reflexmechanismus, und es kommt zu keinen oder nur geringfügigen Assimilationen, weshalb auch das Experiment nicht wesentlich gestört wird. Anders aber im Gebiet der komplizierten psychischen Vorgänge, wo auch die Versuchsanordnung keine Beschränkungen auf ganz bestimmte Möglichkeiten erkennen läßt! Hier, wo auch die Sicherungen durch spezifische Zielsetzungen wegfallen, treten dafür unbestimmte Möglichkeiten auf, welche gegebenenfalls schon gleich zu Beginn eine Experimentsituation auslösen, die man als *Konstellation* bezeichnet. Mit diesem Begriff wird die Tatsache ausgedrückt, daß durch die äußere Situation ein psychischer Vorgang ausgelöst wird, welcher in einer Sammlung und Bereitstellung gewisser Inhalte besteht. Der Ausdruck: «Man ist konstelliert», besagt, daß man eine abwartende Bereitschaftsstellung bezogen hat, von welcher aus in ganz bestimmter Weise reagiert werden wird. Die Konstellation ist ein automatischer Vorgang, der unwillkürlich eintritt, was niemand bei sich selber verhindern kann. Die konstellierten Inhalte sind bestimmte *Komplexe,* die ihre eigene spezifische Energie besitzen. Wenn der in Frage stehende Versuch ein Assoziationsexperiment ist, so werden die Komplexe in der Regel den Verlauf in hohem Maße beeinflussen, indem sie gestörte Reaktionen veranlassen, oder indem sie, in selteneren Fällen, zu ihrem Schutze eine *bestimmte Reaktionsweise* bewirken, welche aber daran erkannt wird, daß sie dem Sinne des Reizwortes nicht mehr entspricht. Gebildete und willensstarke Versuchspersonen können durch sprachlich-motorische Gewandtheit den Sinn eines Reizwortes mit kurzen Reaktionszeiten dermaßen abblenden, daß sie von ihm nicht erreicht werden. Dies gelingt aber nur in solchen Fällen, wo wirklich schwerwiegende, persönliche Geheimnisse geschützt werden müssen. Die Kunst TALLEYRANDS, durch Worte Gedanken zu verheimlichen, ist aber nur wenigen gegeben. Unintelligente Leute, darunter besonders Frauen, schützen sich durch sogenannte *Wertprädikate,* was oft ein sehr komisches Bild ergibt. Wertprädikate sind nämlich Gefühlsattribute, wie schön, gut, teuer, süß, freundlich usw. Man kann in der Unterhaltung nicht selten beobachten, wie gewisse Leute alles interessant, reizend, gut und schön, auf englisch fine, marvellous, grand, splendid und namentlich fascinating finden, womit entweder eine innere Teilnahmslosigkeit zugedeckt, oder der Gegenstand drei Schritte vom Leibe gehalten wird. Weitaus die meisten Versuchspersonen können es nicht hindern, daß ihre Komplexe gewisse Reizworte herausgreifen und sie mit einer Reihe von Störungssymptomen, vor allem mit verlängerter Reaktionszeit, versehen. Man kann diese Experimente auch mit den von VERAGUTH[4] erstmals in dieser Hinsicht verwendeten elektrischen Widerstandsmessungen verbinden, wobei das sogenannte *psychogalvanische Reflexphänomen* weitere Indizien der komplexgestörten Reaktionen liefert.

Das Assoziationsexperiment ist insofern allgemein interessant, als es, wie kein anderer, ähnlich einfacher psychologischer Versuch, die psychische Situation des *Zwiegespräches* mit annähernd exakten Maß- und Qualitätsbestimmungen darstellt. Statt der Frage in bestimmter Satzform steht das vage, vieldeutige und deshalb unbehagliche Reizwort, und statt der Antwort die Reaktion in *einem* Wort. Durch genaue Beobachtung der Reaktionsstörungen werden Tatbestände erfaßt und registriert, die in der gewöhnlichen Unterhaltung oft geflissentlich übersehen werden, und dadurch werden Feststellungen ermöglicht, welche auf unausgesprochene Hintergründe deuten, eben auf jene Bereitschaften oder Konstellationen, die ich vorhin andeutete. Was im Assoziationsexperiment geschieht, ereignet sich auch in jedem Gespräche zwischen zwei Menschen. Hier wie dort besteht eine Experimentsituation, welche gegebenenfalls Komplexe konstelliert, die den Gegenstand des Gespräches oder die Situation überhaupt, inklusive Gesprächspartner, assimilieren. Das Gespräch verliert dadurch seinen objektiven Charakter und seinen eigentlichen Zweck, indem durch die Konstellation von Komplexen die Absicht des Antwortenden durchkreuzt und ihm unter Umständen sogar andere Antworten in den Mund gelegt werden, an die er sich nachher nicht mehr erinnern kann. Diesen letzteren Umstand hat sich das kriminalistische *Kreuzverhör* praktisch zunutze gemacht. In der Psychologie ist es das sogenannte *Wiederholungsexperiment,* welches die Erinnerungslücken aufdeckt und lokalisiert. Es besteht darin, daß beispielsweise nach hundert stattgefundenen Reaktionen die Versuchsperson gefragt wird, was sie auf die einzelnen Reizworte geantwortet hat. Die Erinnerungslücken oder -fälschungen

4. *Das psychogalvanische Reflexphänomen.* 1909.

finden sich mit durchschnittlicher Regelmäßigkeit immer in den komplexgestörten Assoziationsgebieten.

Ich habe bisher absichtlich nicht von der Natur der Komplexe gesprochen, sondern ihr Bekanntsein stillschweigend vorausgesetzt. Ist doch das Wort «Komplex» im psychologischen Sinne in die deutsche sowohl wie in die englische Umgangssprache übergegangen. Jedermann weiß heutzutage, daß man «Komplexe hat». Daß aber die Komplexe *uns haben,* ist weniger bekannt, aber theoretisch umso wichtiger. Die naive Voraussetzung von der Einheit des Bewußtseins, das gleich «Psyche» gesetzt wird, und von der Suprematie des Willens wird nämlich durch die Existenz des Komplexes ernstlich in Zweifel gezogen. Durch jede Komplexkonstellation wird ein gestörter Bewußtseinszustand gesetzt. Die Einheit des Bewußtseins wird durchbrochen, und die Willensintention mehr oder weniger erschwert oder gar verunmöglicht. Auch das Gedächtnis wird oft wesentlich in Mitleidenschaft gezogen, wir wir gesehen haben. Der Komplex muß daher ein psychischer Faktor sein, der, energetisch gesprochen, eine Wertigkeit besitzt, welche zeitweise diejenige der bewußten Absicht übersteigt, sonst wären ja solche Durchbrechungen der Bewußtseinsordnung gar nicht möglich. In der Tat versetzt uns ein aktiver Komplex momentan in einen Zustand der *Unfreiheit,* des Zwangsdenkens und -handelns, wofür unter Umständen der juristische Begriff der *beschränkten Zurechnungsfähigkeit* in Frage käme.

Was ist nun, wissenschaftlich gesprochen, ein «gefühlsbetonter Komplex»? Er ist das *Bild* einer bestimmten psychischen Situation, die lebhaft emotional betont ist und sich zudem als inkompatibel mit der habituellen Bewußtseinslage oder -einstellung erweist. Dieses Bild ist von starker innerer Geschlossenheit, es hat seine eigene Ganzheit und verfügt zudem über einen relativ hohen Grad von *Autonomie,* d. h. es ist den Bewußtseinsdispositionen in nur geringem Maße unterworfen und benimmt sich daher wie ein belebtes corpus alienum im Bewußtseinsraume. Der Komplex läßt sich gewöhnlich mit einiger Willensanstrengung unterdrücken, aber nicht wegbeweisen, und bei passender Gelegenheit tritt er wieder mit ursprünglicher Kraft hervor. Gewisse experimentelle Untersuchungen scheinen darauf hinzuweisen, daß seine Intensitäts- oder Aktivitätskurve einen wellenförmigen Charakter hat, mit einer Wellenlänge von Stunden, Tagen oder

Wochen. Diese sehr komplizierte Frage ist jedoch noch ganz unabgeklärt.

Es ist den Arbeiten der französischen Psychopathologie, im besondern den Verdiensten PIERRE JANETS zu danken, daß wir heute um die weitgehende Aufsplitterungsmöglichkeit des Bewußtseins wissen. JANET sowohl wie MORTON PRINCE ist es gelungen, vier- bis fünffache Persönlichkeitsspaltungen zu erzeugen, wobei es sich herausstellte, daß jeder Persönlichkeitsteil ein ihm eigentümliches Stück Charakter und sein besonderes Gedächtnis hat. Diese Teile existieren relativ unabhängig nebeneinander und können jederzeit einander ablösen, d. h. jeder Teil besitzt einen hohen Grad von Autonomie. Meine Feststellungen in bezug auf die Komplexe ergänzen dieses etwas beunruhigende Bild der psychischen Desintegrationsmöglichkeiten, denn im Grunde genommen gibt es *keinen prinzipiellen Unterschied* zwischen einer *Teilpersönlichkeit und einem Komplex.* Sie haben alle wesentlichen Charaktere gemein, bis auf die delikate Frage der *Teilbewußtheit.* Teilpersönlichkeiten haben unzweifelhaft eigenes Bewußtsein, aber ob so kleine psychische Fragmente wie Komplexe auch *eigenen* Bewußtseins fähig sind, ist eine noch unbeantwortete Frage. Ich muß gestehen, daß diese Frage mich des öfteren beschäftigt hat. Die Komplexe benehmen sich ja wie cartesianische Teufelchen und scheinen sich an koboldartigen Streichen zu ergötzen. Sie legen einem gerade das unrichtige Wort auf die Zunge, sie entziehen einem ausgerechnet den Namen der Person, die man vorstellen sollte, sie verursachen den Hustenreiz gerade beim schönsten Piano im Konzert, sie lassen den zuspätkommenden Unscheinbarseinwollenden mit Krach über einen Stuhl stolpern. Sie empfehlen, bei einem Begräbnis zu gratulieren anstatt zu kondolieren, sie sind die Verursacher jener Tücken, die F. TH. VISCHER den unschuldigen *Objekten* ankreiden wollte[5], sie sind die handelnden Personen unserer *Träume,* denen wir so machtlos gegenüberstehen; sie sind das *elfische* Wesen, das im dänischen Folklore so treffend gekennzeichnet ist durch jene Geschichte vom Pastor, welcher zwei Elfen das Vaterunser lehren wollte. Sie gaben sich alle Mühe, ihm die Worte richtig nachzusprechen, aber schon beim ersten Satz konnten sie nicht umhin,

5. Vgl. *Auch Einer.* (Vgl. auch JUNG, *Psychologische Typen.* 1950, p. 400; Ges. Werke, Bd. 6 Paragr. 567.)

zu sagen: «Unser Vater, der Du *nicht* bist in dem Himmel.» Sie erwiesen sich, der theoretischen Erwartung entsprechend, als unbelehrbar.

Cum maximo salis grano wird man mir diese Metaphorisierung eines wissenschaftlichen Problems hoffentlich nicht verübeln. Auch eine durchaus nüchterne Formulierung der Komplexphänomene kommt um die eindrucksvolle Tatsache der Komplexautonomie nicht herum und, je tiefer sie in das Wesen – ich möchte fast sagen in die *Biologie* des Komplexes eindringt, desto mehr und desto deutlicher tritt dessen Teilseelencharakter hervor. Die Traumpsychologie zeigt mit aller nur wünschenswerten Deutlichkeit, wie die Komplexe *personifiziert* auftreten, wenn kein hemmendes Bewußtsein sie unterdrückt, genau wie das Folklore die Heinzelmännchen schildert, die nachts im Haus rumoren. Dasselbe Phänomen beobachten wir in gewissen Psychosen, wo die Komplexe «laut» werden und als «Stimmen» erscheinen, die durchaus persönlichen Charakter haben.

Man darf heutzutage wohl die Hypothese als gesichert betrachten, daß Komplexe *abgesprengte Teilpsychen* sind. Die Aetiologie ihres Ursprungs ist ja häufig ein sogenanntes *Trauma,* ein emotionaler Schock und ähnliches, wodurch ein Stück Psyche abgespalten wurde. Eine der häufigsten Ursachen allerdings ist der *moralische Konflikt,* welcher seinen letzten Grund in der anscheinenden Unmöglichkeit hat, das Ganze des menschlichen Wesens zu bejahen. Diese Unmöglichkeit setzt unmittelbare Spaltung voraus, unabhängig davon ob das Ichbewußtsein darum weiß oder nicht. In der Regel besteht sogar eine ausgesprochene Unbewußtheit über die Komplexe, was diesen natürlich umso größere Aktionsfreiheit gewährt. In solchen Fällen erweist sich ihre Assimilationskraft in ganz besonderem Maße, insofern nämlich die Unbewußtheit über den Komplex diesem dazu verhilft, sogar das Ich zu assimilieren, woraus eine momentane und unbewußte *Persönlichkeitsveränderung* entsteht, die als *Komplexidentität* bezeichnet wird. Dieser durchaus moderne Begriff hatte im Mittelalter einen andern Namen: damals hieß er *Besessenheit.* Man stellt sich diesen Zustand wohl nicht so harmlos vor, aber es ist *prinzipiell* zwischen einem gewöhnlichen *Komplexversprechen* und den wilden Blasphemien eines Besessenen kein Unterschied. Es ist nur eine *Gradverschiedenheit.* Dafür gibt uns auch die Sprachgeschichte die reichlichsten Belege. Von einer Komplexemotion sagt man: «Was ist heute wieder in ihn gefahren?» «Er ist vom

Teufel geritten» usw. Man denkt bei diesen etwas abgeschliffenen Metaphern natürlich nicht mehr an ihren ursprünglichen Sinn, welcher allerdings noch leicht erkennbar ist und zudem unzweifelhaft darauf hinweist, daß der primitivere und naivere Mensch störende Komplexe nicht «psychologisierte» wie wir, sondern als entia per se, d. h. als *Dämonen* auffaßte. Die spätere Bewußtseinsentwicklung hat nun eine solche Intensität des Ichkomplexes resp. der Ichbewußtheit geschaffen, daß die Komplexe ihrer ursprünglichen Autonomie wenigstens im Sprachgebrauch entkleidet wurden. In der Regel sagt man: «Ich habe einen Komplex.» Die mahnende Stimme des Arztes sagt zur hysterischen Patientin: «Ihre Schmerzen sind nicht wirklich; *Sie bilden sich bloß ein,* es tue Ihnen weh.» Die *Infektionsangst* ist anscheinend eine *willkürliche Einbildung* des Kranken, auf jeden Fall sucht man ihn zu überzeugen, daß er sich eine Wahnidee zusammenbraue.

Es ist wohl unschwer zu sehen, daß die moderne landläufige Auffassung das Problem so handhabt, als ob es über jeden Zweifel sicher wäre, daß der Komplex vom Patienten erfunden und «eingebildet» worden sei, daß er mithin gar nicht existieren würde, wenn sich der Kranke nicht die Mühe genommen hätte, ihn gewissermaßen absichtlich ins Leben zu rufen. Demgegenüber steht nun einwandfrei fest, daß die Komplexe eine bemerkenswerte Autonomie besitzen, daß organisch unbegründete, d. h. sogenannte eingebildete Schmerzen genau so weh tun, wie legitime, und daß eine Krankheitsphobie nicht die geringste Neigung hat zu verschwinden, auch wenn der Kranke selber, sein Arzt und der allgemeine Sprachgebrauch obendrein versichern, daß sie nichts als eine Einbildung sei.

Wir stehen hier vor dem interessanten Fall einer sogenannten *apotropäischen* Auffassungsweise, welche auf *einer* Linie liegt mit den antiken *euphemistischen* Bezeichnungen, wofür der Πόντος εὔξεινος (das gastfreundliche Meer) als das klassische Beispiel steht. Wie die Erinnyen vorsichtigerweise und propitiierend *Eumeniden,* die Wohlgesinnten, genannt wurden, so faßt das moderne Bewußtsein alle inneren Störungsfaktoren als seine *eigene* Tätigkeit auf, es assimiliert sie einfach. Dies geschieht natürlich nicht mit dem offenen Eingeständnis des apotropäischen Euphemismus, sondern mit einer ebenso unbewußten Tendenz, durch veränderte Namengebung die Autonomie des Komplexes zu *irrealisieren.* Das Bewußtsein verfährt dabei, wie einer der ein verdächtiges Geräusch im oberen Stockwerk hört und sich nun flugs in den Keller begibt, um dort festzustellen, daß kein Einbrecher zu finden und infolgedessen das Geräusch eine bloße Einbildung sei. In Wirklichkeit hat sich dieser vorsichtige Mann einfach nicht in den oberen Stock *getraut.*

Es will allerdings zunächst wenig einleuchten, daß *Furcht* das Motiv sein sollte, welches das Bewußtsein veranlaßt, Komplexe als eine eigene Tätigkeit zu erklären. Komplexe erscheinen als solche Kleinigkeiten, ja als so lächerliche Nichtigkeiten, daß man sich geradezu ihrer schämt und alles daransetzt, sie zu verbergen. Wären sie aber wirklich so nichtig, so könnten sie auch nicht so peinlich sein. Peinlich ist, was Pein verursacht, also etwas ausgesprochen Unangenehmes, das als solches eo ipso wichtig ist und deshalb als wichtig zu nehmen wäre. Was aber unbequem ist, irrealisiert man nur allzugerne, *solange es geht.* Der Ausbruch der *Neurose* bezeichnet dann den Moment, wo es nicht mehr mit den primitiven magischen Mitteln der apotropäischen Geste und des Euphemismus zu schaffen ist. Von diesem Moment an hat sich der Komplex an der bewußten Oberfläche etabliert; er kann nicht mehr umgangen werden und assimiliert nun Schritt für Schritt das Ichbewußtsein, wie dieses es früher mit ihm versucht hat. Daraus entsteht schließlich die neurotische *Dissoziation der Persönlichkeit.*

Durch eine derartige Entwicklung erweist der Komplex seine ursprüngliche Stärke, welche gegebenenfalls sogar die des Ichkomplexes überwiegt. Erst in einem solchen Fall versteht man, daß das Ich allen Grund hatte, vorsichtige Namensmagie mit den Komplexen zu treiben, denn es ist unmittelbar einleuchtend, daß ich *das* fürchte, was mich unheimlich zu überwachsen droht. Es gibt unter jenen Menschen, die allgemein als normal gelten, eine große Anzahl solcher, die ein «skeleton in the cupboard» bewahren, dessen Existenz man bei Todesstrafe vor ihnen nicht erwähnen darf; so groß ist ihre Furcht vor dem lauernden Gespenst. Alle diejenigen, die noch im Stadium der *Komplexirrealisierung* stehen, benützen den Hinweis auf die Tatsachen der Neurosen als Beweis dafür, daß es sich eben um positiv krankhafte Naturen handle, zu denen man nicht gehöre. Als ob es nur das Vorrecht der Kranken wäre, krank zu werden!

Die Tendenz, Komplexe durch Assimilation zu irrealisieren, beweist nicht etwa deren *Nichtigkeit,* sondern im Gegenteil deren *Wichtigkeit.*

Sie ist ein negatives Eingeständnis der instinktiven Furcht des primitiven Menschen vor dunkeln, unsichtbaren und selbstbewegten Dingen. Diese Furcht setzt beim Primitiven in Wirklichkeit mit der Dunkelheit der Nacht ein, wie auch die Komplexe bekanntlich am Tage übertönt sind, nachts aber ihre Stimme umso lauter erheben und den Schlaf verscheuchen oder wenigstens mit bösen Träumen stören. Komplexe sind eben Gegenstände der inneren Erfahrung und können nicht im Tageslicht auf Straßen und offenen Plätzen angetroffen werden. Von Komplexen hängt das Wohl und Wehe des persönlichen Lebens ab; sie sind die Laren und Penaten, die uns am häuslichen Herde erwarten, dessen Frieden man so gefährlich laut preist, und sie sind das «gentle folk», das in unsern Nächten sich störend kundgibt. Allerdings, solange das böse Wesen nur den Nebenmenschen faßt, gilt es nichts, aber wenn es uns selber plagt – man muß allerdings Arzt sein, um zu wissen, was für grauenhafte Schädlinge Komplexe sein können. Man muß es schon gesehen haben, wie im Laufe von Jahrzehnten ganze Familien davon moralisch und physisch zerstört werden, und wie beispiellose Tragik und hoffnungslose Misère ihren Spuren folgen, um einen vollen Eindruck von der Realität eines Komplexes zu bekommen. Man versteht dann, wie müßig und wie unwissenschaftlich der Gedanke ist, man könne sich einen Komplex «einbilden». Wenn man sich nach einem medizinischen Vergleich umsieht, so könnte man Komplexe am ehesten mit Infektionen oder mit malignen Geschwülsten vergleichen, die beide ohne das geringste Zutun des Bewußtseins entstehen. Dieser Vergleich ist allerdings nicht ganz befriedigend, denn Komplexe sind nicht durchaus krankhafter Natur, sondern eigentümliche *Lebenserscheinungen der Psyche,* sei sie nun differenziert oder primitiv. Deshalb finden wir auch ihre unverkennbaren Spuren bei allen Völkern und in allen Zeiten. Älteste Literaturdenkmäler enthalten sie; so schildert z. B. das *Gilgamesh-Epos* die Psychologie des Machtkomplexes in unübertroffener Meisterschaft, und das Buch Tobiae im Alten Testament enthält die Geschichte eines erotischen Komplexes samt seiner Heilung.

Der allgemein verbreitete *Geisterglaube* ist ein direkter Ausdruck der *Komplexstruktur* des Unbewußten. Komplexe sind nämlich recht eigentlich die *lebendigen Einheiten der unbewußten Psyche,* deren Vorhanden- und Beschaffensein wir in der Hauptsache nur durch die ersteren erkennen können. Das Unbewußte wäre in der Tat, wie es in der WUNDTschen Psychologie der Fall ist, nichts als ein Restbestand von lichtschwachen, sogenannten «dunklen» Vorstellungen, oder «a fringe of consciousness», wie WILLIAM JAMES es nennt, wenn es keine Komplexe gäbe. Deshalb ist auch FREUD zum eigentlichen Entdecker des psychologischen Unbewußten geworden, weil er jene dunkeln Stellen untersuchte und sie nicht einfach als euphemistisch verkleinerte Fehlleistungen zur Seite schob. Die via regia zum Unbewußten sind allerdings nicht die Träume, wie er meint, sondern die Komplexe, welche die Verursacher der Träume und Symptome sind. Auch ist die via insofern weniger königlicher Natur, als der vom Komplex gewiesene Weg mehr einem höckrigen und vielfach gewundenen Fußpfad gleicht, der des öfteren sich im Gestrüpp verliert und meistens nicht ins Herz des Unbewußten führt, sondern daran vorbei.

Die *Komplexfurcht* ist ein schlechter Wegweiser, weil sie immer vom Unbewußten weg und ins Bewußtsein zurückweist. Komplexe sind etwas derart Unangenehmes, daß sich niemand in seinen gesunden Sinnen einreden läßt, daß die den Komplex unterhaltenden Triebkräfte irgend etwas Gutes bedeuten könnten. Das Bewußtsein ist stets davon überzeugt, daß Komplexe etwas Ungehöriges und deshalb auf irgend eine Art zu eliminieren seien. Trotz einer überwältigenden Fülle von Zeugnissen jeglicher Art, daß Komplexe immer und überall vorhanden sind, kann man es nicht über sich bringen, sie als *normale Lebenserscheinung* zu betrachten. Die Komplexfurcht bedeutet ein stärkstes *Vorurteil,* denn die abergläubische *Angst vor dem Ungünstigen* ist von aller Aufklärung unberührt geblieben. Diese Furcht verursacht bei der Untersuchung der Komplexe einen wesentlichen *Widerstand,* der zu seiner Überwindung einiger Entschlossenheit bedarf.

Furcht und Widerstand sind die Wegweiser, die an der via regia zum Unbewußten stehen. Begreiflicherweise bedeuten sie in erster Linie eine vorgefaßte Meinung über das, worauf sie hinweisen. Es ist nichts als natürlich, daß man aus dem Gefühl der Angst auf etwas *Gefährliches* und aus der Empfindung des Widerstandes auf etwas *Widerliches* schließt. Der Patient tut es, das Publikum tut es, und schließlich tut es auch der Arzt, weshalb die erste medizinische Theorie des Unbewußten folgerichtigerweise die von FREUD aufgestellte *Verdrängungslehre* war. Rückschließend aus der Natur der Komplexe besteht nach dieser Ansicht das Unbewußte wesentlich aus inkompatibeln

Tendenzen, die wegen ihrer Immoralität der Verdrängung verfallen. Nichts, wie diese Feststellung, könnte schlagender beweisen, daß der Autor dieser Auffassung rein empirisch vorgegangen ist, ohne im geringsten durch philosophische Prämissen beeinflußt zu sein. Vom Unbewußten war ja schon geraume Zeit vor FREUD die Rede. Philosophisch ist der Begriff schon bei LEIBNIZ eingeführt, KANT und SCHELLING haben sich dazu geäußert, und CARUS hat ihn erstmals zu einem System ausgebaut, welchem EDUARD VON HARTMANN, in unbestimmbarem Maße von diesem beeinflußt, mit seiner gewichtigen *Philosophie des Unbewußten* folgte. Die erste medizinisch-psychologische Theorie hat mit diesen Voraussetzungen nichts zu tun, so wenig wie mit NIETZSCHE.

FREUDS Theorie ist eine getreue Darstellung tatsächlich vorhandener Erfahrungen bei der Untersuchung von Komplexen. Da nun aber diese Untersuchung ein *Zwiegespräch* ist zwischen zwei Menschen, so kommen bei der Auffassungsbildung nicht nur die Komplexe des einen, sondern auch die des andern in Betracht. Jeder Dialog, der in jene von Angst und Widerstand verteidigten Gebiete vorstößt, zielt aufs Wesentliche, und indem er den einen zu einer Integration seiner *Ganzheit* veranlaßt, nötigt er auch den andern zu einer völligeren Stellungnahme, d. h. also ebenfalls zu einer Ganzheit, ohne welche es letzterem auch gar nicht gelingen würde, das Gespräch in jene furchtverteidigten Hintergründe vorzutreiben. Kein noch so vorurteilsloser und objektiver Forscher ist imstande, von seinen eigenen Komplexen abzusehen, denn auch diese erfreuen sich derselben Autonomie, wie jene anderer Menschen. Er *kann* nicht von ihnen absehen, weil sie nicht von ihm absehen. Denn Komplexe gehören nun einmal zur *psychischen Konstitution,* welche bei jedem Individuum das *absolut Präjudizierte* ist. Die Konstitution entscheidet daher unerbittlich, *welche* psychologische Auffassung aus einem bestimmten Beobachter hervorgehen wird. Dies ist die unvermeidliche Beschränkung der psychologischen Beobachtung, daß letztere nur Gültigkeit hat unter Voraussetzung der persönlichen Gleichung des Beobachters.

Die psychologische Theorie formuliert daher in allererster Linie eine psychische Situation, welche entstanden ist durch Dialoge zwischen einem bestimmten Beobachter und einer Mehrzahl von Beobachteten. Da sich der Dialog in der Hauptsache im Widerstandsgebiet der Komplexe bewegt, so haftet auch der Theorie notwendigerweise ein Komplexcharakter an, d. h. sie ist im allgemeinsten Sinne *anstößig,* weil sie wiederum auf die Komplexe des Publikums wirkt. Daher sind alle Auffassungen der modernen Psychologie nicht bloß in objektivem Sinne kontrovers, sondern *aufreizend.* Sie verursachen beim Publikum heftige Reaktionen in zustimmendem oder ablehnendem Sinn, im Gebiete der wissenschaftlichen Diskussion emotionale Debatten, dogmatische Anwandlungen, persönliche Kränkungen usw.

Aus diesen Tatsachen läßt sich unschwer ersehen, daß die moderne Psychologie mit ihrer Komplexforschung einen psychischen *Tabubezirk* aufgeschlossen hat, von dem nun allerhand Befürchtungen und Hoffnungen ausgehen. Das Komplexgebiet ist der eigentliche *seelische Unruheherd,* dessen Erschütterungen tatsächlich dermaßen beträchtlich sind, daß die weitere psychologische Forschung gar nicht hoffen kann, im Frieden stille Gelehrtenarbeit zu tun, welche nämlich einen gewissen wissenschaftlichen Consensus voraussetzt. Die Komplexpsychologie ist aber vorderhand noch unendlich weit von einer Verständigung entfernt, viel weiter sogar, wir mir scheint, als die Pessimisten ahnen. Denn mit der Aufdeckung der inkompatibeln Tendenzen ist erst *ein* Sektor des Unbewußten gesehen und nur ein Teil der Angstquelle ist nachgewiesen.

Man wird sich noch erinnern, was für ein Entrüstungssturm sich allerorten erhob, als FREUDS Arbeiten allgemeiner bekannt wurden. Diese Komplexreaktionen haben den Forscher zu einer Isolierung genötigt, welche ihm und seiner Schule den Vorwurf des Dogmatismus eingetragen hat. Alle psychologischen Theoretiker auf diesem Gebiet laufen dieselbe Gefahr, denn sie handhaben einen Gegenstand, der auf das Unbeherrschte im Menschen trifft, auf das *Numinose,* um OTTOS trefflichen Ausdruck zu gebrauchen. Wo das Komplexgebiet anfängt, hört die Freiheit des Ich auf, denn Komplexe sind seelische Mächte, deren tiefste Natur noch nicht ergründet ist. Jedesmal, wenn es der Forschung gelingt, noch weiter gegen das seelische *Tremendum* vorzudringen, werden, wie bisher, beim Publikum Reaktionen ausgelöst, genau wie bei Patienten, welche aus therapeutischen Gründen veranlaßt werden, gegen die Unberührbarkeit ihrer Komplexe vorzugehen.

Die Art, wie ich die Komplexlehre darstelle, klingt wohl dem unvorbereiteten Ohr wie eine Schilderung primitiver Dämonologie und Tabupsychologie. Diese Eigentümlichkeit rührt einfach daher, daß die Existenz der Komplexe, also abgespaltener psychischer Fragmente, noch ein ganz merkliches Überbleibsel des *primitiven Geisteszustandes* ist. Letzterer ist von hochgradiger Dissoziierbarkeit, die sich z. B. in der Tatsache ausdrückt, daß von Primitiven sehr häufig mehrere Seelen, in einem Fall sogar bis sechs, angenommen werden, und daneben gibt es erst noch eine Unzahl von Göttern und Geistern, von denen nicht bloß, wie bei uns, *geredet* wird, sondern es handelt sich öfters um sehr eindrucksvolle psychische Erfahrungen.

Bei dieser Gelegenheit möchte ich bemerken, daß ich den Begriff «primitiv» im Sinne von «ursprünglich» gebrauche, und damit nicht etwa ein Werturteil meine. Und wenn ich von «Überbleibsel» eines primitiven Zustandes rede, so meine ich damit nicht notwendigerweise, daß dieser Zustand über kurz oder lang sein Ende erreiche. Ich wüßte keinen einzigen Grund dagegen geltend zu machen, daß er nicht bis zum Ende der Menschheit dauere. Bis jetzt hat er sich jedenfalls nicht sehr wesentlich geändert, und mit dem Weltkrieg und seitdem ist sogar eine namhafte Verstärkung desselben eingetreten. Ich bin deshalb eher zur Annahme geneigt, daß autonome Komplexe zu den normalen Lebenserscheinungen gehören und die Struktur der unbewußten Psyche ausmachen.

Wie man sieht, habe ich mich damit begnügt, die wesentlichen Grundtatsachen der Komplexlehre zu schildern. Ich muß es mir aber versagen, dieses unvollständige Bild durch die Darstellung der Problematik, welche sich aus der Existenz autonomer Komplexe ergibt, zu ergänzen. Drei gewichtige Probleme sind dadurch aufgeworfen: das *therapeutische*, das *philosophische* und das *moralische*. Sie stehen noch alle drei zur Diskussion.

ALLGEMEINE GESICHTSPUNKTE ZUR PSYCHOLOGIE DES TRAUMES

ALLGEMEINE GESICHTSPUNKTE ZUR PSYCHOLOGIE DES TRAUMES

Der Traum ist ein psychisches Gebilde, das im Gegensatz zu sonstigen Bewußtseinsinhalten nach Form und Bedeutungsgehalt anscheinend nicht in der Kontinuität der Entwicklung der Bewußtseinsinhalte liegt. Jedenfalls erscheint der Traum in der Regel als kein integrierender Bestandteil des bewußten Seelenlebens, sondern als ein mehr äußerliches, anscheinend zufälliges Erlebnis. Die Gründe für diese Ausnahmestellung des Traumes liegen in seiner besonderen Entstehungsweise: er geht nicht, wie andere Bewußtseinsinhalte, aus einer klar ersichtlichen, logischen und emotionalen Kontinuität des Erlebens hervor, sondern ist ein Überbleibsel einer eigenartigen psychischen Tätigkeit, welche während des Schlafes stattfindet. Diese Entstehungsweise schon isoliert den Traum von den übrigen Inhalten des Bewußtseins, ganz besonders aber noch sein eigentümlicher Inhalt, der sich zu dem bewußten Denken in auffälligem Kontrast befindet.

Ein aufmerksamer Beobachter wird aber unschwer entdecken, daß der Traum doch nicht ganz aus der Kontinuität des Bewußtseins herausfällt, indem fast bei jedem Traum gewisse Einzelheiten aufzufinden sind, welche von Eindrücken, Gedanken, Stimmungen des oder der Vortage herkommen. Insofern besteht also doch eine gewisse Kontinuität zunächst nach *rückwärts*. Es wird wohl keinem, der dem Traumproblem ein lebhafteres Interesse widmet, entgangen sein, daß der Traum auch eine Kontinuität *nach vorwärts* besitzt, wenn dieser Ausdruck gestattet ist, indem gelegentlich Träume bemerkenswerte Wirkungen auf das bewußte Geistesleben hinterlassen, auch bei Personen, die nicht als abergläubisch oder besonders abnorm betrachtet werden dürfen. Diese gelegentlichen Nachwirkungen bestehen meist in mehr oder weniger deutlichen Alterationen der Stimmung.

Wohl vermöge dieser lockeren Anfügung an den übrigen Bewußtseinsinhalt ist der Traum hinsichtlich der Wiedererinnerung ein äußerst labiles Gebilde. Viele Träume entziehen sich der Reproduktion sofort nach dem Erwachen, andere sind nur mit höchst zweifelhafter Treue zu reproduzieren, und nur relativ wenige sind als eigentlich klar und sicher reproduzierbar zu bezeichnen. Dieses eigentümliche Verhalten gegenüber der Reproduktion läßt sich auch aus der Qualität der im Traum auftretenden Vorstellungsverbindungen verstehen. Zum Unterschied vom logisch gerichteten Vorstellen, das wir als ein besonderes Charakteristikum des bewußten Geistesprozesses betrachten dürfen, ist die Vorstellungsverbindung im Traum eine wesentlich *phantastische;* eine Assoziationsart, welche Zusammenhänge liefert, die dem Wirklichkeitsdenken in der Regel ganz fremd sind.

Diesem Charakter verdankt der Traum das entwertende Epitheton: *sinnlos*. Bevor wir dieses Urteil aussprechen, müssen wir uns aber darauf besinnen, daß der Traum und sein Zusammenhang etwas ist, das *wir* nicht verstehen. Wir würden mit einem solchen Urteil also zunächst bloß unser Nichtverstehen auf das Objekt projizieren. Das würde aber nicht hindern, daß dem Traume ein ihm eigentümlicher Sinn innewohnt.

Abgesehen von den Jahrtausende alten Bemühungen, dem Traum einen prophetischen Sinn anzudeuten, ist die Entdeckung FREUDS praktisch der erste Versuch, in den Sinn der Träume einzudringen; ein Versuch, dem das Attribut «wissenschaftlich» zuerkannt werden darf, indem dieser Forscher eine Technik angegeben hat, von der nicht nur er selber, sondern auch sehr viele andere Forscher behaupten, daß sie zum Ziele, nämlich zum Verstehen des Traumsinnes führe; eines Sinnes, der nicht identisch mit den fragmentarischen Sinnandeutungen des manifesten Trauminhaltes ist.

Es ist hier nicht der Ort, sich mit der Traumpsychologie FREUDS kritisch auseinanderzusetzen. Ich will mich vielmehr bemühen, das in Kürze darzustellen, was wir heute als mehr oder weniger sichere Errungenschaften der Traumpsychologie betrachten dürfen.

Zunächst müssen wir uns mit der Frage beschäftigen, woher wir überhaupt die Berechtigung ableiten, dem Traum einen andern Sinn beizumessen, als jenen unbefriedigenden fragmentarischen des manifesten Traumgebildes. Ein Argument, das in dieser Hinsicht besonders ins Gewicht fällt, ist die Tatsache, daß FREUD den verborgenen Traumsinn *empirisch und nicht deduktiv* gefunden hat. Ein weiteres Argument zugunsten eines möglichen verborgenen oder nicht manifesten Traumsinnes liefert die Vergleichung der Traumphantasie mit sonstigen Phantasien des Wachzustandes in einem und demselben Individuum. Es ist nicht schwierig einzusehen, daß solche Wachphantasien nicht bloß einen oberflächlichen, konkretistischen Sinn haben, sondern auch einen tieferen, psychologischen Sinn. Es geschieht lediglich aus dem Grunde der Kürze, die ich mir hier auferlegen muß, daß ich solche Materialien nicht vorlege. Ich möchte aber darauf aufmerksam machen, daß ein sehr alter und weitverbreiteter Typus der Phantasieerzählung, für den z.B. die AESOPsche Tierfabel charakteristisch ist, das, was vom Sinn der Phantasien zu sagen ist, gut illustriert. Es wird z.B. irgendeine Phantasie von den Taten des Löwen und des Esels erzählt. Der konkrete Oberflächensinn der Erzählung ist ein unmögliches Phantasma, der darin verborgene moralische Sinn ist aber für jedermann, der nachdenkt, offenbar. Charakteristisch ist, daß Kindern schon der exoterische Sinn der Fabel genügt und sie sich daran erfreuen können.

Weitaus das beste Argument für die Existenz eines verborgenen Traumsinnes aber liefert die gewissenhafte Anwendung des technischen Verfahrens zur Auflösung des manifesten Trauminhaltes. Damit gelangen wir zum zweiten Hauptpunkt, nämlich zur Frage des analytischen Verfahrens. Auch hier möchte ich die Ansichten und Entdeckungen FREUDS weder verteidigen noch kritisieren, sondern mich auf das mir gesichert Erscheinende beschränken. Wenn wir von der Tatsache ausgehen, daß der Traum ein psychisches Gebilde ist, so haben wir zunächst nicht den geringsten Anlaß anzunehmen, daß die Konstitution und Bestimmung dieses Gebildes andern Gesetzen und Absichten gehorche, als irgendein anderes psychisches Gebilde. Nach dem Satze «principia explicandi praeter necessitatem non sunt multiplicanda» [1], haben wir den Traum analytisch so zu behandeln wie irgendein anderes psychisches Gebilde, bis wir durch anders lautende Erfahrungen eines Besseren belehrt werden.

Wir wissen, daß jedes psychische Gebilde, vom Kausalstandpunkt aus betrachtet, die Resultante vorausgegangener psychischer Inhalte ist.

1. (Erklärungsprinzipien sollen nicht mehr als notwendig vermehrt werden.)

Wir wissen ferner, daß jedes psychische Gebilde, vom finalen Standpunkt aus betrachtet, einen ihm eigentümlichen Sinn und Zweck im aktuellen psychischen Geschehen hat. Dieser Maßstab muß auch an den Traum angelegt werden. Wenn wir also den Traum psychologisch zu erklären haben, so müssen wir zuerst einmal wissen, aus was für vorgängigen Erlebnissen er zusammengesetzt ist. Wir verfolgen daher jedes Stück des Traumbildes in seine Antezedentien. Ich gebe ein Beispiel: Jemand träumt, er geht auf der Straße, vor ihm springt ein Kind, das plötzlich von einem Automobil überfahren wird.

Wir reduzieren dieses Traumbild mit Hilfe der Erinnerungen des Träumers auf die Antezedentien. Die Straße erkennt er als eine bestimmte Straße, durch die er tags zuvor gegangen ist. Das Kind erkennt er als das Kind seines Bruders, dem er am Vorabend des Traumes einen Besuch gemacht hat, wobei er das Kind sah. Der Automobilunfall erinnert an einen Unfall, der tatsächlich einige Tage zuvor stattgefunden hat, von dem er aber bloß in der Zeitung gelesen hat. Bekanntlich begnügt sich das Vulgärurteil mit einer derartigen Reduktion. Man sagt: «Aha, darum habe ich diese Sache geträumt.»

Selbstverständlich ist vom wissenschaftlichen Standpunkt aus diese Reduktion ganz ungenügend. Der Träumer ist tags zuvor durch viele Straßen gegangen, warum wählte sein Traum aber gerade diese Straße? Der Träumer hat von mehreren Unfällen gelesen, warum wählte er gerade diesen? Mit der Aufdeckung eines Antecedens ist also noch nicht Genügendes geleistet, indem erst die Konkurrenz mehrerer causae eine plausible Determination der Traumbilder ergeben kann. Die weitere Materialaufnahme erfolgt nach demselben Prinzip der Wiedererinnerung, das man auch als *Einfallsmethode* bezeichnet hat. Diese Aufnahme ergibt, wie leicht verständlich, ein sehr mannigfaltiges und zum Teil heterogenes Material, welches anscheinend bloß das eine gemeinsam hat, daß es sich nämlich als mit dem Trauminhalt assoziativ verbunden erwiesen hat, sonst wäre es vom Trauminhalt aus nicht reproduzierbar gewesen.

Es ist nun eine technisch wichtige Frage, wie weit die Materialaufnahme zu gehen hat. Da in der Seele schließlich von jedem Punkt aus der ganze Lebensinhalt aufzurollen ist, so kann man theoretisch zu jedem Traum den ganzen vorgängigen Lebensinhalt aufnehmen. Wir brauchen aber nur so viel Material, als wir zum Begreifen des Traumsinnes unbedingt nötig haben. Die Beschränkung des Materials ist selbstverständlich ein arbiträrer Vorgang nach dem Grundsatze KANTS, wonach Begreifen nichts anderes ist, als *«in dem Maße erkennen, als zu unserer Absicht hinreichend ist*[2]*»*. Wenn wir z. B. die causae der Französischen Revolution aufnehmen, so können wir in der Materialaufnahme nicht nur die mittelalterliche Geschichte Frankreichs, sondern auch noch die römische und griechische Geschichte aufnehmen, was «zu unserer Absicht» allerdings nicht «notwendig ist», denn wir können die historische Entstehung der Revolution auch bei weit beschränkterem Material ebenso gut begreifen. Wir gehen daher in der Materialaufnahme zu einem Traum so weit, als es uns nötig erscheint, um einen verwertbaren Sinn aus dem Traum gewinnen zu können.

Die Materialaufnahme liegt außerhalb der Willkür des Forschers bis auf die erwähnte arbiträre Beschränkung. Das aufgenommene Material muß nun einem Sichtungsprozeß unterworfen werden, und zwar einer Durcharbeitung, deren Prinzip man in jeder Durcharbeitung eines historischen oder sonstigen erfahrungswissenschaftlichen Materials verwendet. Es handelt sich um eine im wesentlichen *vergleichende Methode,* welche natürlich nicht automatisch arbeitet, sondern zu einem guten Teile vom Geschick des Forschers und seiner Absicht abhängt.

Wenn ein psychologisches Faktum erklärt werden soll, so ist daran zu erinnern, daß das Psychologische eine doppelte Betrachtungsweise erfordert, nämlich die *kausale* und die *finale.* Ich spreche absichtlich von final, um eine Konfusion mit dem Begriff des *Teleologischen* zu vermeiden. Mit Finalität möchte ich bloß die immanente psychologische Zielstrebigkeit bezeichnen. Statt «Zielstrebigkeit» ließe sich auch sagen *«Zwecksinn»*. Allen psychologischen Phänomenen wohnt ein solcher Sinn inne, auch den bloß reaktiven Phänomenen, wie z. B. den emotionalen Reaktionen. Der Zorn über eine zugefügte Beleidigung hat den Zwecksinn in der Rache, eine zur Schau getragene Trauer hat den Zwecksinn der Erregung des Mitleids bei den andern.

Insofern wir auf das zum Traume aufgenommene Material eine kausale Betrachtungsweise anwenden, reduzieren wir den manifesten Trauminhalt auf gewisse durch das Material dargestellte Grundtendenzen oder Grundgedanken. Als solche sind diese naturgemäß von elementarer und allgemeiner Natur.

2. Vgl. Einleitung zu *Die Logik.*

Ein junger Patient träumt zum Beispiel: Ich stehe in einem fremden Garten und pflücke von einem Baume einen Apfel. Ich schaue mich vorsichtig um, ob mich auch niemand sieht.

Das Traummaterial ist eine Erinnerung daran, wie er einmal als Junge in einem fremden Garten ein paar Birnen unerlaubterweise pflückte. Das Gefühl des bösen Gewissens, das im Traume besonders hervorgehoben ist, erinnert ihn an eine Situation des Vortages. Er traf eine ihm bekannte, aber sonst gleichgültige junge Dame auf der Straße und wechselte mit ihr einige Worte. In dem Moment kam ein ihm bekannter Herr vorüber, da befiel ihn plötzlich ein merkwürdiges Gefühl der Verlegenheit, etwa wie wenn er ein böses Gewissen hätte. Zu Apfel fällt ihm die Paradiesszene ein und die Tatsache, daß er eigentlich nie verstanden hat, warum das unerlaubte Essen des Apfels so schlimme Folgen für die Ureltern haben konnte. Er habe sich über die damalige Ungerechtigkeit Gottes immer geärgert, denn Gott habe die Menschen doch so geschaffen, wie sie sind, mit all ihrer Neugierde und Begehrlichkeit.

Weiter falle ihm sein Vater ein, der ihn auch manchmal für gewisse Dinge unbegreiflicherweise gestraft habe. Am ärgsten sei er gestraft worden, als er einmal dabei ertappt wurde, als er die Mädchen beim Baden heimlich beobachtete. Daran schließt sich das Geständnis, daß er jüngst einen noch nicht bis zum natürlichen Ende durchgeführten Liebeshandel mit einem Zimmermädchen angefangen hat. Am Vorabend des Traumes hatte er mit ihr ein Rendezvous.

Wenn wir dieses Material überblicken, so sehen wir, daß der Traum eine sehr durchsichtige Beziehung hat zum Ereignis des Vortages. Die Apfelszene zeigt durch das mit ihr assoziativ verbundene Material, daß sie offenbar als erotische Szene gemeint ist. Es dürfte ja auch aus allen möglichen andern Gründen als überaus wahrscheinlich angesehen werden, daß dieses Erlebnis des Vortages bis in die Träume weiter wirkt. Im Traume pflückt der junge Mann den paradiesischen Apfel, den er nämlich in Wirklichkeit noch nicht gepflückt hat. Das übrige zum Traum assoziierte Material beschäftigt sich mit einem andern Ereignis des Vortages, nämlich mit dem eigentümlichen Gefühl von *bösem Gewissen,* das den Träumer befiel, als er mit der ihm gleichgültigen jungen Dame sprach, sodann mit dem Sündenfall im Paradies und zuletzt mit einer erotischen Sünde seiner Kindheit, für die er vom

Vater streng bestraft worden war. Diese Assoziationen bewegen sich auf der Linie der *Schuld.*

Wir wollen zunächst die kausale Betrachtungsweise FREUDS auf das gegebene Material anwenden, d. h. wir wollen diesen Traum, wie FREUD sich ausdrückt, «deuten». Vom Vortage des Traumes bleibt ein unerledigter Wunsch übrig. Dieser Wunsch wird im Traum unter dem *Symbol* der Apfelszene erfüllt. Warum erfolgt nun diese Erfüllung verhüllt, d. h. in einem symbolischen Bilde, statt in einem klaren sexuellen Gedanken? FREUD verweist auf das in diesem Material unverkennbare Moment der Schuld und sagt: Die von Kindheit an dem jungen Manne aufgedrängte Moralität, welche derartige Wünsche zu unterdrücken sucht, ist es, welche dem natürlichen Begehren den Stempel des Peinlichen und Unverträglichen aufdrückt. Daher könne sich der verdrängte peinliche Gedanke nur *«symbolisch»* durchsetzen. Weil diese Gedanken mit dem moralischen Bewußtseinsinhalt unverträglich sind, so sorgt eine von FREUD angenommene psychische Instanz, die er als *Zensur* bezeichnet, dafür, daß dieser Wunsch nicht unverhüllt ins Bewußtsein übertritt.

Die finale Betrachtungsweise des Traumes, welche ich der FREUDschen Anschauung gegenüberstelle, bedeutet, wie ich ausdrücklich feststellen möchte, nicht eine Leugnung der causae des Traumes, wohl aber eine andere Interpretation der zum Traum gesammelten Materialien. Die Tatsachen, nämlich eben die Materialien, bleiben dieselben, aber der Maßstab, mit dem sie gemessen werden, ist ein anderer. Die Frage läßt sich einfach folgendermaßen formulieren: Wozu dient dieser Traum? Was soll er bewirken? Diese Fragestellung ist insofern nicht willkürlich, als man sie auf alle psychischen Tätigkeiten anwenden kann. Man kann überall nach dem Warum und dem Wozu fragen, weil jedes organische Gebilde aus einem komplizierten Aufbau zweckmäßiger Funktionen besteht und jede Funktion auch in eine Reihe von zweckmäßig orientierten Einzeltatsachen aufzulösen ist.

Es ist klar, daß zu dem erotischen Erlebnis des Vortages durch den Traum ein Material beigebracht wird, welches in erster Linie das Moment der Schuld im erotischen Handeln betont. Die gleiche Assoziation hat sich schon in jenem andern Erlebnis des Vortages, nämlich beim Zusammentreffen mit der indifferenten Dame, als wirksam erwiesen, indem auch dort das Gefühl des bösen Gewissens sich automatisch und überraschenderweise dazugesellt hat, etwa wie wenn der junge Mann auch dort etwas Unrechtes getan hätte. Auch dieses Erlebnis spielt in den Traum hinein und wird dort noch durch die Assoziation weiteren entsprechenden Materiales verstärkt, indem das erotische Erlebnis des Vortages etwa in der Form des paradiesischen Sündenfalles, der so hart bestraft wurde, dargestellt wird.

Ich sage nun: es sei eine dem Träumer unbewußte Neigung oder *Tendenz* vorhanden, *sein erotisches Erleben ihm als Schuld darzustellen.* Charakteristischerweise erfolgt im Traum die Assoziation des Sündenfalles, von dem der junge Mann auch nie begriffen hat, warum er so drakonisch bestraft wurde. Diese Assoziation wirft ein Licht auf die Gründe, warum der Träumer nicht einfach gedacht hat: «Es ist nicht recht, was ich tue.» Offenbar weiß er es nicht, daß er sein erotisches Handeln auch als moralisch unrichtig verwerfen könnte. Dies ist tatsächlich der Fall. Er glaubt bewußt, daß sein Verhalten moralisch ganz indifferent sei, indem alle seine Freunde ja dasselbe täten, und er auch aus sonstigen Gründen durchaus nicht begreifen könne, warum man daraus ein Aufhebens mache.

Ob man nun diesen Traum als sinnreich oder sinnlos anzusehen hat, liegt an einer sehr beträchtlichen Frage, ob nämlich der Standpunkt der seit alters überlieferten Moralität sinnreich sei oder sinnlos. Ich will mich nicht in eine philosophische Diskussion über diese Frage verirren, sondern bloß bemerken, daß die Menschheit offenbar sehr gute Gründe hatte, diese Moral zu erfinden, sonst wäre wahrhaftig nicht einzusehen, warum sie einem stärksten Begehren Schranken entgegengesetzt hat. Wenn wir diese Tatsache würdigen, so müssen wir diesen Traum als sinnreich erklären, indem er nämlich dem jungen Manne eine gewisse Notwendigkeit vor Augen führt, sein erotisches Handeln einmal unter dem Gesichtspunkt der Moral ins Auge zu fassen. Schon Stämme auf ganz primitiver Stufe haben zum Teil eine außerordentlich strenge Sexualgesetzgebung. Diese Tatsache beweist, daß speziell die Sexualmoral ein nicht zu unterschätzender Faktor in der höheren seelischen Funktion ist, weshalb er voll in Rechnung gestellt zu werden verdient. Es wäre also in diesem Fall zu sagen, daß der junge Mann etwas gedankenlos, hypnotisiert von dem Beispiel seiner Freunde, seinem erotischen Begehren folgt, uneingedenk der Tatsache, daß der Mensch auch ein moralisch verantwortliches Wesen ist, indem er ja selber die Moral erschaffen hat und freiwillig oder widerwillig sich seiner eigenen Schöpfung beugt.

Wir können in diesem Traum eine balancierende Funktion des Unbewußten erkennen, welche darin besteht, daß diejenigen Gedanken, Neigungen und Tendenzen der menschlichen Persönlichkeit, welche im bewußten Leben zu wenig zur Geltung kommen, andeutungsweise in Funktion treten im Zustande des Schlafes, wo der Bewußtseinsprozeß in hohem Maße ausgeschaltet ist.

Man kann nun allerdings die Frage aufwerfen: was soll es dem Träumer nützen, wenn er den Traum doch nicht versteht?

Ich muß darauf bemerken, daß das Verstehen kein ausschließlich intellektueller Prozeß ist, indem, wie die Erfahrung zeigt, unzählige Dinge den Menschen beeinflussen, ja sogar in höchst wirksamer Weise überzeugen können, ohne daß sie intellektuell verstanden wären. Ich erinnere bloß an die Wirksamkeit der religiösen Symbole.

Nach dem hier gegebenen Beispiel könnte man leicht auf den Gedanken kommen, die Funktion der Träume sei direkt als eine «moralische» zu verstehen. Es sieht zwar in dem vorhin gegebenen Beispiel so aus, aber wenn wir uns der Formel erinnern, nach der die Träume die jeweils subliminalen Materialien enthalten, dann können wir nicht mehr von einer «moralischen» Funktion schlechthin reden. Es ist nämlich zu bemerken, daß die Träume von solchen Menschen, die moralisch unanfechtbar handeln, Materialien zu Tage fördern, welche als «unmoralisch» im landläufigen Sinne bezeichnet werden müssen. So ist es charakteristisch, wenn der heilige AUGUSTIN froh war, Gott gegenüber für seine Träume nicht verantwortlich zu sein. Das Unbewußte ist das jeweils nicht Gewußte, daher es nicht erstaunlich ist, daß der Traum zu der jeweiligen bewußten psychologischen Situation alle diejenigen Aspekte beibringt, die für einen total verschiedenen Standpunkt der Betrachtung wesentlich wären. Es ist ersichtlich, daß diese Funktion des Traumes eine psychologische Balancierung bedeutet, eine Ausgleichung, die zum geordneten Handeln unbedingt erforderlich ist. Wie es im bewußten Überlegungsprozeß unerläßlich ist, daß wir uns möglichst alle Seiten und Konsequenzen eines Problems klar machen, um die richtige Lösung zu finden, so setzt sich dieser Prozeß auch automatisch in den mehr oder weniger bewußtlosen Schlafzustand fort, wo, wie es nach den bisherigen Erfahrungen scheint, all diejenigen Gesichtspunkte, wenigstens andeutungsweise, dem Träumenden einfallen, welche am Tage ungenügend oder gar nicht gewürdigt wurden, d. h. relativ unbewußt waren.

Was nun den viel diskutierten *Symbolismus* der Träume betrifft, so ist seine Bewertung eine sehr verschiedene, je nachdem er von dem kausalen oder finalen Standpunkt aus betrachtet wird. FREUDS kausale Betrachtungsweise geht vom Begehren aus, d. h. vom *verdrängten Traumwunsch.* Dieses Begehren ist immer ein relativ einfaches und elementares, das sich hinter mannigfaltigen Hüllen verbergen kann. So könnte z. B. der junge Mann im vorhin gegebenen Beispiel ebensogut geträumt haben, er habe mit einem Schlüssel eine Türe zu öffnen, er fahre mit einem Aeroplan, er küsse seine Mutter etc. Es könnte von diesem Standpunkt aus alles dieselbe Bedeutung haben. Auf diesem Wege ist die *engere* FREUDsche Schule dazu gelangt, um ein krasses Beispiel zu geben, so ziemlich alle länglichen Gegenstände im Traum als phallische und alle runden oder hohlen Gegenstände als weibliche Symbole zu erklären.

Für die finale Betrachtungsweise haben die Bilder des Traumes den ihnen eigentümlichen Wert. Wenn z. B. der junge Mann statt der Apfelszene geträumt hätte, er habe mit einem Schlüssel eine Türe zu öffnen, so wäre wohl entsprechend dem veränderten Traumbild ein wesentlich anderes Assoziationsmaterial herausgekommen, welches die bewußte Situation in einer andern Weise ergänzt hätte, als das Material zur Apfelszene. Für diesen Standpunkt liegt das Sinnreiche gerade in der Verschiedenheit der symbolischen Ausdrücke im Traume und nicht in deren *Eindeutigkeit.* Die kausale Betrachtungsweise tendiert, ihrer Natur entsprechend, zur Eindeutigkeit, d. h. zu festen Symbolbedeutungen. Die finale Betrachtungsweise dagegen sieht im veränderten Traumbild den Ausdruck einer veränderten psychologischen Situation. Sie kennt keine festen Symbolbedeutungen. Von ihrem Standpunkt aus sind die Traumbilder an sich wichtig, indem sie nämlich in sich selber die Bedeutung tragen, um derentwillen sie im Traum überhaupt auftreten. Wenn wir beim vorhin gegebenen Beispiel bleiben, so sehen wir, daß vom finalen Standpunkt aus das Symbol im Traume mehr den Wert einer Parabel hat; es verhüllt nicht, sondern es lehrt. Die Apfelszene erinnert deutlich an das Moment der Schuld, zugleich verhüllt sie die Tat der ersten Eltern.

Je nach dem Standpunkt der Betrachtungsweise gelangen wir, wie ersichtlich, zu sehr verschiedenen Auffassungen des Traumsinnes. Es fragt sich nun, welche Auffassung die bessere oder richtigere sei. Daß wir überhaupt eine Auffassung vom Traumsinn haben müssen, das ist für uns Therapeuten zunächst eine praktische und keine theoretische Notwendigkeit. Wenn wir unsere Patienten behandeln wollen, so müssen wir uns aus ganz konkreten Gründen der Mittel zu bemächtigen suchen, welche uns in den Stand setzen, den Kranken wirksam zu erziehen. Es dürfte aus dem oben gegebenen Beispiel ohne weiteres ersichtlich sein, daß die Materialaufnahme zu dem Traum eine Frage aufgerollt hat, welche geeignet ist, dem jungen Manne über vieles die Augen zu öffnen, über das er vorher gedankenlos hinweggegangen ist. Indem er aber darüber hinwegging, ging er über sich selber weg, denn er besitzt eine moralische Kritik und ein moralisches Bedürfnis wie irgendein anderer Mensch. Wenn er also ohne Berücksichtigung dieses Umstandes zu leben versucht, so lebt er einseitig und unvollständig, sozusagen inkoordiniert, was für das psychologische Leben dieselben Folgen hat, wie eine einseitige und unvollständige Diät für den Körper. Um eine Individualität zu ihrer Vollständigkeit und Selbständigkeit zu erziehen, bedürfen wir der Assimilation aller derjenigen Funktionen, die bisher zu wenig oder gar nicht zur bewußten Entfaltung gelangt sind. Um dieses Ziel zu erreichen, müssen wir aus therapeutischen Gründen auf alle jene unbewußten Aspekte der Dinge, die uns die Traummaterialien beibringen, eintreten. Es ist daher leicht ersichtlich, daß gerade die finale Betrachtungsweise der praktischen Individualerziehung eine große Hilfe bedeutet.

Dem naturwissenschaftlichen Geiste unserer Zeit, der streng kausalistisch denkt, liegt die kausale Betrachtung viel mehr. In Hinsicht einer naturwissenschaftlichen Erklärung der Traumpsychologie dürfte daher die FREUDsche kausale Betrachtungsweise außerordentlich viel für sich haben. Aber ich muß ihre Vollständigkeit bestreiten, denn die Psyche ist nicht bloß kausal zu erfassen, sondern erfordert auch eine finale Betrachtung. Erst eine Vereinigung beider Gesichtspunkte, die heutzutage wegen vorhandener enormer Schwierigkeiten theoretischer wie praktischer Natur in wissenschaftlich befriedigender Weise noch nicht vollzogen ist, vermag uns eine vollkommenere Auffassung vom Wesen des Traumes zu geben.

Ich möchte nun noch einige weitere Probleme der Traumpsychologie, die von der allgemeinen Erörterung des Traumproblems abseits liegen, kurz behandeln. Zunächst die Frage der *Klassifikation der Träume:* Ich möchte die praktische sowie theoretische Bedeutung dieser Frage nicht zu hoch einschätzen. Ich habe jährlich ein Material von 1500 bis 2000 Träumen zu bearbeiten, und ich konnte bei dieser Erfahrung konstatieren, daß es tatsächlich typische Träume gibt. Sie sind aber nicht zu häufig, und sie verlieren unter der finalen Betrachtungsweise viel von der Wichtigkeit, die sie hinsichtlich der feststehenden Symbolbedeutung für die kausale Auffassung haben. Die *typischen Motive* in den Träumen scheinen mir von größerer Wichtigkeit zu sein, indem sie nämlich eine Vergleichung mit den mythologischen Motiven erlauben. Viele von jenen mythologischen Motiven, um deren Aufstellung sich namentlich FROBENIUS außerordentliche Verdienste erworben hat, finden sich auch in den Träumen vieler Menschen, oft genau mit derselben Bedeutung. Der beschränkte Raum erlaubt es mir leider nicht, darüber ausführliche Materialien vorzulegen. Es ist dies andernorts geschehen. Ich muß aber hervorheben, daß die Vergleichung der typischen Traummotive mit den mythologischen Motiven den Gedanken nahe legt, das Traumdenken, wie es schon NIETZSCHE tat, als eine phylogenetisch ältere Art des Denkens aufzufassen. Wie das gemeint ist, mag statt vieler anderer Beispiele das vorhin erwähnte Traumbeispiel zeigen. Wie erinnerlich, brachte jener Traum die Apfelszene als einen typischen Repräsentanten der erotischen Schuld. Der daraus abstrahierte Gedanke würde lauten: «Ich tue Unrecht, indem ich so handle». Charakteristischerweise drückt sich der Traum fast nie in dieser logisch abstrakten Weise aus, sondern immer in parabolischer oder Gleichnissprache. Diese Eigentümlichkeit ist zugleich ein Charakteristikum primitiver Sprachen, deren blumenreiche Wendungen uns immer auffallen. Wenn man sich an die Denkmäler alter Literatur erinnert, z. B. an die Gleichnissprache der Bibel, so findet man, daß das, was heute durch die Abstraktion besorgt wird, damals auf dem Wege des Gleichnisses erreicht wurde. Selbst ein Philosoph wie PLATO hat es nicht verschmäht, gewisse grundlegende Ideen auf dem Gleichniswege auszudrücken.

Wie unser Körper die Spuren seiner phylogenetischen Entwicklung an sich trägt, so auch der menschliche Geist. Die Möglichkeit, daß die

Gleichnissprache unserer Träume ein archaisches Relikt ist, hat darum nichts Überraschendes.

Zugleich ist in unserem Beispiel der Apfelraub eines der typischen Traummotive, das in vielen verschiedenen Abwandlungen in vielen Träumen wiederkehrt. Ebenso ist dieses Bild ein wohlbekanntes mythologisches Motiv, das uns nicht nur in der Paradieserzählung, sondern außerdem noch in zahlreichen Mythen und Märchen aus allen Zeiten und Zonen entgegentritt. Es ist eines der allgemein menschlichen Bilder, die in jedem zu jeder Zeit autochthon wieder auftreten können. Auf diese Weise eröffnet uns die Psychologie des Traumes den Weg zu einer allgemeinen *vergleichenden Psychologie,* von der wir ein gleiches Verständnis für die Entwicklung und Struktur der menschlichen Seele erwarten, wie es die vergleichende Anatomie uns hinsichtlich des menschlichen Körpers beschert hat.

Der Traum vermittelt uns also in Gleichnissprache, d. h. in sinnlich-anschaulicher Darstellung, Gedanken, Urteile, Auffassungen, Direktiven, Tendenzen, welche aus Gründen der Verdrängung oder des bloßen Nichtwissens unbewußt waren. Weil sie Inhalt des Unbewußten sind, und weil der Traum ein Derivat der unbewußten Prozesse ist, so enthält er eben eine Darstellung der unbewußten Inhalte. Er gibt aber nicht eine Darstellung der unbewußten Inhalte überhaupt, sondern nur gewisser Inhalte, welche assoziativ angezogen und ausgewählt sind durch die momentane Bewußtseinslage. Ich halte diese Konstatierung für einen praktisch sehr wichtigen Gesichtspunkt. Wenn wir einen Traum richtig deuten wollen, so bedürfen wir einer gründlichen Kenntnis der momentanen Bewußtseinslage, denn der Traum enthält deren unbewußte Ergänzung, nämlich das Material, das durch die momentane Bewußtseinslage im Unbewußten konstelliert ist. Ohne diese Kenntnis ist es unmöglich, einen Traum hinlänglich richtig zu deuten – von Zufallstreffern natürlich abgesehen. Ich möchte zur Illustration des Gesagten ein Beispiel geben:

Es kam einmal ein Herr zu mir zu einer erstmaligen Konsultation. Er erklärte mir, daß er allerhand gelehrte Liebhabereien habe und sich auch für die Psychoanalyse literarisch interessiere. Er sei durchaus gesund und komme daher als Patient gar nicht in Betracht. Er verfolge lediglich psychologische Interessen. Er ist sehr wohlhabend und hat viel freie Zeit, um sich mit allem möglichen zu beschäftigen. Er will meine Bekanntschaft machen, um sich von mir in die theoretischen Geheimnisse der Analyse einführen zu lassen. Es müsse für mich allerdings sehr uninteressant sein, mich mit einem normalen Menschen befassen zu müssen, da «Verrückte» für mich jedenfalls interessanter seien. Er hatte mir einige Tage zuvor geschrieben und mich angefragt, wann ich ihn empfangen könne. Im Laufe der sich entspinnenden Unterhaltung kamen wir bald auf die Frage der Träume. Ich schloß daran die Frage, ob er nicht in der Nacht, bevor er zu mir kam, einen Traum gehabt hätte. Er bejahte und erzählte mir folgenden Traum:

«Ich bin in einem kahlen Zimmer, eine Art Krankenschwester empfängt mich und will mich nötigen, an einen Tisch zu sitzen, auf dem eine Flasche Kephir steht, den ich trinken sollte. Ich wollte zu Dr. Jung, aber die Krankenschwester sagte mir, ich sei in einem Spital, und Dr. Jung habe keine Zeit, mich zu empfangen.»

Es ist schon aus dem manifesten Trauminhalt ersichtlich, daß die Erwartung des Besuches bei mir das Unbewußte irgendwie konstelliert hat. Die Einfälle ergeben folgendes: zum kahlen Zimmer: «eine Art von frostigem Empfangsraum, wie in einem offiziellen Gebäude, Aufnahmezimmer in einem Spital. Ich war nie in einem Spital als Patient.» Zu Krankenschwester: «Sie sah widerwärtig aus, sie schielte. Da fällt mir eine Kartenschlägerin und Handleserin ein, die ich einmal besuchte, um mir prophezeien zu lassen. Ich war einmal krank, da hatte ich eine Diakonissin als Pflegerin.» Zu der Kephirflasche: «Kephir ist ekelhaft, Ich kann es nicht trinken. Meine Frau trinkt immer Kephir, weswegen ich sie verspotte, weil sie den Spleen hat, man müsse immer etwas für seine Gesundheit tun. Da fällt mir ein, ich war einmal in einem Sanatorium – ich war herunter in den Nerven – und mußte dort Kephir trinken.»

Ich unterbrach ihn hier mit der indiskreten Frage, ob denn seitdem seine Neurose ganz verschwunden sei. Er versuchte sich herauszuwinden, mußte aber schließlich gestehen, daß er seine Neurose immer noch habe, und daß eigentlich seine Frau ihn schon längst genötigt habe, mich einmal zu konsultieren. Er fühle sich aber gar nicht so nervös, daß er mich deshalb konsultieren müsse, er sei doch nicht verrückt, und ich würde doch bloß Verrückte behandeln. Es hätte ihn nur interessiert, meine psychologischen Theorien kennen zu lernen etc.

Aus diesem Material ist ersichtlich, wie der Patient sich die Situation zurecht gefälscht hat; es entspräche nämlich seinem Geschmack, bei mir als Philosoph und Psychologe aufzutreten und die Tatsache seiner Neurose im Hintergrund verschwinden zu lassen. Der Traum erinnert ihn aber in sehr unangenehmer Weise daran und zwingt ihn zur Wahrheit. Er muß diesen bitteren Trank schlucken. Die Kartenschlägerin deckt die Art auf, in der er sich meine Tätigkeit eigentlich vorgestellt hat. Wie ihm der Traum zeigt, muß er sich erst einer Behandlung unterwerfen, bevor er zu mir gelangen kann.

Der Traum rektifiziert die Situation. Er bringt das bei, was auch noch dazu gehört und verbessert dadurch die Einstellung. Dies ist der Grund, warum wir bei unserer Therapie der Traumanalyse bedürfen.

Ich möchte mit diesem Beispiel allerdings nicht den Eindruck erwecken, als ob alle Träume so einfach wären wie dieser, oder als ob alle Träume diesen selben Typus hätten. Meines Erachtens sind zwar alle Träume kompensatorisch zum Bewußtseinsinhalt, aber lange nicht in allen Träumen tritt die kompensierende Funktion so deutlich zu Tage, wie in diesem Beispiel. Obschon der Traum mit beiträgt zur psychologischen Selbststeuerung, indem er automatisch alles Verdrängte und nicht Beachtete oder nicht Gewußte herbeibringt, so ist seine kompensatorische Bedeutung doch oft nicht ohne weiteres klar, weil wir noch über eine sehr unvollkommene Erkenntnis vom Wesen und von den Bedürfnissen der menschlichen Seele verfügen. Es gibt aber psychologische Kompensationen, die anscheinend weit weg liegen. In diesen Fällen muß man sich immer daran erinnern, daß jeder Mensch in gewissem Sinne die ganze Menschheit und ihre Geschichte repräsentiert. Und was in der Geschichte der Menschheit im Großen möglich war, ist im Kleinen auch in jedem Einzelnen möglich. Wessen die Menschheit bedurfte, bedarf gegebenenfalls auch der Einzelne. Es ist daher nicht erstaunlich, daß in den Träumen religiöse Kompensationen eine große Rolle spielen. Daß dies gerade in unserer Zeit vielleicht in vermehrtem Maße der Fall ist, ist eine natürliche Folge des vorherrschenden Materialismus unserer Weltanschauung.

Daß aber die kompensatorische Bedeutung der Träume weder eine neue Erfindung, noch eine künstliche, durch Interpretationsabsicht erzeugte Erscheinung ist, geht aus einem alten, wohlbekannten Traumbeispiel hervor, das sich im vierten Kapitel des Propheten Daniel

(7–13) findet: Als Nebukadnezar auf der Höhe seiner Macht stand, hatte er folgenden Traum:

> 7. ... siehe, ein Baum stand mitten auf der Erde; der war sehr hoch. 8. Der Baum wuchs und wurde stark, sein Wipfel reichte bis an den Himmel, seine Krone bis ans Ende der ganzen Erde. 9. Sein Laubwerk war schön, und er trug Früchte die Fülle, Nahrung für alle war an ihm. Unter ihm fanden Schatten die Tiere des Feldes, in seinen Zweigen wohnten die Vögel des Himmels, und von ihm nährte sich alles Lebende. 10. Dann sah ich in den Gesichten, die mir auf meinem Lager vor Augen traten, wie ein Wächter, ein Heiliger vom Himmel herabstieg. 11. Er rief mit mächtiger Stimme und gebot: Hauet den Baum um und schneidet seine Zweige ab, schlagt sein Laub herunter und zerstreut seine Früchte! Das Getier fliehe unter ihm weg und die Vögel aus seinen Zweigen! 12. Doch seinen Wurzelstock laßt in der Erde, in Banden von Eisen und Erz, im Grün des Feldes; vom Tau des Himmels soll er benetzt werden und mit dem Getier teilhaben an den Kräutern der Erde. 13. Sein Menschenherz soll ihm genommen und ein Tierherz soll ihm gegeben werden, und sieben Zeiten sollen über ihn dahingehen.

Im zweiten Teil des Traumes personifiziert sich der Baum, sodaß man leicht sieht, daß der große Baum der träumende König selbst ist. Daniel deutet den Traum auch dementsprechend. Sein Sinn ist unmißverständlich eine versuchsweise Kompensation des Cäsarenwahnsinns, der dann nach dem Bericht in eine richtige Geistesstörung übergegangen ist. Die Auffassung des Traumprozesses als eines kompensatorischen Vorganges dürfte meines Erachtens dem Wesen des biologischen Prozesses überhaupt entsprechen. FREUDS Auffassung bewegt sich in derselben Richtung, indem sie dem Traume ebenfalls eine kompensatorische Rolle zuschreibt, nämlich hinsichtlich der Erhaltung des Schlafes. Es gibt, wie FREUD gezeigt hat, viele Träume, welche dartun, wie gewisse äußere Reize, die geeignet sind, den Träumer dem Schlafe zu entreißen, in einer Weise entstellt werden, daß sie der Absicht des Schlafenwollens resp. des Nichtgestörtseinwollens förderlich sind. Ebenso gibt es zahllose Träume, in denen, wie FREUD wiederum zeigen konnte, intrapsychische Störungsreize, wie das Auftreten von persönlichen Vorstellungen, die geeignet wären, stärkere affektive Reaktionen auszulösen, in einer solchen Weise entstellt werden, daß sie sich einem Traumzusammenhange einfügen, der dann die peinlichen Vorstellungen in einem Maße verhüllt, daß eine stärkere Affektbetonung verunmöglicht (und der Schlaf gewahrt) wird.

Demgegenüber darf aber die Tatsache nicht übersehen werden, daß es *eben gerade die Träume sind, welche den Schlaf am meisten stören,* daß es sogar Träume gibt – und zwar nicht wenige –, deren dramatisches Gefüge sozusagen logisch auf eine höchst affektvolle Situation hinzielt und sie auch dermaßen vollständig erzeugt, daß der Affekt den Träumer unbedingt weckt. Die FREUDsche Auffassung erklärt solche Träume damit, daß es der Zensur nicht mehr gelungen sei, den peinlichen Affekt zu unterdrücken. Es scheint mir, daß diese Erklärung den Tatsachen nicht gerecht wird. Jene Fälle, wo die Träume sich manifest mit den peinlichen Erlebnissen oder Vorstellungsinhalten des Taglebens in der unangenehmsten Weise beschäftigen und gerade die am meisten störenden Gedanken in peinlichster Deutlichkeit zur Darstellung bringen, sind allbekannt. Es wäre meines Erachtens ungerechtfertigt, hier von einer schlafbewahrenden, affektverhüllenden Funktion des Traumes zu reden. Man müßte in diesen Fällen die Wirklichkeit geradezu umkehren, um darin eine Bestätigung der vorhin erwähnten Auffassung herauszulesen. Dasselbe gilt auch von jenen Fällen, wo verdrängte Sexualphantasien unverhüllt im manifesten Trauminhalt auftreten.

Ich bin daher zur Ansicht gekommen, daß die FREUDsche Auffassung, die Träume hätten wesentlich wunscherfüllende und schlafbewahrende Funktion, *zu eng* ist, wenn schon der Grundgedanke einer biologischen kompensierenden Funktion sicher richtig ist. Diese kompensierende Funktion hat nur in beschränktem Maße mit dem Schlafzustand selber zu tun, ihre Hauptbedeutung aber bezieht sich auf das bewußte Leben. *Die Träume verhalten sich kompensatorisch zur jeweiligen Bewußtseinslage.* Sie erhalten, wenn möglich, den Schlaf, d. h. sie tun es notgedrungen und automatisch unter dem Einfluß des Schlafzustandes, durchbrechen ihn aber auch, wenn ihre Funktion es erfordert, d. h. wenn die kompensatorischen Inhalte so intensiv sind, daß sie den Schlaf aufzuheben vermögen. Ein kompensatorischer Inhalt ist besonders intensiv, wenn er eine vitale Bedeutung für die bewußte Orientierung hat.

Ich habe schon 1906 auf die kompensatorischen Beziehungen zwischen dem Bewußtsein und den abgespaltenen Komplexen hingewiesen und deren Zweckmäßigkeitscharakter auch hervorgehoben [3]. Ebenso hat dies FLOURNOY getan, unabhängig von meinen Ansichten [4]. Aus diesen Beobachtungen geht die Möglichkeit von zweckorientierten unbewußten Impulsen hervor. Es ist aber hervorzuheben, daß die finale Orientierung des Unbewußten keineswegs mit den bewußten Absichten parallel geht; in der Regel kontrastiert der unbewußte Inhalt sogar mit dem Bewußtseinsinhalt, was besonders dann der Fall ist, wenn die bewußte Einstellung sich zu ausschließlich in einer bestimmten Richtung bewegt, welche den vitalen Notwendigkeiten des Individuums gefährlich zu werden droht. Je einseitiger und je weiter wegführend vom Optimum der Lebensmöglichkeit die bewußte Einstellung ist, desto eher ist die Möglichkeit vorhanden, daß lebhafte Träume von stark kontrastierendem, aber zweckmäßig kompensierendem Inhalt als Ausdruck der psychologischen Selbststeuerung des Individuums auftreten. So wie der Körper ebenfalls in zweckmäßiger Weise auf Verletzungen oder Infektionen oder abnorme Lebensweise reagiert, so reagieren auch die psychischen Funktionen auf unnatürliche oder gefährdende Störungen mit zweckmäßigen Abwehrmitteln. Zu diesen zweckmäßigen Reaktionen gehört meines Erachtens der Traum, indem er zu einer gegebenen Bewußtseinslage das unbewußte, dazu konstellierte Material in einer symbolischen Kombination dem Bewußtsein zuführt. In diesem unbewußten Material finden sich alle diejenigen Assoziationen, die um ihrer schwachen Betonung willen unbewußt blieben, die aber doch soviel Energie besitzen, um sich im Schlafzustande bemerkbar zu machen. Natürlich ist die Zweckmäßigkeit des Trauminhaltes nicht dem manifesten Trauminhalt ohne weiteres schon von außen anzusehen, sondern es bedarf der Analyse des manifesten Trauminhaltes, um zu den eigentlich kompensatorischen Faktoren des latenten Trauminhaltes zu gelangen. Von dieser wenig offenkundigen, sozusagen indirekten Natur sind aber die meisten körperlichen Abwehrerscheinungen, deren zweckmäßige Natur auch erst durch vertiefte Erfahrung und genaue Unter-

3. Vgl. *Über die Psychologie der Dementia praecox.* 1907.
4. FLOURNOY, *Automatisme téléologique.* In: *Archives de Psychologie.* VII. 1908, p. 113.

suchung erkannt worden ist. Ich erinnere an die Bedeutung des Fiebers und an die Eiterungsvorgänge in einer infizierten Wunde.

Der Umstand, daß die kompensierenden psychischen Vorgänge fast immer von sehr individueller Natur sind, erschwert den Nachweis ihres kompensatorischen Charakters ganz beträchtlich. Da es sich in der Regel um individuelle Vorgänge handelt, so ist es, gerade für den Anfänger auf diesem Gebiete, oft schwierig einzusehen, inwiefern ein Trauminhalt kompensatorische Bedeutung hat. Man wäre z. B. geneigt anzunehmen, nach der Kompensationstheorie müßte jemand, der eine zu pessimistische Einstellung zum Leben hat, sehr heitere und optimistische Träume haben. Diese Erwartung trifft aber nur zu bei einem Menschen, der sich durch diese Art einer gewissen Aufmunterung in günstigem Sinne anregen läßt. Wenn er aber eine etwas andere Natur hat, dann haben die Träume zweckmäßigerweise einen noch viel schwärzeren Charakter als seine bewußte Einstellung. Sie können dann das Prinzip similia similibus curantur befolgen.

Es ist also nicht leicht, irgendwelche spezielle Regeln für die Art der Traumkompensation aufzustellen. Der Charakter der Kompensation hängt jeweils innigst zusammen mit dem ganzen Wesen des Individuums. Die Möglichkeiten der Kompensation sind zahllos und unerschöpflich, obschon mit steigender Erfahrung sich gewisse Grundzüge allmählich herauskristallisieren werden.

Mit der Aufstellung einer Kompensationstheorie möchte ich allerdings nicht zugleich behaupten, daß dies die einzig mögliche Theorie des Traumes sei oder daß damit *alle* Erscheinungen des Traumlebens vollständig erklärt seien. Der Traum ist ein außerordentlich komplexes Phänomen, genau so kompliziert und unergründlich wie die Phänomene des Bewußtseins. Ebenso wenig, wie es angebracht wäre, die Bewußtseinsphänomene alle unter dem Gesichtswinkel der Wunscherfüllungs- oder Triebtheorie verstehen zu wollen, ist es wahrscheinlich, daß die Traumphänomene sich so einfach erklären ließen. Aber auch ebensowenig dürfen wir die Traumphänomene als bloß kompensatorisch und sekundär zum Bewußtseinsinhalt ansehen, obschon, nach der allgemeinen Ansicht, das Bewußtseinsleben für die Existenz des Individuums von ungleich größerer Bedeutung ist als das Unbewußte. Diese allgemeine Ansicht dürfte aber noch zu revidieren sein, denn mit steigender Erfahrung wird sich auch die Einsicht vertiefen, daß die Funktion des

Unbewußten im Leben der Psyche von einer Wichtigkeit ist, von der wir vielleicht jetzt noch eine zu geringe Meinung haben. Es ist gerade die analytische Erfahrung, welche in steigendem Maße Einflüsse des Unbewußten auf das bewußte Seelenleben aufdeckt – Einflüsse, deren Existenz und Bedeutung die bisherige Erfahrung übersah. Nach meiner Ansicht, die sich auf eine langjährige Erfahrung und zahlreiche Untersuchungen gründet, ist die Bedeutung des Unbewußten für die Gesamtleistung der Psyche wahrscheinlich ebenso groß wie die des Bewußtseins. Sollte diese Ansicht richtig sein, dann dürfte nicht bloß die Funktion des Unbewußten als kompensatorisch und relativ zum Bewußtseinsinhalt betrachtet werden, sondern auch der Bewußtseinsinhalt als relativ zum momentan konstellierten unbewußten Inhalt. In diesem Falle wäre dann die aktive Orientierung nach Zweck und Absicht nicht nur ein Vorrecht des Bewußtseins, sondern würde auch vom Unbewußten gelten, sodaß also das Unbewußte auch imstande wäre, so gut wie das Bewußtsein, eine final orientierte Führung zu übernehmen. Dementsprechend hätte dann der Traum vorkommenden Falles den Wert einer positiv leitenden Idee oder einer Zielvorstellung, die dem momentan konstellierten Bewußtseinsinhalt an vitaler Bedeutung überlegen wäre. Mit dieser meines Erachtens vorhandenen Möglichkeit kommt der consensus gentium überein, indem der Aberglaube aller Zeiten und Völker den Traum als wahrheitskündendes Orakel betrachtet. Wenn man von Übertreibung und Ausschließlichkeit absieht, so bleibt von dergleichen allgemein verbreiteten Vorstellungen immer ein Körnchen Wahrheit zurück. MAEDER hat die prospektiv-finale Bedeutung des Traumes energisch hervorgehoben im Sinne einer zweckmäßigen unbewußten Funktion, welche die Lösung aktueller Konflikte und Probleme vorbereitend übt und durch tastend gewählte Symbole darzustellen sucht[5].

Ich möchte die prospektive Funktion des Traumes unterscheiden von seiner kompensatorischen Funktion. Letztere bedeutet zunächst, daß das Unbewußte, als relativ zum Bewußten betrachtet, der Bewußtseinslage alle diejenigen Elemente angliedert, die am Vortage unterschwellig

5. Vgl. A. MAEDER, *Sur le mouvement psychoanalytique.* In: L'*Année psychologique.* XVIII. 1912. p. 389 ff.; *Über die Funktion des Traumes.* In: *Jahrbuch für psychoanalytische und psychopathologische Forschungen.* IV. 1912, p. 692 ff.; *Über das Traumproblem.* l. c., V. 1913, p. 647 ff.

geblieben sind, und zwar aus Gründen der Verdrängung sowohl wie auch aus dem Grunde, daß sie einfach zu schwach waren, als daß sie das Bewußtsein hätten erreichen können. Die Kompensation ist, im Sinne der Selbststeuerung des psychischen Organismus, als *zweckmäßig* zu bezeichnen.

Die prospektive Funktion dagegen ist eine im Unbewußten auftretende Antizipation zukünftiger bewußter Leistungen, etwa wie eine Vorübung oder wie eine Vorausskizzierung, ein im voraus entworfener Plan. Sein symbolischer Inhalt ist gelegentlich der Entwurf einer Konfliktlösung, wofür MAEDER treffende Belege gibt. Die Tatsächlichkeit solcher prospektiver Träume ist nicht zu leugnen. Es wäre ungerechtfertigt, sie prophetisch zu nennen, indem sie im Grunde genommen ebensowenig prophetisch sind wie eine Krankheits- oder Wetterprognose. Es handelt sich bloß um eine Vorauskombinierung der Wahrscheinlichkeiten, die gegebenenfalls allerdings mit dem wirklichen Verhalten der Dinge auch zusammentreffen kann, aber nicht notwendigerweise zusammentreffen und in allen Einzelheiten übereinstimmen muß. Nur in diesem letzteren Falle dürfte man von Prophetie sprechen. Daß die prospektive Funktion des Traumes der bewußten Vorauskombinierung gelegentlich bedeutend überlegen ist, ist insofern nicht erstaunlich, als der Traum aus der Verschmelzung unterschwelliger Elemente hervorgeht, also eine Kombination aller derjenigen Wahrnehmungen, Gedanken und Gefühle ist, welche dem Bewußtsein, um ihrer schwachen Betonung willen, entgangen sind. Außerdem kommen dem Traum noch die unterschwelligen Erinnerungsspuren zu Hilfe, welche das Bewußtsein nicht mehr wirksam zu beeinflussen vermögen. Hinsichtlich der Prognosenstellung ist daher der Traum gelegentlich in einer viel günstigeren Lage als das Bewußtsein.

Obschon meines Erachtens die prospektive Funktion eine wesentliche Eigenschaft des Traumes ist, so tut man doch gut daran, diese Funktion nicht zu überschätzen, da man sonst leicht der Meinung verfällt, der Traum sei eine Art von Psychopompos, der aus überlegener Kenntnis heraus dem Leben eine untrügliche Richtung zu verleihen imstande sei. So sehr man auf der einen Seite die psychologische Bedeutung des Traumes unterschätzt, so groß ist auch die Gefahr für den, der sich viel mit Traumanalyse beschäftigt, daß er das Unbewußte in seiner Bedeutung für das reale Leben überschätzt. Wir haben aber, aus allen bisherigen Erfahrungen heraus, ein Recht anzunehmen, daß die Bedeutung des Unbewußten der des Bewußtseins annähernd gleichkomme. Es gibt zweifellos bewußte Einstellungen, die vom Unbewußten überragt werden, d. h. bewußte Einstellungen, die dem Wesen der Individualität als Ganzem dermaßen schlecht angepaßt sind, daß die unbewußte Einstellung oder Konstellation einen ungleich besseren Ausdruck dafür darstellt. Dies ist aber lange nicht immer der Fall. Sehr häufig ist es sogar so, daß der Traum bloß Fragmente zur bewußten Einstellung beiträgt, weil eben in diesem Fall die bewußte Einstellung einerseits bereits in fast genügendem Maße der Realität angepaßt ist und andererseits auch dem Wesen des Individuums annähernd Genüge tut. Eine mehr oder weniger ausschließliche Berücksichtigung des Traumstandpunktes unter Übergehung der Bewußtseinslage wäre in diesem Falle schlecht angebracht und nur geeignet, die bewußte Leistung zu verwirren und zu zerstören. Nur bei einer offenkundig ungenügenden und defekten bewußten Einstellung hat man ein Recht, dem Unbewußten einen höheren Wert zuzubilligen. Die Maßstäbe, die zu einer solchen Beurteilung erforderlich sind, bilden allerdings ein delikates Problem für sich. Es ist selbstverständlich, daß der Wert der bewußten Einstellung niemals von einem ausschließlich kollektiv orientierten Standpunkt aus gemessen werden kann. Dazu ist vielmehr eine gründliche Erforschung der in Frage kommenden Individualität nötig, und nur aus einer genauen Kenntnis des individuellen Charakters läßt sich entscheiden, in welchem Maße die bewußte Einstellung ungenügend ist. Wenn ich den Nachdruck auf die Kenntnis des individuellen Charakters lege, so meine ich damit noch nicht, daß die Forderung des kollektiven Standpunktes gänzlich zu vernachlässigen wäre. Das Individuum ist bekanntlich keineswegs allein durch sich selbst bestimmt, sondern ebenso sehr auch durch seine kollektive Bezogenheit. Wenn daher die bewußte Einstellung annähernd adaequat ist, dann beschränkt sich die Bedeutung des Traumes auf seine bloß kompensatorische Funktion. Dieser Fall dürfte für den normalen Menschen unter normalen inneren und äußeren Bedingungen die Regel sein. Aus diesem Grunde scheint mir die Kompensationstheorie die im allgemeinen richtige und den Tatsachen angemessene Formel zu geben, indem sie dem Traume die Bedeutung einer in Hinsicht der Selbststeuerung des psychischen Organismus kompensatorischen Funktion gibt.

Wenn der Fall von der Norm in dem Sinne abweicht, daß die bewußte Einstellung objektiv wie subjektiv unangepaßt ist, dann gewinnt die für gewöhnlich bloß kompensierende Funktion des Unbewußten an Wichtigkeit und erhöht sich zu einer *führenden, prospektiven Funktion,* die imstande ist, der bewußten Einstellung eine gänzlich veränderte und der früheren gegenüber verbesserte Richtung zu geben, wie dies MAEDER in seinen oben erwähnten Arbeiten mit Erfolg nachgewiesen hat. In diese Rubrik gehören Träume nach dem Muster des Nebukadnezar-Traumes. Es ist einleuchtend, daß Träume dieser Art sich hauptsächlich bei Individuen finden, die unterhalb ihres eigenen Wertes geblieben sind. Ebenso einleuchtend ist, daß dieses Mißverhältnis sehr häufig vorkommt. Wir kommen daher öfters in den Fall, den Traum unter dem Gesichtswinkel seines prospektiven Wertes zu betrachten.

Nun ist aber noch eine Seite des Traumes in Betracht zu ziehen, welche keineswegs übersehen werden darf. Es gibt viele Menschen, deren bewußte Einstellung hinsichtlich der Anpassung an die Umwelt nicht defekt ist, wohl aber in Hinsicht des Ausdruckes des eigenen Charakters. Es sind dies also Menschen, deren bewußte Einstellung und Anpassungsleistung die individuellen Möglichkeiten überschreiten, d. h. sie scheinen besser und wertvoller als sie sind. Diese äußerliche Mehrleistung wird natürlich nie aus den individuellen Mitteln allein bestritten, sondern sogar zum größeren Teil aus den dynamischen Reserven der Kollektivsuggestion. Solche Menschen erklimmen eine höhere Stufe, als ihrem Wesen entspricht, z. B. vermöge der Wirkung eines Kollektivideals oder der Lockung eines Kollektivvorteils oder der Unterstützung durch die Sozietät. Sie sind, im Grunde genommen, ihrer äußeren Höhe innerlich nicht gewachsen, weshalb in allen diesen Fällen das Unbewußte eine *negativ-kompensierende,* d. h. eine *reduzierende Funktion* hat. Es ist klar, daß eine Reduktion oder Entwertung unter diesen Umständen ebenfalls kompensierend ist im Sinne einer Selbststeuerung, ebenso, daß diese reduzierende Funktion auch eminent prospektiv sein kann. (Vgl. den Nebukadnezar-Traum.) Wir verbinden mit dem Begriff des «Prospektiven» gerne die Anschauung von etwas Aufbauendem, Vorbereitendem und Synthetischem. Um den reduzierenden Träumen aber gerecht zu werden, müßten wir diese Anschauung vom Begriff des «Prospektiven» reinlich abtrennen, denn der reduzierende Traum hat eine Wirkung, die nichts weniger als vorbereitend oder aufbauend oder synthetisch ist, er ist vielmehr zersetzend, auflösend, entwertend, sogar zerstörend und herunterreißend. Damit soll natürlich nicht gesagt sein, daß die Assimilation eines reduktiven Inhaltes durchaus eine destruktive Wirkung auf das Individuum als Ganzes haben müsse, im Gegenteil ist die Wirkung oft eine sehr heilsame, insofern nämlich bloß die Einstellung davon betroffen wird und nicht die ganze Persönlichkeit. Diese sekundäre Wirkung ändert aber nichts am Charakter des Traumes, der durchaus ein reduzierendes und retrospektives Gepräge trägt und der deshalb auch nicht als «prospektiv» bezeichnet werden sollte. Es ist aus Gründen einer exakten Qualifizierung daher empfehlenswert, solche Träume als *reduktive* Träume und die entsprechende Funktion als *reduzierende Funktion des Unbewußten* zu bezeichnen, obschon es sich, im Grunde genommen, stets um dieselbe kompensierende Funktion handelt. Man muß sich aber an die Tatsache gewöhnen, daß, ebenso wenig wie die bewußte Einstellung, auch das Unbewußte immer denselben Aspekt darbietet. Es ändert sein Aussehen und seine Funktion ebenso sehr wie die bewußte Einstellung, weshalb es auch eine so besonders schwierige Unternehmung ist, einen anschaulichen Begriff vom Wesen des Unbewußten herzustellen.

Die reduzierende Funktion des Unbewußten ist uns in erster Linie durch die Forschungen FREUDS deutlich gemacht worden. Seine Traumdeutung beschränkt sich im wesentlichen auf die verdrängten persönlichen und infantil-sexuellen Untergründe des Individuums. Spätere Untersuchungen haben dann noch die Brücke zu den archaischen Elementen, d. h. zu den überpersönlichen, historischen, phylogenetischen Funktionsresten im Unbewußten geschlagen. Wir können deshalb heute mit Sicherheit sagen, daß die reduzierende Funktion des Traumes ein Material konstelliert, das in der Hauptsache aus persönlichen Verdrängungen infantil-sexueller Wünsche (FREUD), infantiler Machtansprüche (ADLER) und überpersönlicher, archaischer Denk-, Gefühls- und Triebelemente zusammengesetzt ist. Die Reproduktion solcher Elemente, die durchaus retrospektiven Charakter haben, ist wie nichts geeignet, eine zu hohe Position wirksam zu untergraben und das Individuum auf seine menschliche Nichtigkeit und seine physiologische, historische und phylogenetische Bedingtheit herunterzusetzen. Jeder Schein von falscher Größe und Wichtigkeit zerfließt vor dem reduzierenden Bilde des Traumes, der mit unbarmherziger Kritik und unter Heraufbringung eines vernichtenden Materials, das sich durch eine vollendete Registrierung aller Peinlichkeiten und Schwächen auszeichnet, die bewußte Einstellung analysiert. Es verbietet sich von selbst, die Funktion eines solchen Traumes als prospektiv zu bezeichnen, da alles darin, bis in die letzte Faser, retrospektiv und auf eine längst begraben gewähnte Vergangenheit zurückgeführt ist. Dieser Umstand hindert natürlich nicht, daß der Trauminhalt auch kompensatorisch zum Bewußtseinsinhalt und natürlich final orientiert ist, indem die reduzierende Tendenz hinsichtlich der Angepaßtheit des Individuums im gegebenen Falle von ganz besonderer Wichtigkeit ist. Aber der Charakter des Trauminhaltes ist ein reduktiver. Es geschieht oft, daß die Patienten selber spontan herausfühlen, wie sich der Trauminhalt zur Bewußtseinslage verhält, und je nach dieser gefühlsmäßigen Erkenntnis wird der Trauminhalt als prospektiv, reduktiv oder kompensatorisch empfunden. Dies ist allerdings lange nicht immer der Fall, und es muß sogar hervorgehoben werden, daß im allgemeinen, namentlich im Anfang einer analytischen Behandlung, der Patient eine unüberwindliche Neigung hat, die Ergebnisse der analytischen Durchforschung seines Materials hartnäckig im Sinne seiner pathogenen (d. h. krankmachenden) Einstellung aufzufassen.

Solche Fälle bedürfen einer gewissen Unterstützung von Seiten des Arztes, um in den Stand zu gelangen, den Traum richtig aufzufassen. Dieser Umstand macht es darum äußerst wichtig, wie der Arzt die bewußte Psychologie des Patienten beurteilt. Die Analyse der Träume ist nämlich nicht bloß eine praktische Anwendung einer Methode, die man handwerksmäßig erlernt, sondern sie setzt vielmehr eine Vertrautheit mit der ganzen analytischen Anschauungsweise voraus, eine Vertrautheit, die man nur dadurch gewinnt, daß man sich selber hat analysieren lassen. Der größte Fehler nämlich, den ein Therapeut machen kann, ist der, daß er beim Analysanden eine der seinigen ähnliche Psychologie voraussetzt. Diese Projektion kann einmal zutreffen, meistens jedoch bleibt sie bloße Projektion. Alles, was unbewußt ist, ist auch projiziert, daher sollten wenigstens die wichtigsten Inhalte des Unbewußten dem Analytiker selber bewußt sein, damit nicht unbewußte Projektion sein Urteil trübt. Jeder, der Träume bei andern analysiert, sollte sich stets bewußt halten, daß es keine einfache und allgemein bekannte

Theorie der psychischen Phänomene gibt, weder über ihr Wesen, noch über ihre Ursachen, noch über ihren Zweck. Wir besitzen daher keinen allgemeinen Maßstab des Urteils. Wir wissen, daß es vielerlei psychische Phänomene gibt. Was aber deren Wesen ist, darüber wissen wir nichts Gewisses. Wir wissen nur, daß die Betrachtung der Psyche von irgendeinem abgesonderten Standpunkt aus zwar ganz wertvolle Einzelheiten ergeben kann, aber nie eine zureichende Theorie, nach der man auch deduzieren könnte. Die Sexual- und Wunschtheorie, ebenso die Machttheorie sind schätzenswerte Gesichtspunkte, ohne jedoch der Tiefe und dem Reichtum der menschlichen Seele irgendwie gerecht werden zu können. Hätten wir eine solche Theorie, dann könnte man sich mit der handwerksmäßigen Erlernung der Methode begnügen. Dann wären nur noch gewisse Zeichen, die für bereits feststehende Inhalte gesetzt sind, zu lesen, wozu einige semiotische Regeln auswendig zu lernen wären. Die Kenntnis und richtige Beurteilung der Bewußtseinslage wäre dann so überflüssig wie bei einer Lumbalpunktion. Zum Leidwesen der vielbeschäftigten Praktiker unserer Zeit verhält sich die Seele durchaus refraktär gegen jede Methode, welche von vornherein darauf ausgeht, sie von *einem* Standpunkt aus, abgesehen von allen andern, zu erfassen. Von den Inhalten des Unbewußten wissen wir neben ihrer Unterschwelligkeit zunächst nur, daß sie in einem Kompensationsverhältnis zum Bewußtsein stehen und daher wesentlich relativer Natur sind. Für das Verständnis des Traumes ist daher die Kenntnis der Bewußtseinslage unerläßlich.

Mit den reduktiven, prospektiven oder schlechthin kompensierenden Träumen ist die Reihe der Bedeutungsmöglichkeiten nicht erschöpft. Es gibt einen Traum, den man einfach als *Reaktionstraum* bezeichnen könnte. Man wäre geneigt, in dieser Rubrik alle jene Träume unterzubringen, die im wesentlichen nichts anderes zu sein scheinen, als die Reproduktion eines bewußten affektvollen Erlebnisses, wenn nicht die Analyse solcher Träume den tieferen Grund aufdeckte, warum diese Erlebnisse so getreu im Traume reproduziert werden. Es stellt sich nämlich heraus, daß das Erlebnis noch über eine symbolische Seite verfügt, welche dem Individuum entgangen war, und einzig um dieser Seite willen wird das Erlebnis im Traum reproduziert. Diese Träume gehören aber nicht hierher, sondern bloß diejenigen, wo gewisse objektive Vorgänge ein psychisches Trauma gesetzt haben, dessen Formen nicht bloß psychisch sind, sondern auch zugleich eine physische Läsion des Nervensystems bedeuten. Diese Fälle von schwerem Schock hat der Krieg besonders reichlich erzeugt, und bei solchen Fällen dürften besonders viele reine Reaktionsträume erwartet werden, in denen das Trauma die mehr oder weniger ausschlaggebende Determinante darstellt.

Obschon es für die Gesamtfunktion der Psyche gewiß sehr wichtig ist, daß der traumatische Inhalt durch öfteres Erleben allmählich seine Autonomie einbüßt und sich auf diese Weise wieder in die psychische Hierarchie einfügt, so kann ein solcher Traum, der im wesentlichen nur eine Reproduktion des Traumas ist, nicht wohl als kompensatorisch bezeichnet werden. Der Traum bringt zwar anscheinend ein abgespaltenes, autonomes Stück der Psyche zurück, aber es zeigt sich bald, daß die bewußte Assimilation des vom Traum reproduzierten Stückes die traumdeterminierende Erschütterung keineswegs zum Verschwinden bringt. Der Traum «reproduziert» ruhig weiter, d. h. der autonom gewordene Inhalt des Traumas wirkt von sich aus und zwar so lange, bis der traumatische Reiz völlig erloschen ist. Vorher nützt das bewußte «Realisieren» nichts.

Es ist im praktischen Fall nicht leicht zu entscheiden, ob ein Traum wesentlich reaktiv ist, oder bloß symbolisch eine traumatische Situation reproduziert. Die Analyse kann aber die Frage entscheiden, indem in letzterem Fall die Reproduktion der traumatischen Szene durch eine richtige Deutung sofort zum Aufhören gebracht wird, während die reaktive Reproduktion sich durch die Traumanalyse nicht stören läßt.

Es ist selbstverständlich, daß wir den gleichen reaktiven Träumen auch besonders bei *krankhaften körperlichen Zuständen* begegnen, wo z. B. heftige Schmerzen den Traumablauf entscheidend beeinflußen. Nach meiner Ansicht haben die somatischen Reize nur ausnahmsweise eine determinative Bedeutung. Gewöhnlich gehen sie ganz ein in den symbolischen Ausdruck des unbewußten Trauminhaltes, d. h. sie werden mit als Ausdrucksmittel benützt. Nicht selten ergeben die Träume eine merkwürdige innere symbolische Verbindung zwischen einer zweifellos körperlichen Krankheit und einem bestimmten seelischen Problem, wobei die physische Störung geradezu als mimischer Ausdruck der psychischen Lage erscheint. Ich erwähne diese Merkwürdigkeit mehr der Vollständigkeit halber, als daß ich auf dieses problematische Gebiet einen besonderen Nachdruck verlegen wollte. Mir scheint aber, daß zwischen physischen und psychischen Störungen ein gewisser Zusammenhang existiert, dessen Bedeutung man im allgemeinen unterschätzt, allerdings andererseits auch wieder maßlos überschätzt, indem gewisse Richtungen die physische Störung bloß als einen Ausdruck der psychischen Störung verstehen wollen, wie dies z. B. bei der Christian Science der Fall ist. Auf die Frage des Zusammenfunktionierens von Körper und Psyche werfen die Träume höchst interessante Streiflichter, weshalb ich diese Frage hier erwähne.

Als eine weitere Traumdeterminante muß ich das *telepathische Phänomen* anerkennen. Die allgemeine Tatsächlichkeit dieses Phänomens ist heutzutage nicht mehr zu bezweifeln. Selbstverständlich ist es sehr einfach, ohne Prüfung der vorhandenen Beweismaterialien die Existenz des Phänomens zu leugnen; aber das ist ein unwissenschaftliches Verhalten, das keinerlei Beachtung verdient. Ich habe die Erfahrung gemacht, daß das telepathische Phänomen auch die Träume beeinflußt, wie das übrigens schon seit den ältesten Zeiten behauptet wird. Gewisse Personen sind in dieser Hinsicht besonders empfindsam und haben öfters telepathisch beeinflußte Träume. Mit dieser Anerkennung des telepathischen Phänomens meine ich nicht auch zugleich eine bedingungslose Anerkennung der landläufigen theoretischen Auffassung vom Wesen der actio in distans. Das Phänomen existiert zweifellos, jedoch scheint mir seine Theorie nicht so einfach zu sein. Man muß in jedem Fall die Möglichkeiten der Assoziationskonkordanz berücksichtigen, des parallelen psychischen Ablaufes[6], der nachweisbar besonders in Familien eine sehr große Rolle spielt, und sich u. a. auch in der Gleichheit oder weitgehenden Ähnlichkeit der Einstellung manifestiert. Ebensosehr kommt in Betracht der Faktor der *Kryptomnesie,* den besonders FLOURNOY hervorgehoben hat[7], und der gegebenenfalls die erstaunlichsten Phänomene veranlaßt. Da im Traum sowieso das subliminale Material sich bemerkbar macht, so ist es auch keineswegs sonderbar, wenn die Kryptomnesie gelegentlich als determinierende Größe auftritt. Ich habe öfters Gelegenheit gehabt, telepathische Träume zu

6. Vgl. *Diagnostische Assoziationsstudien.* II, p. 95.

7. *Des Indes à la planète Mars.* 1900; und: *Nouvelles observations sur un cas de somnambulisme avec glossolalie.* In: *Archives de Psychologie.* I, 1901.

analysieren, darunter mehrere, deren telepathische Bedeutung im Moment der Analyse noch unbekannt war. Die Analyse hat ein subjektives Material ergeben, wie jede andere Traumanalyse auch, und somit hatte der Traum seine auf die momentane Lage des Subjektes abgestimmte Bedeutung. Die Analyse ergab nichts, was darauf hingedeutet hätte, daß der Traum telepathisch war. Ich habe bis jetzt keinen Traum gefunden, bei dem der telepathische Inhalt zweifelsfrei im analytisch aufgebrachten Assoziationsmaterial (im «latenten Trauminhalt») gelegen hätte. Er lag immer in der *manifesten Traumform.*

Gewöhnlich werden in der Literatur der telepathischen Träume nur diejenigen erwähnt, in denen eine besonders affektvolle Angelegenheit räumlich oder zeitlich «telepathisch» antizipiert wird, wo also gewissermaßen die menschliche Wichtigkeit des Ereignisses (z. B. Todesfall) dessen Vorausahnung oder Fernperzeption erklärt oder wenigstens dem Verständnis näher rückt. Die telepathischen Träume, die ich beobachtet habe, entsprechen in der Mehrzahl diesem Muster. Eine Minderzahl dagegen zeichnet sich durch die merkwürdige Tatsache aus, daß der manifeste Trauminhalt eine telepathische Konstatierung enthält, die sich auf etwas gänzlich Belangloses bezieht, z. B. das Gesicht eines unbekannten und ganz indifferenten Menschen, oder eine gewisse Zusammenstellung von Möbeln an einem indifferenten Ort unter indifferenten Bedingungen, die Ankunft eines belanglosen Briefes usw. Mit dieser Konstatierung der Belanglosigkeit will ich natürlich nur sagen, daß ich weder durch gewöhnliche Befragung noch durch Analyse auf einen Inhalt gestoßen bin, dessen Bedeutsamkeit das telepathische Phänomen «gerechtfertigt» hätte. In solchen Fällen ließe sich noch eher als in den erst erwähnten an sogenannten Zufall denken. Leider erscheint mir aber die Zufallshypothese immer als ein asylum ignorantiae. Daß höchst seltsame Zufälle passieren, wird gewiß niemand leugnen, aber daß man auf deren Wiederholung mit Wahrscheinlichkeit rechnen kann, schließt deren Zufallsnatur aus. Natürlich werde ich nie behaupten, daß das dahinterliegende Gesetz etwas «Übernatürliches» sei, sondern bloß etwas, dem unsere Schulweisheit noch nicht recht beikommt. So haben auch die fraglichen telepathischen Inhalte einen Wirklichkeitscharakter, der jeder Wahrscheinlichkeitserwartung spottet. Obschon ich mir in keinerlei Weise eine theoretische Meinung über diese Dinge anmaßen möchte, so halte ich es doch für richtig, daß ihre Tatsächlichkeit anerkannt und betont werde. Für die Traumforschung ist dieser Gesichtspunkt eine Bereicherung [8].

Gegenüber der bekannten FREUDschen Ansicht vom Wesen des Traumes, daß er eine «Wunscherfüllung» sei, haben ich und ebenso mein Freund und Mitarbeiter A. MAEDER den Standpunkt eingenommen, der Traum sei eine *spontane Selbstdarstellung der aktuellen Lage des Unbewußten in symbolischer Ausdrucksform.* Unsere Auffassung berührt sich in diesem Punkt mit den Gedankengängen SILBERERS [9]. Die Übereinstimmung mit SILBERER ist umso erfreulicher, als sie sich als das Resultat gegenseitig unabhängiger Arbeit eingestellt hat.

Diese Auffassung steht nun mit der FREUDschen Formel zunächst nur insofern in Widerspruch, als sie darauf verzichtet, eine bestimmte Aussage über den Sinn des Traumes zu machen. Unsere Formel besagt zunächst nur, daß der Traum eine symbolische Darstellung eines unbewußten Inhaltes sei. Sie läßt es dahingestellt sein, ob diese Inhalte auch immer Wunscherfüllungen seien. Weitere Forschungen, worauf schon MAEDER ausdrücklich hinweist, haben uns klar gezeigt, daß die Sexualsprache der Träume keineswegs immer in konkretistischer Weise zu mißverstehen sei [10], d. h. daß es sich um archaische Sprache handelt, welche natürlich von allen nächsten Analogien erfüllt ist, ohne daß sich mit diesen Inhalten auch jeweils ein wirklicher Sexualgehalt zu decken braucht. Es ist daher nicht zu rechtfertigen, daß die Sexualsprache des Traumes unter allen Umständen konkret genommen wird, während andere Inhalte als symbolisch erklärt werden. Sobald man aber die Sexualformen der Traumsprache als Symbole für unbekannte Dinge auffaßt, dann vertieft sich sofort die Anschauung vom Wesen des Traumes. MAEDER hat dies an einem praktischen, von FREUD gegebenen Beispiel treffend dargestellt [11]. Solange man die Sexualsprache des Traumes konkretistisch versteht, so gibt es nur unmittelbare, äußere und konkrete Lösungen oder entsprechendes Nichttun, d. h. opportunistische

8. Zur Frage der Telepathie verweise ich auf J. B. RHINE, *New Frontiers of the Mind,* 1937; deutsch: *Neuland der Seele.* 1938.

9. Vgl. H. SILBERERS Arbeiten zur «*Symbolbildung*», in: *Jahrbuch für psychoanalytische und psychopathologische Forschungen.* Bde. III und IV. 1911 u. 1912.

10. Wir begegnen uns hier auch mit ADLER.

11. A. MAEDER, *Über das Traumproblem,* in: *Jahrbuch für psychoanalytische Forschungen.* Bd. V. 1913, p. 679 ff.

Resignation oder gewöhnliche Feigheit oder Faulheit. Aber es entsteht keine Auffassung des Problems und keine Einstellung dazu. Doch ergeben sich diese sofort, wenn das konkretistische Mißverstehen aufgegeben wird, nämlich das Wörtlichnehmen der unbewußten Sexualsprache und die Deutung der Traumfiguren als reale Personen.

Ebenso wie man geneigt ist anzunehmen, daß die Welt so ist, wie wir sie sehen, so nimmt man auch naiverweise an, daß die Menschen so seien, wie wir sie uns vorstellen. Leider existiert in diesem letzteren Fall noch keine Physik, welche das Mißverhältnis zwischen Wahrnehmung und Wirklichkeit nachweist. Obgleich die Möglichkeit grober Täuschung um ein Vielfaches größer ist als bei der Sinneswahrnehmung, so projizieren wir doch ungescheut und naiv unsere eigene Psychologie in den Mitmenschen. Jedermann schafft sich auf diese Weise eine Reihe von mehr oder weniger imaginären Beziehungen, die wesentlich auf solchen Projektionen beruhen. Unter den Neurotikern gibt es sogar häufig Fälle, wo die phantastische Projektion sozusagen die einzige menschliche Beziehungsmöglichkeit ist. Ein Mensch, den ich hauptsächlich durch meine Projektion wahrnehme, ist eine *Imago,* oder ein *Imago-* oder *Symbolträger.* Alle Inhalte unseres Unbewußten sind konstant projiziert in unsere Umgebung, und nur insofern wir gewisse Eigentümlichkeiten unserer Objekte als Projektionen, als Imagines durchschauen, gelingt es uns, sie von den wirklichen Eigenschaften derselben zu unterscheiden. Insofern uns aber der Projektionscharakter einer Objekteigenschaft nicht bewußt wird, können wir gar nicht anders, als naiv überzeugt sein, daß sie auch wirklich dem Objekt zugehört. Alle unsere menschlichen Beziehungen wimmeln von solchen Projektionen; und wem dies im Persönlichen etwa nicht deutlich werden sollte, den darf man auf die Psychologie der Presse in kriegführenden Ländern aufmerksam machen. Cum grano salis sieht man die eigenen nicht anerkannten Fehler immer im Gegner. Ausgezeichnete Beispiele findet man in allen persönlichen Polemiken. Wer nicht ein ungewöhnliches Maß an Selbstbesinnung besitzt, wird nicht über seinen Projektionen stehen, sondern meistens darunter, denn der natürliche geistige Zustand setzt das Vorhandensein dieser Projektionen voraus. Es ist das Natürliche und Gegebene, daß die unbewußten Inhalte projiziert sind. Das schafft beim relativ primitiven Menschen jene charakteristische Bezogenheit aufs Objekt, die LÉVY-BRUHL treffend als «mystische Identität» oder «mystische Partizipation» [12] bezeichnet hat. So ist jeder normale und nicht über ein gewisses Maß hinaus besonnene Mensch unserer Zeit durch ein ganzes System unbewußter Projektionen an die Umgebung gebunden. Der Zwangscharakter dieser Beziehungen (eben das «Magische» oder «Mystisch-Zwingende») ist ihm ganz unbewußt, «solange alles wohl steht». Wenn aber eine paranoide Geistesstörung einsetzt, dann treten diese unbewußten Bezogenheiten von Projektionscharakter als ebensoviele Zwangsbindungen auf, in der Regel mit den unbewußten Materialien ausgeschmückt, die aber notabene schon während des normalen Zustandes den Inhalt dieser Projektionen gebildet haben. Solange also das Lebensinteresse, die Libido, diese Projektionen als angenehme und nützliche Brücken zur Welt gebrauchen kann, solange bilden die Projektionen auch eine positive Erleichterung des Lebens. Sobald aber die Libido einen andern Weg einschlagen will, und daher auf den früheren Projektionsbrücken anfängt rückläufig zu werden, dann wirken die Projektionen als die denkbar größten Hemmnisse, denn sie verhindern wirksam jede wahrhaftige Befreiung vom früheren Objekt. Es tritt dann das charakteristische Phänomen ein, daß man sich bemüht, das frühere Objekt möglichst zu entwerten und herunterzumachen, um nämlich die Libido davon loslösen zu können. Da aber die frühere Identität auf der Projektion subjektiver Inhalte beruht, so kann eine völlige und restlose Loslösung nur dann erfolgen, wenn die Imago, die sich im Objekt darstellte, samt ihrer Bedeutung dem Subjekt zurückerstattet wird. Diese Rückerstattung geschieht durch die bewußte Erkenntnis des projizierten Inhaltes, d.h. durch die Anerkennung des «Symbolwertes» des früheren Objektes.

Die Häufigkeit solcher Projektionen ist ebenso sicher wie die Tatsache, daß deren Charakter nie eingesehen wird. Bei dieser Sachlage ist es nun keineswegs erstaunlich, daß der naive Mensch von vornherein als selbstverständlich annimmt, wenn man von Herrn X. träume, sei dieses Traumbild, genannt «Herr X.», mit dem wirklichen Herrn X. identisch. Diese Voraussetzung entspricht dem allgemeinen, unkritischen Bewußtsein, das zwischen dem Objekt an sich und der Vorstel-

12. LÉVY-BRUHL, *Les fonctions mentales dans les sociétés inférieures.* 1912, p. 140. Bedauerlicherweise hat dieser Autor die durchaus treffende Bezeichnung «mystisch» später wieder ausgemerzt. Wahrscheinlich ist er dem Ansturm der Dummen, die sich unter «mystisch» ihren eigenen Kohl gedacht haben, erlegen.

lung, die man sich davon macht, keinen Unterschied sieht. Kritisch besehen – das kann niemand bestreiten – hat das Traumbild nur eine äußere und sehr beschränkte Beziehung zum Objekt. In Wirklichkeit aber ist es ein Komplex psychischer Faktoren, der sich – allerdings unter gewissen äußeren Anregungen – *selber gebildet hat,* und deshalb hauptsächlich im Subjekt aus subjektiven Faktoren besteht, die für das Subjekt charakteristisch sind und mit dem realen Objekt öfters sehr wenig zu tun haben. Wir verstehen den andern immer in der Art, wie wir uns verstehen oder zu verstehen suchen. Was wir in uns nicht verstehen, verstehen wir auch im andern nicht. So ist reichlich dafür gesorgt, daß das Bild des andern in der Regel größtenteils subjektiv ist. Bekanntlich kann auch eine intime Bekanntschaft eine objektive Erkenntnis des andern keineswegs garantieren.

Wenn man nun, wie dies die FREUDsche Schule getan, einmal damit anfängt, gewisse manifeste Inhalte des Traumes als «uneigentlich» oder «symbolisch» zu nehmen und zu erklären, der Traum spreche zwar von «Kirchturm», meine aber «Phallus», so ist es nur ein nächster Schritt, wenn wir sagen, daß der Traum öfters von «Sexualität» rede, aber keineswegs immer Sexualität meine, und ebenso daß der Traum öfters vom Vater rede, aber eigentlich den – Träumer selber meine. Unsere imagines sind Bestandteile unseres Geistes, und wenn unser Traum irgendwelche Vorstellungen reproduziert, so sind dies in erster Linie *unsere* Vorstellungen, in deren Bildung die Gesamtheit unseres Wesens verwoben ist; es sind subjektive Faktoren, die im Traume nicht aus äußeren Gründen, sondern aus den intimsten Regungen unserer Seele heraus sich so oder so gruppieren und damit den oder jenen Sinn ausdrücken. Die ganze Traumschöpfung ist im wesentlichen subjektiv, und der Traum ist jenes Theater, wo der Träumer Szene, Spieler, Souffleur, Regisseur, Autor, Publikum und Kritiker ist. Diese einfache Wahrheit ist die Grundlage jener Auffassung des Traumsinnes, die ich als Deutung auf der *Subjektstufe* bezeichnet habe. Diese Deutung faßt, wie der Terminus sagt, alle Figuren des Traumes als personifizierte Züge der Persönlichkeit des Träumers auf [13].

13. Für die Deutung auf der Subjektstufe hat bereits MAEDER, l. c., einige Beispiele beigebracht. Diese beiden Deutungsverfahren sind des näheren besprochen in meiner Schrift: *Über die Psychologie des Unbewußten.* 1960, p. 96 ff. (Ges. Werke, Bd. 7, Paragr. 130 ff.)

Es hat sich mehrfach ein gewisser Widerstand bemerkbar gemacht gegen diese Auffassung. Die Argumente der einen stützen sich auf die eben besprochene naive Voraussetzung der normalen Alltagsmentalität. Die Argumente der andern basieren mehr auf dem prinzipiellen Problem, was wichtiger sei, die *«Objektstufe»* oder die *«Subjektstufe»*. Gegen die theoretische Wahrscheinlichkeit der Subjektstufe kann ich mir wirklich keinen gültigen Einwand denken. Das zweite Problem dagegen ist bedeutend schwieriger. Ebensosehr wie das Bild eines Objektes einerseits subjektiv zusammengesetzt ist, ist es andererseits objektiv bedingt. Wenn ich es in mir reproduziere, so erzeuge ich damit etwas sowohl subjektiv als objektiv Bedingtes. Um nun zu entscheiden, welche Seite gegebenenfalls überwiegt, muß zuerst nachgewiesen werden, ob das Bild um seiner subjektiven oder objektiven Bedeutung willen reproduziert wird. Wenn ich also von einem Menschen träume, mit dem mich ein vitales Interesse verbindet, dann wird gewiß die Deutung auf der Objektstufe näher liegen als die andere. Wenn ich dagegen von einem mir in Wirklichkeit fernstehenden und indifferenten Menschen träume, dann liegt die Deutung auf der Subjektstufe näher. Es ist aber möglich – und dieser Fall tritt praktisch sogar sehr häufig ein –, daß dem Träumer zu dem indifferenten Menschen sofort jemand einfällt, mit dem er durch einen Affekt verbunden ist. Früher hätte man gesagt: die indifferente Gestalt sei im Traum absichtlich vorgeschoben worden, um die Peinlichkeit der andern Figur zu verdecken. Ich würde nun in diesem Fall empfehlen, dem Wege der Natur nachzugehen und zu sagen: im Traum ist offenbar jene affektvolle Reminiszenz durch den gleichgültigen Herrn X. ersetzt worden, wodurch mir die Deutung auf der Subjektstufe nahegelegt wurde. Diese Ersetzung bedeutet eine Leistung des Traumes, die allerdings einer Verdrängung der peinlichen Reminiszenz gleichkommt. Aber wenn sich diese Reminiszenz so glatt zur Seite schieben läßt, so kann sie auch nicht so wichtig sein. Ihre Ersetzung zeigt, daß sich dieser persönliche Affekt depersonalisieren läßt. Ich könnte mich also darüber erheben und werde darum nicht wieder in die persönliche Affektlage dadurch zurückkehren, daß ich die im Traum geglückte Depersonalisierung als bloße Verdrängung entwerte. Ich glaube richtiger zu handeln, wenn ich die geglückte Ersetzung der peinlichen Person durch eine indifferente als eine Depersonalisierung des vorher persönlichen Affektes einschätze.

Dadurch ist nun dieser Affektwert, d. h. der entsprechende Libidobetrag unpersönlich geworden, mit anderen Worten befreit aus der persönlichen Bindung an das Objekt, und ich kann deshalb den früheren realen Konflikt nunmehr auf die Subjektstufe erheben und zu verstehen versuchen, inwiefern er ein ausschließlich subjektiver Konflikt ist. Ich möchte dies, der Deutlichkeit halber, an einem kurzen Beispiel erörtern:

Ich hatte einmal einen persönlichen Konflikt mit einem Herrn A., wobei ich allmählich zu der Überzeugung kam, daß das Unrecht in höherem Maße auf seiner Seite lag als auf meiner. In dieser Zeit hatte ich folgenden Traum: «Ich habe einen Advokaten konsultiert in einer gewissen Angelegenheit; er fordert für die Konsultation zu meinem grenzenlosen Erstaunen nicht weniger als Fr. 5000.–, wogegen ich mich energisch zur Wehr setze.»

Der Advokat ist eine belanglose Reminiszenzfigur aus meiner Studienzeit. Aber die Studienzeit ist wichtig, weil ich dort viele Disputationen und Auseinandersetzungen hatte. Zu der brüsken Art des Advokaten fallen mir aber mit Affekt die Persönlichkeit des Herrn A. ein, sowie der noch andauernde Konflikt. Ich kann nun auf der Objektstufe weitergehen und sagen: Herr A. steckt hinter dem Advokaten, also überfordert mich Herr A. Er ist im Unrecht. Ein armer Student hat mich dieser Tage um ein Darlehen von Fr. 5000.– ersucht. Herr A. ist also ein armer Student, hilfsbedürftig und imkompetent, weil ganz am Anfang des Studiums. So jemand hat überhaupt keine Ansprüche zu machen oder Meinungen zu haben. Das wäre die Wunscherfüllung: mein Gegner wäre sanft entwertet, zur Seite geschoben und mir wäre die Ruhe gewahrt geblieben. In Wirklichkeit aber erwachte ich an dieser Stelle des Traumes in lebhaftestem Affekt über die Anmaßung des Advokaten. Ich war also durch die «Wunscherfüllung» keineswegs beruhigt.

Gewiß steckt hinter dem Advokaten die unangenehme A.-Affäre. Aber es ist bemerkenswert, daß der Traum jenen indifferenten Juristen aus meiner Studienzeit herbeigeholt hat. Zum Advokaten fällt mir ein: Rechtsstreit, Rechthaben, Rechthaberei – und damit jene Erinnerung aus der Studienzeit, wo ich oft mit und ohne Recht eigensinnig, hartnäckig und rechthaberisch meine These verfocht, um mir wenigstens den Anschein der Überlegenheit zu erfechten. Dieser Punkt – und das fühle ich – hat in der Auseinandersetzung mit Herrn A. mitgewirkt. Damit weiß ich, daß ich es selber bin, nämlich ein der Gegenwart unangepaßtes Stück in mir, das rechthaberisch, wie damals, mich überfordert, d. h. zu viel Libido von mir erpressen will. Ich weiß damit, daß die strittige Angelegenheit mit A. darum nicht sterben kann, weil der Rechthaber in mir noch durchaus für einen «gerechten» Abschluß sorgen möchte.

Diese Auffassung hat zu einem, mir sinnvoll erscheinenden Resultat geführt, während die Deutung auf der Objektstufe ergebnislos war, denn es liegt mir nicht im geringsten am Beweis, daß die Träume Wunscherfüllungen seien. Wenn ein Traum mir zeigt, was für einen Fehler ich mache, so verschafft er mir damit die Möglichkeit, meine Einstellung zu verbessern, was immer von Vorteil ist. Zu einem solchen Resultat gelangt man natürlich nur durch die Anwendung der Subjektstufe.

So einleuchtend die Deutung auf der Subjektstufe in einem solchen Fall sein mag, so wertlos kann sie in einem andern sein, wo eine lebenswichtige Beziehung den Inhalt und Grund eines Konfliktes bildet. In diesem Fall ist natürlich die Traumfigur aufs reale Objekt zu beziehen. Das Kriterium läßt sich jeweils aus dem bewußten Material eruieren, ausgenommen jene Fälle, wo die Übertragung in Frage kommt. Die Übertragung bewirkt sehr leicht Urteilstäuschungen, sodaß der Arzt gelegentlich als der absolut unerläßliche deus ex machina oder als ein ebenso unerläßliches Requisit der Wirklichkeit erscheint. Er *ist* es sogar für das Urteil des Patienten. Die Selbstbesinnung des Arztes muß in solchen Fällen entscheiden, in welchem Grade er selber Realproblem des Patienten ist. Sobald die Objektstufe der Deutung anfängt, monoton und ergebnislos zu werden, weiß man, daß es Zeit ist, die Figur des Arztes als ein Symbol für projizierte Inhalte aufzufassen, die dem Patienten zugehören. Wenn man das nicht tut, so bleibt dem Analytiker nichts übrig, als durch Reduktion auf Infantilwünsche die Übertragung zu entwerten und damit zu zerstören, oder die Übertragung real zu nehmen und sich für die Patienten (sogar gegen deren unbewußten Widerstand) aufzuopfern, wobei alle Teilnehmer benachteiligt werden und der Arzt regelmäßig am schlechtesten wegkommt. Wenn es dagegen gelingt, die Figur des Arztes auf die Subjektstufe zu erheben, dann können alle übertragenen (projizierten) Inhalte dem Patienten wieder mit ihrem ursprünglichen Werte zugestellt werden. Ein Beispiel für die Rücknahme der Projektionen in der Übertragung findet sich in meiner Schrift: *Die Beziehungen zwischen dem Ich und dem Unbewußten,* 1963[14].

Es ist mir selbstverständlich, daß jemand, der nicht selber praktizierender Analytiker ist, keinen besonderen Geschmack an Erörterungen über «Subjektstufe» und «Objektstufe» finden kann. Je tiefer wir uns aber mit den Traumproblemen beschäftigen, desto mehr kommen auch die technischen Gesichtspunkte der praktischen Behandlung in Betracht. Es hat in dieser Sache jener unerbittlichen Nötigung bedurft, die ein schwieriger Fall immer auf den Arzt ausübt, denn man muß stets darauf bedacht sein, seine Mittel so zu vervollkommnen, daß man auch in schweren Fällen helfen kann. Wir verdanken es den Schwierigkeiten der täglichen Krankenbehandlung, daß wir zu Auffassungen gedrängt werden, die teilweise an den Fundamenten unserer Alltagsmentalität rütteln. Obschon die Subjektivität einer Imago zu den sogenannten Binsenwahrheiten gehört, so klingt die Feststellung doch etwas philosophisch, was gewissen Ohren unangenehm ist. Warum dies so ist, geht ohne weiteres hervor aus der oben erörterten Tatsache, daß die naive Voraussetzung die Imago ohne weiteres mit dem Objekt identifiziert. Jede Störung einer solchen Voraussetzung wirkt auf diese Menschenklasse irritierend. Aus dem gleichen Grunde wirkt der Gedanke der Subjektstufe unsympathisch, denn er stört die naive Voraussetzung der Identität der Bewußtseinsinhalte mit den Objekten. Unsere Mentalität ist dadurch charakterisiert – wie die Ereignisse in der Kriegszeit[15] deutlich demonstriert haben –, daß wir mit einer schamlosen Naivität über den Gegner urteilen und im Urteil, das wir über ihn aussprechen, unsere eigenen Defekte verraten; ja, man wirft dem Gegner einfach die eigenen, nicht eingestandenen Fehler vor. Man sieht alles am andern, man kritisiert und verurteilt am andern, man will auch am andern bessern und erziehen. Ich habe gar nicht nötig, zum Beweise dieser Sätze eine Kasuistik zusammenzubringen: die schönsten Beweise finden sich in jeder Zeitung. Es ist aber selbstverständlich, daß das, was im Großen sich ereignet, auch im Kleinen und Einzelnen

14. Vgl. auch Ges. Werke, Bd. 7. 1964. Bezüglich der Projektionen in der Übertragung siehe: *Die Psychologie der Übertragung,* 1946. Ges. Werke, Bd. 16. 1958.
15. Erster Weltkrieg.

geschieht. Unsere Mentalität ist noch so primitiv, daß sie erst in gewissen Funktionen und Gebieten sich aus der primären mystischen Identität mit dem Objekt befreit hat. Der Primitive hat, bei einem Minimum von Selbstbesinnung, ein Maximum von Bezogenheit aufs Objekt, das sogar einen direkt magischen Zwang auf ihn ausüben kann. Die ganze primitive Magie und Religion beruht auf diesen magischen Objektbeziehungen, welche in nichts anderem bestehen, als in Projektionen unbewußter Inhalte ins Objekt. Aus diesem anfänglichen Identitätszustand hat sich allmählich die Selbstbesinnung entwickelt, welche Hand in Hand geht mit der Unterscheidung von Subjekt und Objekt. Diese Unterscheidung hatte die Einsicht im Gefolge, daß gewisse, früher naiv dem Objekt zugerechnete Eigenschaften in Wirklichkeit subjektive Inhalte sind. Die Menschen der Antike glaubten zwar nicht mehr, daß sie rote Papageien oder Krokodilsbrüder seien, wohl aber waren sie noch in das magische Gespinst verwoben. In dieser Beziehung hat sogar erst die Aufklärung des 18. Jahrhunderts einen wesentlichen Schritt vorwärts getan. Aber wie jedermann weiß, sind wir noch weit entfernt von einer unserem wirklichen Wissen entsprechenden Selbstbesinnung. Wenn wir uns über irgend etwas bis zur Besinnungslosigkeit ärgern, so lassen wir uns die Überzeugung nicht nehmen, daß die Ursache unseres Ärgers ganz und gar draußen in jenem ärgerlichen Dinge oder Menschen liege. Also trauen wir jenen Dingen die Macht zu, uns in den Zustand des Ärgers, eventuell sogar in den der Schlaf- oder Verdauungsstörung versetzen zu können. Wir verurteilen darum ungescheut und schrankenlos den Gegenstand des Anstoßes und beschimpfen damit ein unbewußtes Stück in uns selbst, das in das ärgerliche Objekt projiziert ist.

Solcher Projektionen ist Legion. Sie sind z. T. günstig, d. h. sie wirken erleichternd als Brücken der Libido; z. T. sind sie ungünstig, kommen aber praktisch als Hindernis nicht in Betracht, weil die ungünstigen Projektionen sich meist außerhalb des Kreises intimer Beziehungen ansiedeln. Davon macht allerdings der Neurotische eine Ausnahme: er hat bewußt oder unbewußt eine so intensive Beziehung zur nächsten Umgebung, daß er es nicht hindern kann, auch die ungünstigen Projektionen bei den nächsten Objekten einfließen zu lassen und dadurch Konflikte zu erregen. Er ist daher gezwungen – wenn er Heilung sucht –, seine primitiven Projektionen in weit höherem Maße einzusehen, als dies der Normale je tut. Letzterer macht zwar dieselben Projektionen, aber besser getrennt; für die günstigen ist das Projekt in der Nähe, und für die ungünstigen in größerer Entfernung. Bekanntlich ist das beim Primitiven auch so: fremd ist feindlich und böse. Bei uns waren noch im späteren Mittelalter «Fremde» und «Elend» identisch. Diese Verteilung ist zweckmäßig, weshalb der Normale auch keine Nötigung verspürt, sich diese Projektionen bewußt zu machen, obschon der Zustand gefährlich illusionär ist. Die Psychologie des Krieges hat diesen Umstand deutlich hervorgehoben: Alles, was die eigene Nation tut, ist gut, alles was die andern tun, ist schlecht. Das Zentrum aller Gemeinheit befindet sich stets in einer Distanz von einigen Kilometern hinter den feindlichen Linien. Diese selbe primitive Psychologie hat auch der Einzelne, weshalb jeder Versuch, der diese – durch Ewigkeiten unbewußten – Projektionen bewußt machen könnte, als irritierend empfunden wird. Man möchte gewiß bessere Beziehungen zu den Mitmenschen, aber natürlich unter der Bedingung, daß diese unsern Erwartungen entsprechen, d. h. daß sie willige Träger unserer Projektionen sind. Wenn man sich diese Projektionen aber bewußt macht, so tritt dadurch leicht eine Erschwerung der Beziehung zum andern Menschen ein, denn die Illusionsbrücke fehlt, über die Liebe und Haß befreiend abströmen können, über die auch alle jene angeblichen Tugenden, welche andere «heben» und «bessern» wollen, so leicht und befriedigend an den Mann zu bringen sind. Als Folge dieser Erschwerung ergibt sich eine Aufstauung der Libido, wodurch die ungünstigen Projektionen bewußt werden. Es tritt dann die Aufgabe an das Subjekt heran, alle jene Gemeinheit bzw. Teufelei, die man ungescheut dem andern zugetraut und worüber man sich ein Leben lang entrüstet hat, auf eigene Rechnung zu übernehmen. Das Irritierende an dieser Prozedur ist die Überzeugung einerseits, daß, wenn alle Menschen so handelten, das Leben wesentlich erträglicher würde, andererseits die Empfindung heftigsten Widerstandes dagegen, dieses Prinzip bei sich selber anzuwenden – und zwar im Ernst. Wenn es der andere täte, – man könnte sich nichts Besseres wünschen; wenn man es aber selber tun sollte, so findet man es unerträglich.

Der Neurotische ist durch seine Neurose allerdings *gezwungen,* diesen Fortschritt zu machen, der Normale aber nicht, dafür erlebt letzterer seine psychische Störung sozial und politisch in der Form von massenpsychologischen Erscheinungen, z. B. von Kriegen und Revolutionen. Die reale Existenz eines Feindes, dem man alle Bosheit aufladen kann, bedeutet eine unverkennbare Erleichterung des Gewissens. Man kann es wenigstens ungescheut sagen, wer der Teufel ist, d. h. man ist sich darüber klar, daß die Ursache des Mißgeschickes sich außen befindet und nicht etwa in der eigenen Einstellung. Sobald man sich über die etwas unangenehmen Konsequenzen der Auffassung auf der Subjektstufe Rechenschaft gegeben hat, drängt sich einem der Einwand auf, daß doch unmöglich jede schlechte Eigenschaft, über die man sich bei andern Menschen aufregt, zu uns selber gehöre. Auf diese Weise stünde ja der große Moralist, der fanatische Erzieher und Weltverbesserer am allerschlimmsten da. Von der Nachbarschaft des Guten und des Übels wäre nicht wenig zu sagen, überhaupt von der unmittelbaren Beziehung der Gegensatzpaare, doch das würde uns zu weit vom Thema entfernen.

Die Auffassung auf der Subjektstufe soll selbstverständlich nicht übertrieben werden. Es handelt sich bloß um eine etwas kritischere Abwägung der Zugehörigkeiten. Was mir am Objekt auffällt, wird wohl wirkliche Eigenschaft des Objektes sein. Je subjektiver und affektiver dieser Eindruck aber ist, desto eher ist die Eigenschaft als eine Projektion aufzufassen. Dabei müssen wir aber eine nicht unwesentliche Unterscheidung vornehmen: nämlich zwischen der wirklich am Objekt vorhandenen Eigenschaft, ohne welche eine Projektion aufs Objekt nicht wahrscheinlich wäre, und dem Wert oder der Bedeutung, resp. der Energie dieser Eigenschaft. Es ist nicht ausgeschlossen, daß eine Eigenschaft auf das Objekt projiziert wird, von der beim Objekt in Wirklichkeit kaum Spuren vorhanden sind (z. B. die Projektion magischer Qualitäten in unbelebte Objekte). Anders liegt es bei den gewöhnlichen Projektionen von Charaktereigenschaften oder momentanen Einstellungen. In diesen Fällen ist es häufig so, daß das Objekt der Projektion auch eine Gelegenheit bietet, ja sie sogar herausfordert. Dieses letztere ist dann der Fall, wenn dem Objekt die Eigenschaft selber *unbewußt* ist; *dadurch wirkt sie auf das Unbewußte* des anderen. Denn alle Projektionen bewirken *Gegenprojektionen* da, wo dem Objekt die vom Subjekt projizierte Eigenschaft unbewußt ist, so wie eine «Übertragung» vom Analytiker mit einer «Gegenübertragung» beantwortet wird, wenn die Übertragung einen Inhalt projiziert, der dem Arzt selber unbewußt, aber trotzdem bei ihm vorhanden ist[16]. Die Gegenübertragung ist dann insofern ebenso zweckmäßig und sinnvoll oder hinderlich wie die Übertragung des Patienten, als sie jenen besseren Rapport herzustellen strebt, der für die Realisierung gewisser unbewußter Inhalte unerläßlich ist. Die Gegenübertragung ist wie die Übertragung etwas Zwanghaftes, eine Unfreiheit, weil sie eine «mystische», d. h. unbewußte Identität mit dem Objekt bedeutet. Gegen solche unbewußte Bindungen bestehen *stets Widerstände,* bewußte, wenn das Subjekt so eingestellt ist, daß es seine Libido nur freiwillig geben, sie sich aber nicht ablocken oder abzwingen lassen will; unbewußte, wenn das Subjekt es vor allem liebt, sich die Libido wegnehmen zu lassen. Deshalb schaffen Übertragung und Gegenübertragung, sofern ihre Inhalte unbewußt bleiben, abnorme und unhaltbare Beziehungen, die auf ihre eigene Zerstörung hinzielen.

Auch wenn beim Objekt eine Spur der projizierten Eigenschaft aufgefunden werden kann, so ist die praktische Bedeutung der Projektion doch rein subjektiv und fällt zu Lasten des Subjektes, indem dessen Projektion einer Eigenschaftsspur beim Objekt einen übertriebenen Wert verliehen hat.

Wenn die Projektion einer beim Objekt wirklich vorhandenen Eigenschaft entspricht, so besteht der projizierte Inhalt doch auch beim Subjekt, wo er einen Teil der Objektimago bildet. Die Objektimago selbst ist eine von der Wahrnehmung des Objektes verschiedene psychologische Größe; sie ist ein neben aller Wahrnehmung und doch auf Grund aller Wahrnehmungen existierendes Bild[17], dessen selbständige Lebendigkeit (relative Autonomie) solange unbewußt ist, als sie ganz mit der wirklichen Lebendigkeit des Objektes zusammenfällt. Die Selbständigkeit der Imago wird daher vom Bewußtsein nicht anerkannt, sondern unbewußt ins Objekt projiziert, d. h. mit der Selbständigkeit des Objektes kontaminiert. Dadurch kommt natürlich dem Objekt ein in bezug auf das Subjekt geradezu zwingender Wirklichkeitscharakter zu, also eine übertriebene Wertigkeit. Dieser Wert beruht auf der

16. Über die typischen Projektionsinhalte vgl. *Die Psychologie der Übertragung.* 1946. (Ges. Werke, Bd. 16. 1958.)

17. Aus Gründen der Vollständigkeit muß erwähnt werden, daß keine Imago nur von außen stammt. Zu ihrer spezifischen Gestalt trägt auch die a priori vorhandene psychische Disposition, nämlich der *Archetypus* bei.

Projektion bzw. der apriorischen Identität der Imago mit dem Objekt, wodurch das äußere Objekt zugleich auch ein inneres wird. Auf diese Weise kann das äußere Objekt auf unbewußtem Wege direkt eine unmittelbare seelische Wirkung auf das Subjekt ausüben, indem es durch seine Identität mit der Imago gewissermaßen unmittelbar eine Hand im seelischen Getriebe des Subjektes hat. Damit kann das Objekt «magische» Gewalt über das Subjekt bekommen. Treffliche Beispiele hiefür liefern die Primitiven, welche z. B. ihre Kinder oder sonstige «beseelte» Objekte so behandeln, wie sie ihre eigene Psyche behandeln. Sie wagen nichts gegen sie zu tun aus Angst, die Kinder- oder Objektseele zu beleidigen. Daher bleiben die Kinder möglichst unerzogen bis zum Pubertätsalter, wo dann plötzlich eine oft grausame Nacherziehung einsetzt (Initiation).

Ich habe oben gesagt, daß die Selbständigkeit der Imago unbewußt bleibe, weil sie mit der des Objektes identifiziert werde. Dementsprechend müßte der Tod des Objektes sonderbare psychologische Wirkungen auslösen, indem das Objekt dann doch nicht ganz verschwindet, sondern in ungreifbarer Form weiterexistiert. Dies ist bekanntlich der Fall. Die unbewußte Imago, der kein Objekt mehr entspricht, wird zum Totengeist und übt nun Wirkungen auf das Subjekt aus, die man zunächst nicht anders denn als psychologische Phänomene auffassen kann. Die unbewußten Projektionen des Subjektes, welche unbewußte Inhalte in die Objektimago überführt und diese mit dem Objekt identifiziert haben, überdauern den realen Verlust des Objektes und spielen eine bedeutende Rolle im Leben der Primitiven, sowohl wie auch bei allen Kulturvölkern ältester wie neuester Zeit. Diese Phänomene beweisen schlagend die relativ autonome Existenz der Objektimagines im Unbewußten. Sie sind offenbar darum im Unbewußten, weil sie bewußt nie als vom Objekt unterschieden betrachtet wurden.

Jeder Fortschritt, jede Auffassungsleistung der Menschheit war mit einem Fortschritt der Selbstbesinnung verknüpft: man hat sich vom Objekt unterschieden und trat der Natur als von ihr verschieden gegenüber. Daher wird auch eine Neuorientierung der psychologischen Einstellung denselben Weg gehen müssen: es ist einleuchtend, daß die Identität des Objektes mit der subjektiven Imago dem Objekt eine Bedeutung verleiht, die ihm nicht eigentlich zukommt, die es aber seit Ewigkeiten besessen hat. Denn die Identität ist eine absolut ursprüngliche Tatsache. Diese Sachlage bedeutet aber für das Subjekt einen primitiven Zustand, der nur solange bestehen bleiben kann, als er nicht zu schweren Inkonvenienzen führt. Die Überwertigkeit des Objektes ist aber nun gerade ein Punkt, der sehr geeignet ist, die Entwicklung des Subjektes zu beeinträchtigen. Ein zu stark betontes, «magisches» Objekt orientiert das subjektive Bewußtsein in hohem Maße im Sinne des Objektes und durchkreuzt jeden Versuch einer individuellen Differenzierung, der selbstverständlich mit einer Ablösung der Imago vom Objekte einsetzen müßte. Die Richtung der individuellen Differenzierung läßt sich nämlich unmöglich beibehalten, wenn äußere Faktoren in den subjektiven seelischen Betrieb «magisch» eingreifen. Die Ablösung der Imagines aber, welche den Objekten jene allzu große Bedeutung verleihen, bringt dem Subjekt jene abgespaltene Energie zurück, deren es zu seiner Entwicklung dringend bedarf.

Die Traumimagines auf der Subjektstufe auffassen bedeutet daher für den Gegenwartsmenschen dasselbe, wie wenn man dem Primitiven die Ahnenfiguren und Fetische wegnimmt und ihm beizubringen versucht, daß die «Medizinkraft» etwas Geistiges sei, das nicht im Objekt, sondern in der menschlichen Psyche stecke. Der Primitive empfindet einen legitimen Widerstand gegen diese ketzerische Auffassung, und so empfindet es auch der Mensch der Gegenwart als unangenehm, vielleicht sogar als irgendwie gefährlich, die durch unermeßliches Alter geheiligte Identität von Imago und Objekt aufzulösen. Die Folgen sind auch für unsere Psychologie kaum faßbar: man hätte niemanden mehr, den man anklagen, niemanden, den man verantwortlich machen, den man belehren, bessern und strafen könnte! Man hätte vielmehr in allen Dingen bei sich selber anzufangen, man hätte die Ansprüche, die man an andere stellt, einzig und allein an sich selber zu stellen. Es ist bei dieser Sachlage begreiflich, warum die Auffassung der Traumimagines auf der Subjektstufe kein gleichgültiger Schritt ist, namentlich darum nicht, weil er zu Einseitigkeiten und Übertriebenheiten in beiden Richtungen Anlaß gibt.

Abgesehen von dieser mehr moralischen Schwierigkeit bestehen aber auch einige Hemmnisse auf intellektuellem Gebiete. Man hat mir schon den Einwand gemacht, die Deutung auf der Subjektstufe sei ein philosophisches Problem und die Durchführung dieses Prinzips stoße an die Schranken der Weltanschauung und höre deshalb auf, Wissenschaft zu sein. Es scheint mir nicht erstaunlich, daß die Psychologie an die Philosophie rührt, denn das der Philosophie zugrundeliegende Denken ist eine psychische Tätigkeit, die als solche Gegenstand der Psychologie ist. Ich denke bei der Psychologie immer an den ganzen Umfang der Seele, und da ist Philosophie und Theologie und so vieles andere mit dabei. Denn gegenüber allen Philosophien und allen Religionen stehen die Tatsachen der menschlichen Seele, welche vielleicht in letzter Instanz über Wahrheit und Irrtum entscheiden.

Es kommt unserer Psychologie zunächst wenig darauf an, ob unsere Probleme da oder dort anstoßen. Wir haben es in erster Linie mit praktischen Notwendigkeiten zu tun. Wenn die Weltanschauungsfrage ein psychologisches Problem ist, dann müssen wir sie behandeln, ob nun die Philosophie zur Psychologie gehört oder nicht. Ebenso sind Religionsfragen für uns zunächst psychologische Fragen. Daß die medizinische Psychologie unserer Zeit diesen Gebieten im allgemeinen fernsteht, ist ein bedauernswerter Mangel, der sich deutlich fühlbar macht in der Tatsache, daß die psychogenen Neurosen irgendwo anders oft bessere Heilungsmöglichkeiten finden als in der *Schulmedizin.* Obschon ich selber Arzt bin und nach dem Prinzip: «medicus medicum non decimat» allen Grund hätte, mich einer Kritik des Arztes zu enthalten, so muß ich dennoch bekennen, daß die Ärzte keineswegs immer diejenigen sind, in deren Händen die psychologische Medizin am besten aufgehoben ist. Ich habe oft die Erfahrung gemacht, daß ärztliche Psychotherapeuten ihre Kunst in jener routinemäßigen Weise, die ihnen durch die Eigenart ihres Studiums nahegelegt wird, auszuüben versuchen. Das medizinische Studium besteht einerseits in der Aufstapelung eines unheimlich großen Gedächtnismaterials, welches ohne wirkliche Kenntnis der Grundlagen einfach memoriert wird, andererseits in der Erfahrung in praktischen Fertigkeiten, welche nach dem Prinzip: «Da wird nicht lange gedacht, sondern in die Hand genommen», erworben werden muß. So kommt es, daß von allen Fakultäten der Mediziner am wenigsten Gelegenheit hat, die Funktion des *Denkens* zu entwickeln. Daher ist es auch nicht weiter erstaunlich, daß sogar psychologisch orientierte Ärzte meinen Überlegungen gar nicht oder nur mit größter Mühe folgen können. Sie haben es sich angewöhnt, nach Rezepten zu verfahren und mechanisch Methoden anzuwenden, welche sie nicht selber ausgedacht haben. Diese Tendenz ist aber für die Ausübung der ärztlichen

Psychologie denkbar ungeeignet, denn sie klammert sich an die Geländer autoritärer Theorien und Methoden und verhindert die Entwicklung eines selbständigen Denkens. So habe ich es erlebt, daß sogar elementare und für die praktische Behandlung ungemein wichtige Unterscheidungen wie Subjekt- und Objektstufe der Deutung, Ich und Selbst, Zeichen und Symbol, Kausalität und Finalität etc. sich als zu hohe Anforderungen an die Denkfähigkeit herausstellten. Aus dieser Schwierigkeit ist das zähe Festhalten an rückständigen und längst revisionsbedürftigen Auffassungen zu erklären. Daß dies nicht nur meine subjektive Auffassung ist, beweist die fanatische Einseitigkeit und sektiererhafte Abgeschlossenheit gewisser «psychoanalytischer» Organisationen. Diese Einstellung ist, wie allbekannt, ein *Symptom* und bedeutet *überkompensierten Zweifel.* Aber eben – wer wendet schon psychologische Kriterien auf sich selber an?

Die Auffassung der Träume als infantile Wunscherfüllungen oder als final orientierte Arrangements im Dienste der infantilen Machtabsicht ist viel zu eng und wird dem Wesen des Traumes nicht gerecht. Der Traum ist, wie jedes Stück des psychischen Zusammenhanges, eine Resultante des Ganzen der Psyche. Daher dürfen wir erwarten, im Traume auch alles zu finden, was im Leben der Menschheit seit uralters Bedeutung hatte. So wenig sich das menschliche Leben an sich auf diesen oder jenen Grundtrieb beschränkt, sondern sich auf eine Vielheit von Trieben, Bedürfnissen, Notwendigkeiten, physischen und psychischen Bedingtheiten aufbaut, ebensowenig ist der Traum aus diesem oder jenem Element zu erklären, so bestechend einfach eine derartige Erklärung auch ausfallen mag. Wir können sicher sein, daß sie unrichtig ist, denn keine einfache Triebtheorie wird jemals imstande sein, die menschliche Seele, dieses gewaltige und geheimnisvolle Ding, zu erfassen und daher auch nicht ihren Ausdruck, den Traum. Um dem Traum auch nur einigermaßen gerecht zu werden, bedürfen wir eines Rüstzeuges, das wir uns aus allen Gebieten der Geisteswissenschaften mühsam zusammenstellen müssen. Aber mit ein paar schlechten Witzen oder mit dem Nachweis gewisser Verdrängungen ist das Traumproblem nicht gelöst.

Man hat meiner Richtung das «Philosophische» (oder gar «Theologische») direkt zum Vorwurf gemacht, in der Meinung, daß ich «philosophisch» erklären wolle und daß meine psychologischen Auffassungen «metaphysisch» seien [18]. Ich gebrauche aber gewisse philosophische, religionswissenschaftliche und historische Materialien *ausschließlich zur Darstellung* seelischer Zusammenhänge. Wenn ich hiebei z. B. einen Gottesbegriff gebrauche oder einen ebenso metaphysischen Energiebegriff, so muß ich das tun, weil das Bilder sind, die sich in der menschlichen Seele seit Anbeginn befinden. Ich muß immer wieder betonen, daß weder das Moralgesetz, noch der Gottesbegriff, noch irgend eine Religion von außen, so gewissermaßen vom Himmel herunter, den Menschen angefallen hat, *sondern das hat der Mensch alles in nuce in sich,* darum erschafft er es auch aus sich heraus. Es ist darum eine müßige Idee, daß es bloß der Aufklärung bedürfe, um diese Gespenster zu vertreiben. Die Ideen des moralischen Gesetzes und der Gottheit gehören zum unausrottbaren Bestand der menschlichen Seele. Darum hat sich jede ehrliche Psychologie, die nicht von einem banausenhaften Aufklärungsdünkel verblendet ist, mit diesen Tatsachen auseinanderzusetzen. Sie sind nicht wegzuerklären und wegzuironisieren. In der Physik können wir eines Gottesbildes entraten, in der Psychologie aber ist es eine definitive Größe, mit der zu rechnen ist, so gut wie mit «Affekt», «Trieb», «Mutter» etc. Es liegt natürlich an der ewigen Vermischung von Objekt und Imago, daß man sich keinen Unterschied denken kann zwischen «Gott» und «Gottesimago» und daher meint, man spreche von Gott, erkläre «theologisch», wenn man von «Gottesbild» spricht. Es steht der Psychologie als Wissenschaft nicht zu, eine Hypostasierung der Gottesimago zu fordern. Sie hat aber, den Tatsachen entsprechend, mit dem Vorhandensein eines Gottesbildes zu rechnen. Ebenso rechnet sie mit dem Trieb und maßt sich keine Kompetenz an festzustellen, was «Trieb» an sich sei. Welchen psychologischen Tatbestand man als Trieb bezeichnet, ist jedermann klar, so unklar es ist, was der Trieb an sich eigentlich ist. So ist es auch klar, daß z. B. das Gottesbild einem bestimmten psychologischen Tatsachenkomplex entspricht und so eine bestimmte Größe darstellt, mit der sich operieren läßt; es bleibt aber eine Frage jenseits aller Psychologie, was Gott an sich sei. Ich bedaure, dergleichen Selbstverständlichkeiten wiederholen zu müssen.

18. Damit ist die Lehre vom «Archetypus» gemeint. Ist der biologische Begriff des «pattern of behaviour» auch «metaphysisch»?

Ich habe im Vorangegangenen so ziemlich alles mitgeteilt, was ich in bezug auf allgemeine Gesichtspunkte der Traumpsychologie zu sagen habe[19]. Ich habe es absichtlich unterlassen, auf Einzelheiten einzugehen. Das muß kasuistischen Arbeiten vorbehalten bleiben. Die Erörterung der allgemeinen Gesichtspunkte hat uns zu weiteren Problemen geführt, deren Erwähnung unumgänglich ist, wenn man von Träumen spricht. Es wäre vom Ziel der Traumanalyse natürlich noch sehr vieles zu sagen, aber da die Traumanalyse das Instrument der analytischen Behandlung überhaupt ist, so ließe sich dies nur im Zusammenhang mit einer Darstellung der ganzen Behandlung tun. Um aber das Wesen der Behandlung gründlich schildern zu können, dazu bedarf es verschiedener Vorarbeiten, welche das Problem von verschiedenen Seiten her in Angriff nehmen. Die Frage der analytischen Behandlung ist äußerst komplex, obschon gewisse Autoren sich an Simplifikationen überbieten und glauben machen wollen, daß die bekannten «Wurzeln» der Krankheit sehr einfach auszuziehen seien. Ich warne vor allem Leichtsinn in dieser Hinsicht. Ich sähe es lieber, wenn sich ernsthafte Köpfe mit den großen Problemen, welche die Analyse in Fluß gebracht hat, gründlich und gewissenhaft auseinandersetzten. Es wäre wirklich an der Zeit, daß die akademische Psychologie sich einmal zur Wirklichkeit bekehrte und von der wirklichen Menschenseele hören wollte und nicht bloß von Laboratoriumsexperimenten. Es sollte nicht mehr so sein, daß Professoren ihren Schülern die Beschäftigung mit analytischer Psychologie verbieten, oder ihnen den Gebrauch analytischer Begriffe untersagen, oder daß man unserer Psychologie den Vorwurf macht, daß sie in unwissenschaftlicher Weise «Alltagserfahrungen berücksichtige». Ich weiß, daß die allgemeine Psychologie den größten Gewinn aus einer ernsthaften Beschäftigung mit dem Traumproblem ziehen könnte, wenn sie sich nur einmal von dem ganz ungerechtfertigten und laienhaften Vorurteil, die Träume entsprängen ausschließlich somatischen Reizen, befreien könnte. Die Überschätzung des Somatischen ist auch in der Psychiatrie einer der wesentlichsten Gründe, warum die Psychopathologie keine Fortschritte macht, insofern sie nicht direkt von der Analyse befruchtet ist. Das Dogma: «Geisteskrankheiten

19. Im nachfolgenden, viel später verfaßten Aufsatz finden sich noch einige Ergänzungen.

sind Gehirnkrankheiten» ist ein Überbleibsel des Materialismus der siebziger Jahre des vorigen Jahrhunderts. Es ist zu einem durch nichts zu rechtfertigenden Vorurteil geworden, das jeden Fortschritt hemmt. Selbst wenn es wahr wäre, daß alle Geisteskrankheiten Gehirnkrankheiten sind, so wäre das noch lange kein Gegengrund gegen die Erforschung der psychischen Seite der Krankheit. Das Vorurteil wird aber benützt, um alle Versuche in dieser Hinsicht von vornherein zu diskreditieren und totzuschlagen. *Der Beweis, daß alle Geisteskrankheiten Gehirnkrankheiten sind, ist aber nie erbracht worden,* kann auch gar nie erbracht werden, sonst müßte auch bewiesen werden können, daß der Mensch so oder so denkt oder handelt, weil die oder jene Eiweißkörper in den oder jenen Zellen zerfallen sind oder sich gebildet haben. Eine solche Ansicht führt direkt zum materialistischen Evangelium: «Was der Mensch *ißt,* das ist er.» Diese Orientierung möchte das Geistesleben als Assimilations- und Dissimilationsvorgänge in den Gehirnzellen verstehen, wobei letztere notwendigerweise immer nur als Laboratoriumssynthesen und -desintegrationen gedacht werden, denn die Vorgänge so denken, wie das Leben sie schafft, ist solange gänzlich ausgeschlossen, als wir den Lebensprozeß selbst nicht nachdenken können. Aber so müßte man die Zellvorgänge denken können, wenn man Anspruch erheben wollte auf die Gültigkeit der materialistischen Anschauung. Damit hätte man aber bereits den Materialismus überwunden, indem man das Leben nie als eine Funktion des Stoffes, sondern nur als einen an und für sich selbst bestehenden Prozeß, dem Kraft und Stoff subordiniert sind, denken kann. Leben als Funktion des Stoffes fordert generatio aequivoca. Auf diesen Beweis wird man aber noch lange warten müssen. Ebensowenig aber, wie wir berechtigt sind, das Leben überhaupt einseitig, willkürlich und beweislos materialistisch aufzufassen, sind wir berechtigt, die Psyche als Gehirnvorgang zu verstehen, ganz abgesehen davon, daß der Versuch, sich etwas derartiges vorzustellen, allein schon aberwitzig ist und auch immer Aberwitz zutage gefördert hat, so oft er ernsthaft gemacht wurde. Vielmehr ist der psychische Vorgang als psychisch zu betrachten, und nicht als ein organischer Zellvorgang. So sehr man sich entrüstet über «metaphysische Phantasie», wenn jemand den Zellvorgang vitalistisch erklärt, so sehr gilt die physische Hypothese als «wissenschaftlich», obschon sie nicht minder phantastisch ist. Sie paßt aber ins materialistische Vorurteil, und darum ist jeder Unsinn, sobald er nur Psychisches in Physisches zu verwandeln verspricht, wissenschaftlich geheiligt. Hoffentlich ist die Zeit nicht mehr fern, wo unsern Wissenschaftsvertretern dieser Zopf eines eingerosteten und gedankenlos gewordenen Materialimus abgeschnitten wird.

VOM WESEN DER TRÄUME

VOM WESEN DER TRÄUME [1]

Die medizinische Psychologie zeichnet sich vor allen anderen naturwissenschaftlichen Disziplinen dadurch aus, daß sie sich mit den komplexesten Problemen auseinanderzusetzen hat, ohne sich auf gesicherte Versuchsanordnungen, Experimentalserien und logisch faßbare Tatbestände stützen zu können. Im Gegenteil sieht sie sich einer Unzahl beständig wechselnder irrationaler Gegebenheiten gegenübergestellt; ist doch die Seele wohl das undurchsichtigste und unnahbarste Gebilde, mit dem sich wissenschaftliches Denken je beschäftigt hat. Man muß zwar annehmen, daß alle psychischen Erscheinungen irgendwie in einer im weitesten Sinne kausalen Abfolge stehen, obschon es ratsam ist, gerade hier zu berücksichtigen, daß Kausalität in letzter Linie bloß eine statistische Wahrheit ist. Es ist daher vielleicht in gewissen Fällen nicht ganz unangebracht, einer möglicherweise absoluten Irrationalität wenigstens eine Türe offen zu lassen, auch wenn man, schon aus heuristischen Gründen, zunächst in allen Fällen die Frage nach der Kausalität aufwirft. Ebenso tut man gut daran, auch innerhalb dieser Fragestellung wenigstens eine der klassischen Begriffsscheidungen, nämlich die der causa efficiens und der causa finalis, in Betracht zu ziehen. Bei psychischen Dingen ist eben die Frage: Warum geschieht es? nicht notwendigerweise ergiebiger als die andere Frage: Wozu geschieht es?

Unter den vielen Problemen der medizinischen Psychologie gibt es ein Sorgenkind, und das ist der Traum. Es wäre nun eine ebenso interessante wie schwierige Aufgabe, den Traum ausschließlich in seinen ärztlichen Aspekten zu behandeln, nämlich in bezug auf Diagnose und Prognose krankhafter Zustände. Der Traum beschäftigt sich

1. Dieser Aufsatz erschien erstmals in der Ciba-Zeitschrift, Juli 1945. Er ist hier um wenige Zusätze vermehrt worden. Die Illustrationen sind bis auf eine weggefallen. (Vgl. Frontispicium.)

tatsächlich auch mit Gesundheit und Krankheit, und da er, vermöge seiner unbewußten Herkunft, aus dem Schatze unterschwelliger Wahrnehmungen schöpft, so kann er gelegentlich sehr wissenswerte Dinge produzieren. Dies hat sich mir schon öfters als hilfreich erwiesen in Fällen schwieriger Differentialdiagnosen bei organischen und psychogenen Symptomen. Auch für die Prognose sind gewisse Träume belangreich[2]. Auf diesem Gebiet fehlen aber noch alle nötigen Vorarbeiten, wie sorgfältige kasuistische Sammlungen und dergleichen mehr. Es ist eine Aufgabe der Zukunft, daß psychologisch geschulte Ärzte systematisch Träume protokollieren, da man so Gelegenheit hätte, ein Traummaterial zu erhalten, das sich auf den später erfolgenden Ausbruch lebensbedrohender akuter Erkrankungen oder sogar auf den letalen Ausgang bezöge, also auf Ereignisse, die zur Zeit der Protokollaufnahme nicht vorauszusehen waren. Die Erforschung der Träume im allgemeinen ist an sich schon eine Lebensarbeit. Zur Ausarbeitung im einzelnen aber bedarf es der Mitarbeit vieler. Ich habe es daher vorgezogen, in dieser kurzen Übersicht die fundamentalen Aspekte der Traumpsychologie und -interpretation so zu behandeln, daß auch der auf diesem Gebiete Unerfahrene sich ein Bild von Fragestellung und Methodik machen kann. Der Kenner dieser Materie wird mir wohl beipflichten, wenn ich die Kenntnis des Grundsätzlichen für wichtiger halte als eine Anhäufung von Kasuistik, welche die mangelnde Erfahrung doch nicht zu ersetzen vermag.

Der Traum ist ein Stück *unwillkürlicher* psychischer Tätigkeit, das gerade soviel Bewußtheit hat, um im Wachzustand reproduzierbar zu sein. Unter den seelischen Erscheinungen bietet der Traum vielleicht am meisten «irrationale» Gegebenheiten. Er scheint ein Minimum von jener logischen Verknüpftheit und Hierarchie der Werte mitbekommen zu haben, die die sonstigen Bewußtseinsinhalte aufweisen, und ist darum weniger durchschaubar und faßbar. Logisch, moralisch und ästhetisch befriedigend kombinierte Träume gehören ja zu den Ausnahmen. In der Regel ist der Traum ein sonderbares und fremdartiges Gebilde, das sich durch viele «schlechte Eigenschaften», wie Mangel an Logik, zweifelhafte Moral, unschöne Gestaltung und offensichtliche

2. Vgl. meinen Aufsatz: *Die praktische Verwendbarkeit der Traumanalyse,* in: *Wirklichkeit der Seele.* 5.–7. Tausend. 1947, p. 98 ff. (Ges. Werke, Bd. 16. 1958. Paragr. 343 ff.)

Widersinnigkeit oder Sinnlosigkeit auszeichnet. Man tut ihn deshalb gerne als dumm, sinn- und wertlos ab.

Jede Deutung eines Traumes ist eine psychologische Aussage über gewisse seelische Inhalte des Traumes. Sie ist daher nicht ungefährlich, da der Träumer in der Regel, wie die meisten Menschen, eine oft erstaunliche Empfindlichkeit zeigt, nicht nur für unrichtige, sondern vor allem auch für richtige Bemerkungen. Da es nur unter ganz besonderen Voraussetzungen möglich ist, einen Traum ohne die Mitbeteiligung des Träumers zu bearbeiten, so bedarf es meist einer ungewöhnlichen Anstrengung, taktvoll zu sein, wenn man nicht unnötig ein fremdes Selbstgefühl verletzen will. Was soll man z. B. sagen, wenn ein Patient eine Reihe wenig dezenter Träume erzählt und daran die Frage knüpft: «Warum soll gerade *ich* solche ekelhaften Träume haben?» Auf eine derartige Frage gibt man besser keine Antwort, denn sie ist aus mehreren Gründen schwierig zu beantworten, namentlich für den Anfänger, und allzuleicht sagt man unter solchen Umständen etwas Ungeschicktes, und zwar gerade dann, wenn man die Frage beantworten zu können vermeint. Das Verstehen der Träume ist nämlich eine so schwierige Sache, daß ich es mir schon längst zur Regel gemacht habe, wenn mir jemand einen Traum erzählt und nach meiner Meinung frägt, vor allem einmal zu mir selber zu sagen: «Ich habe keine Ahnung, was dieser Traum bedeutet.» Nach dieser Feststellung kann ich dann daran gehen, den Traum zu untersuchen.

Hier wird sich der Leser allerdings die Frage vorlegen, ob es sich überhaupt lohne, im einzelnen Falle dem Sinn eines Traumes nachzuforschen, vorausgesetzt, daß Träume überhaupt einen Sinn haben und daß dieser sich im allgemeinen *nachweisen* läßt.

Daß z. B. ein Tier ein Vertebrat ist, kann leicht damit bewiesen werden, daß man die Wirbelsäule bloßlegt. Wie aber muß man vorgehen, wenn man eine innere, sinnvolle Struktur des Traumes «bloßlegen» soll? Es gibt anscheinend zunächst keine eindeutigen Formgesetze und überhaupt keine regelmäßigen Verhaltungsweisen des Traumes, abgesehen von den allbekannten «typischen» Träumen, wie z. B. dem *Alptraum* oder «Schrätteli». Angstträume sind zwar nicht selten, bilden aber keineswegs die Regel. Daneben gibt es *typische Traummotive,* die auch dem Laien bekannt sind, wie z. B. das Fliegen, das Treppen- oder Bergsteigen, das Herumgehen mit ungenügender

Bekleidung, das Zahnausfallen, die Volksmenge, das Hotel, den Bahnhof, die Eisenbahn, das Flugzeug, das Automobil, die beängstigenden Tiere (Schlangen) usw. Diese Motive sind recht häufig, genügen aber keineswegs, um auf eine Gesetzmäßigkeit im Gefüge des Traumes schließen zu können.

Es gibt Menschen, die von Zeit zu Zeit immer wieder denselben Traum haben. Namentlich kommt dies in jugendlichem Alter vor; gelegentlich aber erstreckt sich eine solche Wiederholung auch über mehrere Jahrzehnte. Dabei handelt es sich nicht selten um sehr eindrucksvolle Träume, wo man unbedingt das Gefühl hat, daß sie «doch etwas heißen müssen». Dieses Gefühl besitzt insofern seine Berechtigung, als man auch bei größter Vorsicht nicht um die Annahme herumkommt, daß von Zeit zu Zeit eine bestimmte psychische Situation eintritt, die den Traum veranlaßt. Eine «psychische Situation» ist aber etwas, das, wenn es formuliert werden kann, identisch ist mit einem bestimmten *Sinn* – dies allerdings nur, wenn man sich nicht auf die durchaus unbewiesene Hypothese versteift, daß alle Träume auf Magenverstimmungen, Rückenlage des Schläfers und dergleichen mehr zurückzuführen seien. Solche Träume legen es einem in der Tat nahe, einen gewissen kausalen Sinngehalt wenigstens zu vermuten. Dasselbe gilt von den sogenannten typischen Motiven, die sich viele Male in längeren Traumserien wiederholen. Auch hier kann man sich schwer des Eindruckes erwehren, daß «damit etwas gemeint» sei.

Aber wie gelangen wir zu einem plausiblen Sinn, und wie können wir dann die Richtigkeit der Auslegung bestätigen? Eine erste, allerdings nicht wissenschaftliche Methode bestände darin, daß man an Hand eines Traumbuches zukünftige Ereignisse aus den Träumen prophezeien und durch ihr späteres Eintreten die Deutung verifizieren könnte, vorausgesetzt, daß der Sinn der Träume darin läge, daß sie die Zukunft vorausnehmen.

Eine andere Möglichkeit, den Sinn eines Traumes direkt nachzuweisen, bestände vielleicht darin, daß man, auf die Vergangenheit zurückschließend, aus dem Auftreten bestimmter Motive frühere Erlebnisse rekonstruierte. Obschon dies in beschränktem Maße möglich ist, so hätte es aber nur dann einen entscheidenden Wert, wenn man damit etwas erkennen könnte, was tatsächlich stattgefunden hat, dem Träumer aber unbewußt geblieben ist, oder allenfalls etwas, was er unter keinen Umständen preisgeben möchte. Ist beides nicht der Fall, so handelt es sich um ein bloßes Erinnerungsbild, dessen Auftreten im Traum erstens von niemand bestritten wird und zweitens in Hinsicht auf eine sinnvolle Traumfunktion äußerst belanglos ist, insofern als der Träumer ebensogut bewußt darüber hätte Auskunft geben können. Leider sind damit die Möglichkeiten eines direkten Sinn-Nachweises erschöpft.

Es ist das große Verdienst FREUDS, der Traumforschung auf die Spur verholfen zu haben[3]. Er hat vor allem erkannt, daß wir ohne den Träumer keine Deutung vornehmen können. Die Wörter, die einen Traumbericht zusammensetzen, haben eben nicht bloß *einen* Sinn, sondern sie sind vieldeutig. Träumt z. B. jemand von einem Tisch, so weiß man noch lange nicht, was der «Tisch» des Träumers bedeutet, obschon das Wort «Tisch» unzweideutig genug zu sein scheint. Wir wissen nämlich eines nicht und zwar, daß dieser «Tisch» gerade jener Tisch ist, an dem sein Vater saß, als er dem Träumer jegliche weitere finanzielle Hilfe versagte und ihn als Taugenichts aus dem Hause warf. Die blanke Oberfläche dieses Tisches starrte ihm als Symbol seiner katastrophalen Untauglichkeit im Bewußtsein des Tages sowohl wie im Traume der Nacht entgegen. Das ist, was unser Träumer unter «Tisch» versteht. Darum brauchen wir die Hilfe des Träumers, um die Vielfalt der Wortbedeutungen auf das Wesentliche und Überzeugende einzuschränken. Daß der «Tisch» einen peinlichen Hauptpunkt im Leben des Träumers bezeichnet, daran kann jeder zweifeln, der nicht dabei war. Der Träumer aber zweifelt nicht daran, auch ich nicht. Es ist klar, daß die Traumdeutung in allererster Linie ein Erlebnis ist, das zunächst nur für zwei Personen einwandfrei feststeht.

Wenn wir also zur Feststellung gelangen, daß der «Tisch» im Traum eben jenen fatalen Tisch mit allem, was daran hängt, bedeutet, dann haben wir zwar nicht den Traum, aber wenigstens dieses einzelne Motiv in der Hauptsache gedeutet, d. h. wir erkannten, in was für einem subjektiven *Kontext* das Wort «Tisch» steht.

Wir kamen zu diesem Ergebnis durch die methodische Befragung der *Einfälle* des Träumers. Die weiteren Prozeduren, denen FREUD die Trauminhalte unterzieht, muß ich allerdings ablehnen, denn sie stehen

3. Vgl. *Die Traumdeutung*. 1. Aufl. Wien 1900.

zu sehr unter der vorgefaßten Meinung, daß die Träume Erfüllungen «verdrängter Wünsche» seien. Obschon es auch solche Träume gibt, so ist das noch lange kein Beweis dafür, daß alle Träume Wunscherfüllungen sind, so wenig alle Gedanken des bewußten Seelenlebens Wunscherfüllungen sind. Es besteht gar kein Grund zur Annahme, daß die dem Traum zugrunde liegenden unbewußten Vorgänge in Form und Inhalt beschränkter oder eindeutiger seien als die Bewußtseinsvorgänge. Man könnte eher von den letztgenannten vermuten, daß sie sich auf bekannte Typen einschränken lassen, indem sie meist die Regelmäßigkeit oder gar Monotonie der bewußten Lebensführung abbilden.

Um den Sinn des Traumes festzustellen, habe ich auf Grund der oben erläuterten Erkenntnis ein Verfahren ausgebildet, das ich als das *Aufnehmen des Kontextes* bezeichne und das darin besteht, daß bei jeder hervorstechenden Einzelheit des Traumes durch die Einfälle des Träumers festgestellt wird, in welcher Bedeutungsnuance sie ihm erscheint. Ich verfahre also nicht anders als bei der Dechiffrierung eines schwer lesbaren Textes. Diese Methode ergibt als Resultat durchaus nicht immer einen unmittelbar verständlichen Text, sondern zunächst oft nur einen als bedeutsam erscheinenden Hinweis auf zahlreiche Möglichkeiten. Ich behandelte einmal einen jüngeren Mann, der mir in der Anamnese angab, glücklich verlobt zu sein, und zwar mit einem Mädchen aus «guter» Familie. In seinen Träumen trat ihre Gestalt öfters in sehr unvorteilhafter Weise auf. Der Kontext ergab, daß das Unbewußte des Träumers allerlei Skandalgeschichten aus ganz anderer Quelle mit der Gestalt seiner Braut kombinierte, was ihm durchaus unbegreiflich war und mir natürlich ebenfalls. Aus der ständigen Wiederholung solcher Kombinationen mußte ich aber schließen, daß trotz seines bewußten Widerstandes eine unbewußte Tendenz vorlag, seine Braut in solch zweideutigem Licht erscheinen zu lassen. Er sagte mir, wenn so etwas wahr wäre, so würde ihm das soviel wie eine Katastrophe bedeuten. Seine akute Neurose hatte einige Zeit nach der Verlobungsfeier eingesetzt. Trotz der Undenkbarkeit erschien mir die Verdächtigung seiner Braut ein Punkt von so kapitaler Wichtigkeit zu sein, daß ich ihm anriet, Nachforschungen anzustellen. Diese erwiesen nun den Verdacht als gerechtfertigt, und der «Schock» der unerfreulichen Entdeckung erschlug den Patienten nicht, sondern kurierte ihn von seiner Neurose und damit auch von seiner Braut. Obgleich also die Aufnahme des Kontextes eine sogenannte «Undenkbarkeit» und damit eine anscheinend widersinnige Deutung der Träume ergab, so erwies sie sich dennoch im Lichte der später entdeckten Tatsachen als richtig. Dieser Fall ist von exemplarischer Einfachheit. Es ist überflüssig zu betonen, daß die wenigsten Träume eine so einfache Lösung finden.

Das Aufnehmen des Kontextes ist allerdings eine einfache, beinahe mechanische Arbeit, die nur *vorbereitende* Bedeutung hat. Die darauffolgende Herstellung eines lesbaren Textes, nämlich die eigentliche *Interpretation des Traumes,* ist dagegen in der Regel eine anspruchsvolle Aufgabe. Sie setzt psychologische Einfühlung, Kombinationsfähigkeit, Intuition, Welt- und Menschenkenntnis und vor allem ein *spezifisches Wissen* voraus, bei dem es ebensosehr auf ausgedehnte Kenntnisse wie auf eine gewisse «intelligence du cœur» ankommt. Alle diese Voraussetzungen, sogar die letztgenannte inbegriffen, gelten für *die Kunst der ärztlichen Diagnostik* überhaupt. Es bedarf durchaus nicht eines sechsten Sinnes, um Träume verstehen zu können. Aber es braucht mehr als geistlose Schemata, wie sie sich in vulgären Traumbüchlein finden oder sich fast stets unter dem Einfluß vorgefaßter Meinungen entwickeln. Die stereotype Auslegung von Traummotiven ist abzulehnen; gerechtfertigt sind nur spezifische, durch sorgfältige Kontextaufnahmen eruierbare Bedeutungen. Auch wenn man eine große Erfahrung auf diesem Gebiete besitzt, so ist man doch immer wieder genötigt, sich vor jedem Traum sein Nichtwissen einzugestehen und, auf alle vorgefaßten Meinungen verzichtend, sich auf etwas gänzlich Unerwartetes einzustellen.

So sehr sich die Träume auf ein bestimmt geartetes Bewußtsein und auf eine bestimmte seelische Situation beziehen, so tief liegen ihre Wurzeln in dem unerkennbar dunkeln Hintergrund des Bewußtseinsphänomens. Wir nennen diesen Hintergrund aus Ermangelung eines bezeichnenderen Ausdruckes das *Unbewußte.* Wir kennen sein Wesen an und für sich nicht, sondern beobachten nur gewisse Auswirkungen, aus deren Beschaffenheit wir gewisse Rückschlüsse auf die Natur der unbewußten Psyche wagen. Weil der Traum eine ungemein häufige und normale Äußerung der unbewußten Psyche ist, liefert er das meiste Erfahrungsmaterial zur Erforschung des Unbewußten.

Da nun der Sinn der meisten Träume *nicht* mit den Tendenzen des Bewußtseins zusammenfällt, sondern eigentümliche Abweichungen aufweist, müssen wir annehmen, daß das Unbewußte, die Matrix der Träume, eine selbständige Funktion hat. Ich bezeichne dies als die *Autonomie des Unbewußten.* Der Traum gehorcht nicht nur nicht unserem Willen, sondern stellt sich sogar recht häufig in grellen Gegensatz zu den Absichten des Bewußtseins. Der Gegensatz ist aber nicht immer so ausgeprägt; zuweilen kann der Traum auch nur in geringerem Maße von der bewußten Einstellung oder Tendenz abweichen und Modifikationen anbringen; ja er kann sogar gelegentlich mit Inhalt und Tendenz des Bewußtseins koinzidieren. Um dieses Verhalten zu formulieren, bot sich mir als einzig möglicher Begriff der der *Kompensation* an, welcher allein imstande ist, wie mir scheint, alle Verhaltungsweisen des Traumes sinnvoll zusammenzufassen. Die Kompensation muß von der *Komplementierung* streng unterschieden werden. Das Komplement ist ein zu beschränkter und beschränkender Begriff, der nicht genügt, um die Traumfunktion passend zu erklären, da er ein sozusagen zwangsläufiges Ergänzungsverhältnis bezeichnet[4]. Die *Kompensation* dagegen ist, wie der Terminus besagt, eine Gegeneinanderhaltung und Vergleichung verschiedener Daten oder Standpunkte, wodurch ein *Ausgleich* oder eine *Berichtigung* entsteht.

In dieser Hinsicht gibt es drei Möglichkeiten. Wenn die Einstellung des Bewußtseins zur Lebenssituation in hohem Maße einseitig ist, stellt sich der Traum auf die Gegenseite. Hat das Bewußtsein eine der «Mitte» relativ angenäherte Stellung, so begnügt sich der Traum mit Varianten. Ist die Stellung des Bewußtseins aber «korrekt» (adäquat), so koinzidiert der Traum und unterstreicht damit dessen Tendenz, ohne jedoch dabei seine ihm eigentümliche Autonomie zu verlieren. Da man indessen nie mit Sicherheit weiß, wie die Bewußtseinssituation eines Patienten zu bewerten ist, so ist dadurch eine Traumdeutung ohne Befragung des Träumers von vornherein ausgeschlossen. Aber auch wenn wir die bewußte Situation kennen, so wissen wir damit noch nichts über die Haltung des Unbewußten. Da das Unbewußte nicht nur die Matrix der Träume, sondern auch die der psychogenen Symptome ist, kommt der Frage nach der Haltung des Unbewußten eine besondere praktische Wichtigkeit zu. Unbekümmert darum, ob ich und andere

4. Damit soll das Prinzip der Komplementarität nicht in Abrede gestellt sein. Der Begriff der Kompensation bedeutet nur eine psychologische Verfeinerung desselben.

mit mir meine bewußte Einstellung als richtig empfinden, kann das Unbewußte sozusagen «anderer Meinung sein». Dies ist – und namentlich im Fall einer Neurose – insofern nicht gleichgültig, als es das Unbewußte durchaus in der Hand hat, allerlei unliebsame Störungen durch oft folgenschwere Fehlhandlungen zu verursachen oder neurotische Symptome zu erzeugen. Solche Störungen beruhen auf einer Nichtübereinstimmung von «bewußt» und «unbewußt». «Normalerweise» sollte wohl eine solche Übereinstimmung vorhanden sein. Tatsache ist aber, daß sie sehr häufig nicht besteht, und dies ist der Grund zu einer unabsehbaren Vielzahl psychogener Unzuträglichkeiten, von schweren Unglücksfällen und Krankheit bis zum harmlosen lapsus linguae. Auf diese Beziehungen hingewiesen zu haben, ist das Verdienst von FREUD [5].

Obschon in der weitaus überwiegenden Mehrzahl der Fälle die Kompensation auf die Herstellung eines normalen seelischen Gleichgewichtes abzielt und sich damit als eine Art Selbststeuerung des psychischen Systems erweist, so darf man sich mit dieser Erkenntnis doch nicht begnügen, denn unter gewissen Bedingungen und in gewissen Fällen (z. B. bei latenten Psychosen) führt die Kompensation zu einem fatalen Ausgang (Überwiegen destruktiver Tendenzen!), z. B. zu Selbstmord oder sonstigen abnormen Handlungen, die eben im Lebensplan gewisser belasteter Individuen «vorgemerkt» sind.

In der Neurosenbehandlung stellt sich die Aufgabe, den Einklang zwischen «bewußt» und «unbewußt» wieder annähernd herzustellen. Dies kann bekanntlich auf vielerlei Weise geschehen, angefangen mit «natürlicher Lebensweise», Vernunfteinreden, Willensstärkung bis zur «Analyse des Unbewußten».

Weil die einfacheren Methoden so oft versagen und der Arzt dann nicht mehr weiß, wie er den Patienten weiterbehandeln soll, bietet die kompensatorische Funktion der Träume eine willkommene Hilfe. Nicht daß etwa die Träume moderner Menschen unmittelbar die passenden Heilmittel angäben, wie dies von den Inkubationsträumen berichtet wird, die in den Asklepiostempeln geträumt wurden [6]; sie beleuchten aber die Situation des Patienten in einer Art und Weise, die überaus gesundheitsfördernd sein kann. Sie bringen Erinnerungen, Ein-

5. Vgl. *Zur Psychopathologie des Alltagslebens.* Berlin. 1904.
6. Vgl. C. A. MEIER, *Antike Inkubation und moderne Psychotherapie.* 1949.

sichten, Erlebnisse, sie wecken Schlafendes in der Persönlichkeit und decken Unbewußtes in den Beziehungen auf, so daß selten einer, der es sich nicht verdrießen ließ, seine Träume während längerer Zeit mit berufenem Beistand zu verarbeiten, ohne Bereicherung und Erweiterung seines Horizontes geblieben ist. Gerade vermöge des kompensatorischen Verhaltens erschließt die konsequent durchgeführte Analyse der Träume neue Gesichtspunkte und öffnet neue Wege, die über den gefürchteten Stillstand hinweghelfen.

Mit dem Begriff der *Kompensation* ist allerdings nur eine ganz allgemeine Charakterisierung der Traumfunktion gegeben. Wenn man, wie dies in längeren und schwierigen Behandlungen der Fall ist, über viele Hunderte sich erstreckende Serien von Träumen vor die Augen bekommt, dann drängt sich dem Beobachter allmählich ein Phänomen auf, das beim einzelnen Traum hinter der jeweiligen Kompensation verborgen ist. Es ist dies eine Art von *Entwicklungsvorgang* in der Persönlichkeit. Zunächst erscheinen einem die Kompensationen als jeweilige Ausgleichungen von Einseitigkeiten oder Ausbalancierungen gestörter Gleichgewichtslagen. Bei tieferer Einsicht und Erfahrung dagegen ordnen sich diese anscheinend einmaligen Kompensationsakte einer Art von *Plan* ein. Sie scheinen unter sich zusammenzuhängen und in tieferem Sinne einem gemeinsamen Ziel untergeordnet zu sein, so daß eine lange Traumserie nicht mehr als ein sinnloses Aneinanderreihen inkohärenter und einmaliger Geschehnisse erscheint, sondern als ein wie in planvollen Stufen verlaufener Entwicklungs- oder Ordnungsprozeß. Ich habe diesen in der Symbolik langer Traumserien sich spontan ausdrückenden unbewußten Vorgang als *Individuationsprozeß* bezeichnet.

Mehr als irgendwo sonst in der darstellenden Behandlung der Traumpsychologie wären hier erläuternde Beispiele am Platze. Dies ist aber leider aus technischen Gründen ganz unmöglich. Deshalb sei auf mein Buch *Psychologie und Alchemie*[7] hingewiesen, das u. a. eine Untersuchung über die Struktur von Traumserien mit besonderer Berücksichtigung des Individuationsprozesses enthält.

Die Frage, ob lange Traumserien, aufgenommen außerhalb der analytischen Prozedur, ebenfalls einen auf die Individuation hindeutenden Entwicklungsgang erkennen lassen, ist aus Mangel an entsprechenden

7. 2. Aufl. 1952.

Untersuchungen noch ganz ungeklärt. Die analytische Prozedur bedeutet, namentlich wenn sie die systematische Traumanalyse einschließt, einen «process of quickened maturation», wie STANLEY HALL einmal treffend bemerkte. Es wäre daher möglich, daß die Motive, welche den Individuationsvorgang begleiten, hauptsächlich und in erster Linie nur in Traumserien, die innerhalb der analytischen Prozedur aufgenommen werden, in Erscheinung treten, während sie in «außeranalytischen» Traumserien vielleicht nur in bedeutend größerer zeitlicher Distanzierung vorkommen.

Ich habe oben erwähnt, daß die Traumdeutung nebst anderem auch ein spezifisches Wissen erfordere. Während ich es einem intelligenten Laien mit einigen psychologischen Kenntnissen, einer gewissen Lebenserfahrung und Übung durchaus zutraue, die Traumkompensation praktisch richtig diagnostizieren zu können, halte ich es für ausgeschlossen, daß jemand ohne Kenntnisse auf mythologischem und folkloristischem Gebiet, ohne ein Wissen um die Psychologie der Primitiven und um die vergleichende Religionswissenschaft das Wesen des Individuationsprozesses versteht, der nach allem, was wir wissen, der psychologischen Kompensation zugrunde liegt.

Nicht alle Träume sind von gleicher Wichtigkeit. Schon die Primitiven unterscheiden «kleine» und «große» Träume. Wir würden etwa sagen «unbedeutende» und «bedeutende» Träume. Genauer besehen sind die «kleinen» Träume die allnächtlichen Phantasiefragmente, die der subjektiven und persönlichen Sphäre entstammen und sich hinsichtlich ihrer Bedeutung in der Alltäglichkeit erschöpfen. Deshalb werden solche Träume auch leicht vergessen, weil eben ihre Gültigkeit nicht weiter reicht als die täglichen Schwankungen des seelischen Gleichgewichtes. Bedeutungsvolle Träume dagegen werden oft ein Leben lang im Gedächtnis bewahrt, und nicht selten bilden sie das Kernstück in der Schatzkammer seelischer Erlebnisse. Wie viele Menschen habe ich angetroffen, die es bei der ersten Begegnung nicht lassen konnten zu sagen: «Ich habe einmal einen Traum gehabt!» Gelegentlich war es der erste Traum, an den sie sich überhaupt entsinnen konnten, und der zwischen dem dritten und fünften Lebensjahr zustande kam. Ich habe viele solcher Träume untersucht und fand an ihnen häufig eine Besonderheit, die sie vor andern Träumen auszeichnet. Es kommen in ihnen nämlich symbolische Gebilde vor, denen wir auch in der *Geschichte des menschlichen Geistes* begegnen. Bemerkenswert ist, daß der Träumer von der Existenz solcher Parallelen keine Ahnung zu haben braucht. Diese Besonderheit gilt für die Träume des Individuationsprozesses. Es sind in ihnen sogenannte *mythologische Motive* bzw. *Mythologeme* enthalten, die ich als *Archetypen* bezeichnet habe. Darunter sind spezifische Formen und bildmäßige Zusammenhänge zu verstehen, die sich in übereinstimmender Form nicht nur in allen Zeiten und Zonen, sondern auch in den individuellen Träumen, Phantasien, Visionen und Wahnideen finden. Ihr häufiges Vorkommen in individuellen Fällen sowohl wie ihre ethnische Ubiquität beweisen, daß die menschliche Seele nur zu einem Teil einmalig und subjektiv oder persönlich ist, zum andern aber *kollektiv* und *objektiv*[8].

Wir sprechen daher einerseits von einem *persönlichen,* andererseits von einem *kollektiven* Unbewußten, das gleichsam eine tiefere Schicht als das bewußtseinsnähere persönliche Unbewußte darstellt. Die «großen» bzw. bedeutungsvollen Träume entstammen dieser tieferen Schicht. Ihre Bedeutsamkeit verrät sich, abgesehen vom subjektiven Eindruck, schon durch ihre plastische Gestaltung, die nicht selten dichterische Kraft und Schönheit zeigt. Solche Träume ereignen sich meist in schicksalsentscheidenden Abschnitten des Lebens, so in der ersten Jugend, in der Pubertätszeit, um die Lebensmitte (36. bis 40. Jahr) und in conspectu mortis. Ihre Deutung ist oft mit beträchtlichen Schwierigkeiten verknüpft, weil das Material, das der Träumer beitragen kann, zu spärlich ist. Es handelt sich eben bei den archetypischen Gebilden nicht mehr um persönliche Erfahrungen, sondern gewissermaßen um allgemeine Ideen, deren Hauptbedeutung in dem ihnen eigentümlichen Sinn und nicht in irgendwelchen persönlichen Erlebniszusammenhängen besteht. Ein junger Mann träumte z. B. von einer großen Schlange, die in einem unterirdischen Gewölbe eine goldene Schale bewachte. Er hatte zwar einmal eine Riesenschlange in einem zoologischen Garten gesehen, aber sonst vermochte er gar nichts anzuführen, was ihm zu einem solchen Traum hätte Anlaß geben können, außer die Erinnerung an märchenhafte Erzählungen. Nach diesem unbefriedigenden Kontext zu schließen, hätte der Traum, der sich aber gerade durch stärkste

8. Vgl. meine Schrift: *Über die Psychologie des Unbewußten.* 7. Aufl. 1960. (Ges. Werke, Bd. 7. 1964.) Kap. 5–7.

Affekte auszeichnete, eine durchaus gleichgültige Bedeutung. Damit wäre aber dessen ausgesprochene Emotionalität nicht erklärt. In einem solchen Fall müssen wir auf das Mythologem zurückgreifen, wo Schlange oder Drache, Hort und Höhle eine der Bewährungsproben des Heldenlebens darstellen. Dann wird es klar, daß es sich um eine kollektive Emotion handelt, d. h. um eine typische, affektvolle Situation, die nicht in erster Linie ein persönliches Erlebnis ist, sondern erst sekundär zu einem solchen wird. Primär handelt es sich um ein allgemein menschliches Problem, das subjektiv übersehen wurde und das sich deshalb objektiv zum Bewußtsein durchdrängt[9].

Ein Mann in der Lebensmitte fühlt sich noch jung, und Alter und Tod liegen ihm ferne. Etwa mit sechsunddreißig Jahren überschreitet er aber den Zenith des Lebens, ohne sich der Bedeutung dieser Tatsache bewußt zu sein. Ist er nun ein Mensch, der nach seiner ganzen Veranlagung und Begabung ein allzugroßes Unbewußtsein nicht erträgt, so wird ihm die Erkenntnis dieses Momentes vielleicht in Form eines archetypischen Traumes aufgedrängt. Vergeblich wird er sich mit Hilfe eines sorgfältig aufgenommenen Kontextes bemühen, den Traum zu verstehen, denn dieser drückt sich in fremdartigen mythologischen Formen aus, die dem Träumer nicht geläufig sind. Der Traum benützt kollektive Figuren, weil er ein ewiges, unendlich sich wiederholendes menschliches Problem und nicht eine persönliche Gleichgewichtsstörung auszudrücken hat.

Alle jene Augenblicke des individuellen Lebens, wo die allgemeingültigen Gesetze menschlichen Schicksals die Absichten, Erwartungen und Anschauungen des persönlichen Bewußtseins durchbrechen, sind zugleich *Stationen des Individuationsprozesses*. Dieser Vorgang ist nämlich die spontane *Verwirklichung des ganzen Menschen*. Der ichbewußte Mensch bedeutet nur einen Teil des lebenden Ganzen, und sein Leben stellt noch keine Verwirklichung des Ganzen dar. Je mehr er bloßes Ich ist, desto mehr spaltet er sich vom kollektiven Menschen, der er auch ist, ab und gerät sogar in einen Gegensatz zu diesem. Da aber alles Lebende nach seiner Ganzheit strebt, so findet gegenüber der unvermeidlichen Einseitigkeit des Bewußtseinslebens eine beständige

9. Vgl. die von Karl Kerényi und mir herausgegebene Abhandlung: *Einführung in das Wesen der Mythologie*. 1951. Kap. II.

Korrektur und Kompensation von seiten des allgemein menschlichen Wesens in uns statt, mit dem Ziele einer schließlichen Integration des Unbewußten im Bewußtsein oder besser, einer Assimilation des Ich an eine umfangreichere Persönlichkeit.

Solche Überlegungen werden unvermeidlich, wenn man dem Sinn der «großen» Träume gerecht werden will. Sie verwenden nämlich zahlreiche Mythologeme, die das Leben des Heros, d. h. jenes größeren Menschen halbgöttlicher Natur, charakterisieren. Hier gibt es gefährliche Abenteuer und Bewährungsproben, wie sie in Initiationen vorkommen. Es gibt Drachen, hilfreiche Tiere und Dämonen. Wir begegnen dem alten Weisen, dem Tiermenschen, dem verborgenen Schatz, dem Wunschbaum, dem Brunnen, der Höhle, dem ummauerten Garten, den Wandlungsprozessen und Substanzen der Alchemie usw., lauter Dingen, die sich nirgends mit den Banalitäten des Alltags berühren. Der Grund hiefür ist, daß es sich um die Verwirklichung eines Persönlichkeitsteiles handelt, der noch nicht war, sondern erst im Begriffe ist, zu werden.

Die Art und Weise, wie solche Mythologeme, sich gegenseitig verdichtend und modifizierend, im Traume auftreten, schildert die Abbildung (vgl. Frontispicium) von Nebukadnezars Traum (Daniel IV, 7 ff.). Obschon das Bild anscheinend nichts anderes zu sein vorgibt, als eine Darstellung jenes Traumes, so ist es vom darstellenden Künstler doch wie nochmals geträumt, was sofort ersichtlich wird, wenn man die Einzelheiten genauer untersucht. Der *Baum* wächst (in unhistorischer Weise) aus dem Nabel des Königs: er ist also jener Stammbaum der Ahnen Christi, der aus dem Nabel Adams, des Stammvaters wächst[10]. Daher trägt er in der Krone den *Pelikan,* der mit seinem Blut die Jungen nährt, jene bekannte «allegoria Christi». Außerdem bildet der Pelikan jene Quincunx mit dem Tetramorphos, den vier Vögeln, welche an Stelle der vier Evangelistensymbole stehen. Dieselbe Quincunx findet sich auch unten, der Hirsch als Symbol Christi[11] und die

10. Der Baum ist zugleich ein alchemistisches Symbol. Vgl. *Psychologie und Alchemie.* 2. Aufl. 1952, p. 563. u. a. a. O.

11. Der Hirsch ist eine allegoria Christi, weil die Legende ihm die Fähigkeit der Selbsterneuerung zuschreibt. So schreibt HONORIUS VON AUTUN in seinem *Speculum de Mysteriis Ecclesiae* (MIGNE, Patr. Lat., T. CLXXII, col. 847): «Fertur quod cervus postquam serpentem deglutiverit, ad aquam currat ut per haustum aquae venenum ejiciat; et tunc cornuam et pilos excutiat et sic denuo nova recipiat.» (Es heißt, daß

vier erwartungsvoll nach oben blickenden Tiere. Diese beiden Quaternitäten haben allernächste Beziehung zu alchemistischen Vorstellungen: oben die volatilia, unten die terrena, erstere (wie gewöhnlich) als Vögel, letztere als quadrupeda dargestellt. Es hat sich also in die Darstellung des Traumbildes nicht nur die christliche Vorstellung des Stammbaumes und der Evangelistenquaternität, sondern auch der (alchemistische) Gedanke der doppelten Quaternität (superius est sicut quod inferius) eingedrängt. Diese Kontamination schildert in höchst anschaulicher Weise, wie die individuellen Träume mit den Archetypen verfahren. Letztere werden nicht nur unter sich (wie hier), sondern auch mit einmaligen individuellen Elementen verdichtet, verwoben und vermischt [12].

Wenn aber die Träume so wesentliche Kompensationen hervorbringen, warum sind sie dann nicht verständlich? Diese Frage wurde mir oft gestellt. Darauf muß man antworten, daß der Traum ein Naturereignis ist, und daß die Natur keinerlei Neigung bekundet, ihre Früchte gewissermaßen gratis und der menschlichen Erwartung entsprechend zur Verfügung zu stellen. Man wendet oft ein, daß die Kompensation ja unwirksam sei, wenn der Traum nicht verstanden wird. Das ist aber nicht so sicher, da ja vieles wirkt, ohne daß es verstanden wird. Zweifellos aber können wir durch das Verstehen die Wirkung beträchtlich steigern, was oft notwendig ist, weil das Unbewußte überhört werden kann. «Quod natura relinquit imperfectum, ars perficit!» Was die Natur unvollendet ließ, vollendet die Kunst! lautet ein alchemistischer Ausspruch.

Was nun endlich die Gestalt der Träume anbetrifft, so findet sich schlechterdings alles, vom blitzartigen Eindruck bis zum unendlich

der Hirsch, nachdem er eine Schlange verschlungen habe, zur Quelle eile, um dort durch einen Schluck Wasser das Gift herausspeien zu können; und dann das Geweih und die Haare abzuwerfen und neue zu empfangen.) Im *Saint-Graal* (publ. par EUGÈNE HUCHER, 1878, III, pp. 219 u. 224) wird erzählt, daß Christus den Jüngern bisweilen als *weißer Hirsch* mit vier Löwen (=Evangelisten) erscheine. In der Alchemie wird der Mercurius als Hirsch allegorisiert (MANGET: *Bibliotheca Chemica.* 1702, vol. II, Tab. IX, fig. XIII, u. a. a. O.), weil der Hirsch sich selber erneuern kann, «les os du cuer du serf vault moult pour conforter le cuer humain.» (LOUIS DELATTE, *Textes latins et vieux français relatifs aux Cyranides.* Bibl. de la Fac. de Phil. et Lettre de l'Univ. de Liège. Fasc. XCIII, 1942, p. 346.)

12. Bezüglich der hier verwendeten alchemistischen Begriffe siehe: *Psychologie und Alchemie.* 2. Aufl. 1952.

langen Traumgespinst. Immerhin gibt es eine große Mehrzahl «durchschnittlicher» Träume, in denen sich eine gewisse Struktur erkennen läßt; und zwar ist sie derjenigen des *Dramas* nicht unähnlich. Der Traum beginnt zum Beispiel mit einer *Ortsangabe* wie: «Ich bin auf einer Straße, es ist eine Allee» (1); oder: «Ich bin in einem großen Gebäude wie ein Hotel» (2) usw. Dazu kommt häufig eine Angabe über die *handelnden Personen,* zum Beispiel: «Ich gehe mit meinem Freund X spazieren in einer städtischen Anlage. Bei einer Wegkreuzung stoßen wir plötzlich auf Frau Y» (3); oder: «Ich sitze mit Vater und Mutter in einem Eisenbahncoupé» (4); oder «Ich bin in der Uniform, viele Dienstkameraden umgeben mich» (5) und so weiter. Zeitangaben sind seltener. Ich bezeichne diese Phase des Traumes als *Exposition.* Sie gibt den Ort der Handlung, die handelnden Personen und häufig die Ausgangslage an.

Die zweite Phase ist die der *Verwicklung.* Zum Beispiel: «Ich bin auf einer Straße, es ist eine Allee. In der Ferne taucht ein Automobil auf, das sich rasch nähert. Es fährt merkwürdig unsicher, und ich denke, der Chauffeur sei am Ende betrunken» (1). Oder: «Frau Y scheint in großer Erregung zu sein und will mir hastig etwas zuflüstern, was offenbar mein Freund X nicht hören soll» (3). Die Situation wird irgendwie kompliziert, und es tritt eine gewisse Spannung ein, da man nicht weiß, was es jetzt geben soll.

Die dritte Phase ist die der *Kulmination* oder der *Peripetie.* Hier geschieht etwas Entscheidendes oder es schlägt etwas um, z. B. «Plötzlich bin *ich* im Wagen und anscheinend selber dieser betrunkene Chauffeur. Ich bin allerdings nicht betrunken, sondern seltsam unsicher und wie steuerlos. Ich kann den rasch fahrenden Wagen nicht mehr halten und stoße mit Krach in eine Mauer» (1). Oder: «Plötzlich wird Frau Y leichenblaß und stürzt zu Boden» (3).

Die vierte und letzte Phase ist die *Lysis,* die *Lösung* oder das durch die Traumarbeit erzeugte *Resultat* (es gibt gewisse Träume, bei denen die vierte Phase fehlt, was unter Umständen ein besonderes Problem bilden kann, das hier nicht zu diskutieren ist), zum Beispiel: «Ich sehe, daß der Vorderteil des Wagens zerschmettert ist. Es ist ein fremder Wagen, den ich nicht kenne. Ich selber bin unverletzt. Ich denke mit einiger Bangigkeit über meine Verantwortlichkeit nach» (1). Oder: «Wir denken, Frau Y sei tot. Aber es ist offenbar nur eine Ohnmacht.

Freund X ruft: ‚Ich muß einen Arzt holen'» (3). Die letzte Phase gibt einen abschließenden Tatbestand, der zugleich auch das «gesuchte» Resultat ist. Im Traum 1 ist offenbar nach einem gewissen steuerlosen Durcheinander eine neue Besinnlichkeit eingetreten, d. h. sie sollte eintreten, da der Traum kompensatorisch ist. In Traum 3 ist das Resultat der Gedanke, daß die Hilfe einer kompetenten Drittperson angezeigt wäre.

Der erste Träumer (1) ist ein Mann, der in schwierigen familiären Umständen den Kopf etwas verloren hat und es nicht zum Äußersten wollte kommen lassen. Der zweite Träumer (3) war im Zweifel, ob er richtig daran tue, für seine Neurose die Hilfe eines Psychotherapeuten in Anspruch zu nehmen. Mit diesen Angaben ist der Traum freilich noch nicht gedeutet, sondern bloß seine Ausgangslage skizziert. Diese Vierphaseneinteilung läßt sich bei der Mehrzahl praktisch vorkommender Träume ohne besondere Schwierigkeiten verwenden, was also bestätigen würde, daß der Traum meist eine «dramatische» Struktur hat.

Der wesentliche Inhalt der Traumhandlung ist, wie ich oben gezeigt habe, eine Art von feinabgestimmter Kompensation für eine gewisse Einseitigkeit, Irrtümlichkeit, Abweichung oder sonstige Störung des bewußten Standpunktes. Eine meiner hysterischen Patientinnen, eine Aristokratin, die sich überflüssigerweise unendlich distinguiert vorkam, begegnete in ihren Träumen serienweise schmutzigen Fischweibern und betrunkenen Prostituierten. In extremen Fällen werden die Kompensationen dermaßen bedrohlich, daß aus Angst davor Schlaflosigkeit eintritt.

Der Traum kann einen also peinlichst desavouieren oder in anscheinend wohlwollendster Weise moralisch stützen. Das erstere kommt gerne vor bei Leuten, die eine zu gute Meinung von sich haben, wie die eben erwähnte Patientin, das letztere bei solchen, die sich für zu gering halten. Gelegentlich wird aber im Traum der Überhebliche nicht etwa bloß gedemütigt, sondern zu einem unwahrscheinlichen Rang erhöht, und zwar bis zur Lächerlichkeit, der allzu Demütige ebenso unwahrscheinlich erniedrigt («to rub it in», wie der Engländer sagt).

Bei vielen Leuten, die etwas, aber nicht genug von Träumen und deren Bedeutung wissen, entsteht unter dem Eindruck einer raffinierten und wie absichtlich erscheinenden Kompensation gerne das Vorurteil, der Traum habe tatsächlich eine moralische Absicht, er warne, tadle, tröste, sage voraus usw. Man läßt sich dadurch, daß man meint, das Unbewußte wisse ja alles besser, leicht verleiten, nötige Entscheidungen und Entschlüsse den Träumen zuzuschieben, und ist dann entsprechend enttäuscht, wenn die Träume immer nichtssagender werden. Die Erfahrung hat mir gezeigt, daß sich bei einiger Kenntnis der Traumpsychologie leicht eine Überschätzung des Unbewußten einstellt, welche die bewußte Entschlußkraft beeinträchtigt. Das Unbewußte funktioniert aber nur befriedigend, wenn das Bewußtsein seine Aufgaben bis zum Rande der Möglichkeit erfüllt. Was dann noch fehlt, vermag vielleicht ein Traum zu ergänzen, oder er kann einem da weiter helfen, wo auch das beste Bemühen versagt hat. Wenn das Unbewußte dem Bewußtsein tatsächlich überlegen wäre, so wäre schlechterdings nicht einzusehen, worin denn schließlich der Nutzen des Bewußtseins bestände, bzw. warum überhaupt je in der Phylogenese das Bewußtseinsphänomen als Notwendigkeit entstanden wäre. Wäre es ein bloßer lusus naturae, so käme der Tatsache, daß überhaupt jemand weiß, daß die Welt und er selber existiert, keinerlei Bedeutung zu. Diese Ansicht ist irgendwie schwer verdaulich, ihr Hervorheben darum aus psychologischen Gründen zu vermeiden, auch wenn sie richtig wäre, was wir übrigens, glücklicherweise, niemals zu beweisen in der Lage sein werden (so wenig wie das Gegenteil!). Diese Frage gehört in den Bereich der Metaphysik, auf welchem Gebiete es kein Wahrheitskriterium gibt. Damit soll aber keineswegs die Tatsache unterschätzt werden, daß metaphysische Standpunkte für die Wohlfahrt der menschlichen Seele von größter Wichtigkeit sind.

Bei der Erforschung der Traumpsychologie stoßen wir auf weit hinausführende philosophische und sogar auf religiöse Probleme, zu deren Verständnis gerade das Phänomen der Träume schon entscheidende Beiträge geliefert hat. Aber wir könnten uns nicht rühmen, heute schon im Besitze einer allgemein befriedigenden Theorie oder Erklärung dieser schwer zu fassenden Erscheinung zu sein. Dazu ist uns das Wesen der unbewußten Psyche doch noch zu unbekannt. Auf diesem Gebiet ist noch unendlich viel geduldige und vorurteilslose Arbeit zu leisten, die sich niemand wird verdrießen lassen. Die Absicht der Forschung besteht ja nicht darin, sich im Besitz der alleinrichtigen Theorie zu wähnen, sondern durch Bezweiflung aller Theorien der Wahrheit allmählich näher zu kommen.

INSTINKT UND UNBEWUSSTES

INSTINKT UND UNBEWUSSTES[1]

Die Absicht dieses Symposions über *«Instinkt und Unbewußtes»* betrifft eine sehr wichtige Frage, welche ebensosehr das Gebiet der Biologie, wie das der Psychologie und Philosophie interessiert. Es ist, wenn man den Zusammenhang von Instinkt und Unbewußtem mit Erfolg diskutieren will, unerläßlich, daß man eine klare Definition der in Betracht kommenden Begriffe voranschickt.

Was die Definition des Instinktes anbelangt, so muß ich hervorheben, daß die von Rivers formulierte Eigenschaft der «all-or-none-reaction» sehr bedeutsam ist[2]. Es scheint mir sogar, daß diese Eigentümlichkeit der instinktiven Handlung gerade für die psychologische Seite des Problems von besonderer Wichtigkeit sei. Ich muß mich naturgemäß hauptsächlich auf die psychologische Seite des Problems beschränken, da ich mich nicht kompetent fühle, das Instinktproblem unter seinem biologischen Aspekt zu behandeln. Wenn ich die instinktive Handlung psychologisch charakterisieren soll, so kann ich mich zunächst des von Rivers aufgestellten Kriteriums der all-or-none reaction nicht bedienen, und zwar aus folgender Überlegung: Rivers erklärt diese Reaktion als einen Vorgang mit einer den Umständen nicht entsprechenden Gradierung der Intensität. Es ist eine Reaktion, die, wenn ausgelöst, unter allen Umständen mit der ihr eigentümlichen Intensität abläuft ohne Proportion zum auslösenden Reiz. Wenn wir nun die psychologischen Vorgänge des Bewußtseins untersuchen und nachforschen, ob es darunter welche gibt, die sich durch Mangel an Proportion ihrer Intensität

1. Ein Beitrag zum gleichnamigen Symposion der Aristotelian Society, der Mind Association und der British Psychological Society im Bedford College, Universität London. Juli 1919.

2. Vgl. W. H. R. Rivers, *Instinct and the Unconscious.* In: *British Journal of Psychology.* Cambridge. X, 1919–20, 1–7.

mit dem auslösenden Reiz auszeichnen, so können wir bei jedermann und alltäglich eine Menge derartiger Vorgänge nachweisen, z. B. unverhältnismäßige Affekte, Eindrücke, zu weitgehende Impulse und Absichten und dergleichen mehr. Wir können deshalb unmöglich diese Vorgänge zu den Instinktvorgängen zählen. Wir müssen uns daher zunächst nach einem andern Kriterium umsehen.

Wie bekannt, gebraucht die Umgangssprache das Wort «Instinkt» sehr häufig, und zwar wird immer dann von «instinktivem» Handeln gesprochen, wenn ein Verhalten vorliegt, bei dem weder Grund noch Zweck völlig bewußt sind, und zu dem nur eine gewisse dunkle innere Nötigung Anlaß gegeben hat. Diese Eigentümlichkeit hat schon ein älterer englischer Schriftsteller, THOMAS REID, hervorgehoben. Er sagt: «By instinct, I mean a natural impulse to certain actions, without having any end in view, without deliberation and without any conception of what we do[3].» Damit ist die instinktive Handlung durch eine gewisse Unbewußtheit ihrer psychologischen Motivierung gekennzeichnet im Gegensatz zu den bewußten Vorgängen, welche durch die bewußte Kontinuität ihrer Motivierungen charakterisiert sind. Das instinktive Handeln erscheint daher als ein mehr oder weniger abruptes psychisches Geschehnis, eine Art Einbruch in die Kontinuität des Bewußtseins. Darum wird es auch als innere Nötigung empfunden, wie KANT schon den Instinkt als «innere Nötigung» definiert hat[4]. Dieser Natur der instinktiven Handlung entsprechend, ist sie den eigentlich unbewußten Vorgängen, die dem Bewußtsein nur durch ihre Resultate zugänglich sind, zuzuzählen.

Wenn wir uns mit dieser Auffassung des Instinktes begnügten, so würden wir bald finden, daß sie ungenügend ist. Denn wir haben mit dieser Definition den Instinkt erst vom bewußten Prozeß abgegrenzt und ihn als unbewußt bezeichnet. Wenn wir nun die unbewußten Prozesse überblicken, so werden wir bald inne, daß wir sie unmöglich alle als instinktiv bezeichnen können, obschon die Umgangssprache hier keinen Unterschied mehr macht. Wenn jemand auf eine Schlange stößt und darüber heftig erschrickt, so ist dieser Impuls als instinktiv zu bezeichnen, denn er unterscheidet sich durch nichts von der instink-

3. REID, *Essays on the Active Powers of Man.* 1788, p. 103.
4. KANT, *Anthropologie.* 1, §78.

tiven Schlangenfurcht der Affen. Gerade diese Gleichartigkeit und Regelmäßigkeit der Wiederkehr ist die am meisten charakteristische Eigenschaft des Instinktes, weshalb es, wie LLOYD MORGAN treffend bemerkt, ebenso uninteressant wäre, auf die Auslösung einer Instinkthandlung zu wetten, wie auf den morgigen Sonnenaufgang. Dagegen kommt es aber auch vor, daß jemand vor einem Huhn ebensosehr erschrickt, wie vor einer Schlange. Obschon der Mechanismus des Erschreckens vor einem Huhn einen ebenso unbewußten Impuls bedeutet, wie der Instinkt, so müssen wir doch zwischen den beiden Vorgängen unterscheiden. Ersterer Fall, die Schlangenfurcht, ist ein zweckmäßiger, allgemein verbreiteter Vorgang; letzterer Fall dagegen ist, wenn habituell, eine Phobie und kein Instinkt, indem sie nur vereinzelt vorkommt und keine allgemeine Eigentümlichkeit ist. Es gibt aber noch andere unbewußte Nötigungen, z. B. obsedierende Gedanken, obsedierende Melodien, plötzliche Einfälle und Launen, impulsive Affekte, Depressionen, Angstgefühle usw. Diese Erscheinungen finden sich bekanntlich nicht nur bei abnormen, sondern auch bei normalen Individuen. Insofern alle diese Erscheinungen nur vereinzelt vorkommen und sich nicht regelmäßig wiederholen, so sind sie von instinktiven Vorgängen zu unterscheiden, obschon ihr psychologischer Mechanismus dem des Instinktes zu entsprechen scheint. Sie können sogar durch die Eigenschaft der all-or-none-reaction charakterisiert sein, was man besonders bei pathologischen Vorgängen leicht beobachten kann. Im Gebiet der Psychopathologie gibt es viele derartige Fälle, wo man auf einen bestimmten Reiz hin einen bestimmten und im Verhältnis zum Reiz unproportionierten Vorgang, der einer instinktiven Reaktion durchaus zu vergleichen wäre, ablaufen sehen kann.

Alle diese Vorgänge müssen von instinktiven Prozessen unterschieden werden. Als Instinkte dürfen demnach nur solche Erscheinungen gelten, welche vererbte, überall gleichmäßig und regelmäßig wiederkehrende, unbewußte Vorgänge sind. Zugleich muß ihnen das Merkmal der zwingenden Nötigung, also eine Art reflektorischen Charakters anhaften, wie dies HERBERT SPENCER formuliert hat. Ein solcher Vorgang unterscheidet sich im Grunde genommen nur durch seine komplizierte Natur von einem bloßen sensumotorischen Reflex. WILLIAM JAMES nennt daher den Instinkt nicht ohne Berechtigung «a mere excito-motor impulse, due to the pre-existence of a certain ‚reflex-arc' in the nerve-centres[5].» Mit den bloßen Reflexen haben die Instinkte die Gleichmäßigkeit und Regelmäßigkeit, sowie die Unbewußtheit ihrer Motivierung gemeinsam.

Die Frage, woher die Instinkte stammen, und wie sie einmal erworben wurden, ist außerordentlich kompliziert. Die Tatsache, daß sie immer vererbt sind, trägt zur Erklärung der Frage ihrer Entstehung nichts bei. Die Vererbung schiebt die Frage nur auf die Voreltern zurück. Bekannt ist die Auffassung, wonach die Instinkte aus einer Art oft wiederholter individueller und sodann auch genereller Willensakte hervorgegangen seien. Diese Erklärung ist insofern plausibel, als wir leicht in der Lage sind, alltäglich zu beobachten, wie mühsam angelernte Tätigkeiten durch häufige Übung allmählich automatisch werden. Dagegen muß aber hervorgehoben werden, daß die höchst wunderbaren Instinkte, die wir in der Tierwelt beobachten, das Moment der Anlernung durchaus vermissen lassen. In vielen Fällen ist es sogar unmöglich, einzusehen, wie jemals ein Lernen und Üben hätte stattfinden können. Denken wir z. B. an den höchst raffinierten Fortpflanzungsinstinkt der Pronuba yuccasella, des Yuccafalters[6]. Die Blüten der Yucca öffnen sich jede nur für eine einzige Nacht. Aus einer dieser Blüten holt sich der Falter den Pollen, welchen er zu einem Ball zusammenknetet. Damit sucht er eine zweite Blüte auf, dort schneidet er den Fruchtknoten der Blume auf, legt seine Eier zwischen die Eizellen der Pflanze, geht dann zum Griffel und stopft den Pollenball in dessen trichterförmige Öffnung. Diese komplizierte Handlung führt der Falter nur einmal in seinem Leben aus.

Solche Fälle sind schwierig zu erklären durch die Hypothese des Anlernens und Einübens. Angeregt durch die BERGSONsche Philosophie sind daher neuerdings auch andere Wege der Erklärung gesucht worden, welche das Moment der *Intuition* betonen. Die Intuition basiert insofern auf einem unbewußten Vorgang, als ihr Resultat ein Einfall, ein Einbruch eines unbewußten Inhaltes ins Bewußtsein ist[7]. Die Intuition ist daher eine Art Wahrnehmungsvorgang, jedoch im Gegensatz zur bewußten Sinnestätigkeit und Introspektion eine unbewußte

5. W. JAMES, *Principles of Psychology.* 1890. II, p. 391.

6. A. KERNER VON MARILAUN, *Pflanzenleben.* 2 Bde. Leipzig, 1887. 2. Bd: *Geschichte der Pflanzen.* Leipzig u. Wien, 1891, p. 153 ff.

7. Vgl. s. v. «Intuition», in *Psychologische Typen,* Definitionen.

Perzeption. Die gewöhnliche Sprache spricht daher auch bei Intuition von «instinktivem» Erfassen, weil die Intuition ein dem Instinkt analoger Vorgang ist, nur mit dem Unterschied, daß der Instinkt ein zweckmäßiger Antrieb zu einer oft höchst komplizierten Tätigkeit, die Intuition aber die zweckmäßige unbewußte Erfassung einer oft höchst komplizierten Situation ist. Die Intuition wäre also eine Art von Umkehrung des Instinktes, nicht mehr und nicht weniger wunderbar als er. Dabei dürfen wir nie vergessen, daß, was wir kompliziert, ja wunderbar nennen, für die Natur keineswegs wunderbar, sondern ganz alltäglich ist. Wir haben aber leicht die Neigung, unsere Schwierigkeit des Verstehens in die Dinge zu projizieren und sie kompliziert zu nennen, während sie an sich einfach sind und unsere Denkschwierigkeiten nicht empfinden.

Eine Diskussion des Instinktproblems ohne Herbeiziehung des Begriffes des Unbewußten wäre unvollständig. Die instinktiven Vorgänge erfordern geradezu den ergänzenden Begriff des Unbewußten. Nach meiner Meinung ist das Unbewußte als die Totalität aller derjenigen psychischen Phänomene aufzufassen, denen die Qualität der Bewußtheit mangelt. Man kann diese psychischen Inhalte zweckmäßig als *subliminale* bezeichnen in der Annahme, daß jeder psychische Inhalt einen gewissen energetischen Wert besitzen müsse, um überhaupt bewußt zu sein. Je tiefer der Wert eines Bewußtseinsinhaltes sinkt, desto leichter verschwindet letzterer unter der Schwelle. Daher enthält das Unbewußte alle verlorenen Erinnerungen, außerdem auch alle diejenigen Inhalte, welche noch zu schwach sind, um bewußt werden zu können. Diese Inhalte entstehen durch unbewußte Kombinationstätigkeit, aus welcher auch die Träume entstehen. Zu diesen Inhalten kommen auch alle mehr oder weniger absichtlichen Verdrängungen peinlicher Vorstellungen und Eindrücke. Die Summe aller dieser Inhalte bezeichne ich als das *persönliche Unbewußte.* Darüber hinaus aber finden wir im Unbewußten auch die nicht individuell erworbenen, sondern vererbten Eigenschaften, also die Instinkte als die Antriebe zu Tätigkeiten, die ohne bewußte Motivierung aus innerer Nötigung erfolgen. Dazu kommen die a priori vorhandenen, d. h. mitgeborenen Formen der Anschauung, der Intuition, nämlich die *Archetypen* [8] von

8. [Hier wendet JUNG zum ersten Mal den Ausdruck «Archetypus» an. In früheren Publikationen bezeichnet er den gleichen Tatbestand mit dem Begriff «Urbild», den

Wahrnehmung und Erfassung, welche eine unvermeidliche und a priori determinierende Bedingung aller psychischen Prozesse sind. Wie die Instinkte den Menschen zu einer spezifisch menschlichen Lebensführung veranlassen, so zwingen die Archetypen die Wahrnehmung und Anschauung zu spezifisch menschlichen Bildungen. Die Instinkte und die Archetypen der Anschauung bilden das *kollektive Unbewußte.* Ich nenne dieses Unbewußte kollektiv, weil es im Gegensatz zu dem oben definierten Unbewußten nicht individuelle, d. h. mehr oder weniger einmalige, sondern allgemein und gleichmäßig verbreitete Inhalte hat. Der Instinkt ist seiner Natur nach eine kollektive, d. h. allgemein und gleichmäßig verbreitete Erscheinung, welche mit der Individualität des Menschen nichts zu tun hat. Die Archetypen der Anschauung haben dieselbe Qualität, wie die Instinkte, sie sind ebenfalls kollektive Phänomene.

Ich bin der Meinung, daß die Frage des Instinktes psychologisch nicht ohne die der Archetypen behandelt werden kann, denn das eine bedingt das andere. Nun ist aber die Behandlung dieses Problems erheblich erschwert durch den Umstand, daß die Meinungen über das, was beim Menschen noch als Instinkt zu bezeichnen sei, außerordentlich geteilt sind. WILLIAM JAMES ist der Ansicht, daß der Mensch von Instinkten wimmle, während andere die menschlichen Instinkte auf wenige, kaum von Reflexen zu unterscheidende Vorgänge einschränken wollen, nämlich auf gewisse Bewegungen des Säuglings, auf gewisse eigentümliche Reaktionen der Arme und Beine sowie des Kehlkopfes, den Gebrauch der rechten Hand, und die Bildung von syllabierten Lauten. Meines Erachtens geht diese Beschränkung zu weit. Sie ist aber sehr charakteristisch für die menschliche Psychologie überhaupt. Vor

er von JAKOB BURCKHARDT übernommen hatte [Vgl. *Symbole der Wandlung.* 1952, p. 50, F. N. 46; *Die Psychologie des Unbewußten.* 1960, p. 74; Ges. Werke, Bd. 7, p. 70.] Urbild und Archetypus werden hier und in anderen Schriften als Synonyma gebraucht. Dies führte zu der irrtümlichen Annahme, daß JUNG die Vererbung von Vorstellungen [Ideen oder Bildern] voraussetzte, was er wiederholt richtig stellte. Doch legt der Begriff «Urbild» bereits etwas inhaltlich Bestimmtes näher als der Begriff «Archetypus», der – wie JUNG andernorts erklärt – einen dem Wesen nach unbewußten und darum unerkennbaren Inhalt, einen formativen Faktor, oder ein Strukturelement darstellt. Nur als ein Strukturelement, als ein anordnender Faktor im Unbewußten, vererbt sich der Archetypus, während das von ihm «angeordnete» und vom Bewußtsein wahrgenommene Bild als subjektive Variante in jedem Leben immer wieder neu entsteht.]

allen Dingen müssen wir uns stets bewußt halten, daß wir, wenn wir von menschlichen Instinkten reden, von uns selber reden und darum ohne weiteres voreingenommen sind.

Wir sind weit eher in der Lage, bei Tieren oder auch bei Primitiven Instinkte zu sehen, als bei uns. Das kommt daher, weil wir uns angewöhnt haben, über alle unsere Handlungen Rechenschaft abzulegen und sie rational zu begründen. Es ist aber keineswegs bewiesen, ja, es ist sogar sehr unwahrscheinlich, daß unsere Begründungen stichhaltig sind. Es braucht oft nicht einmal einen Übermenschen, um die Hohlheit gewisser Begründungen zu durchschauen, und das eigentliche Motiv, nämlich den treibenden Instinkt dahinter zu erkennen. Infolge unserer künstlich ersonnenen Begründungen kann es uns scheinen, als ob wir nicht aus Instinkt, sondern aus bewußter Motivation gehandelt hätten. Damit soll nun allerdings nicht gesagt sein, daß es dem Menschen nicht auch tatsächlich gelungen wäre, durch eine sorgfältige Dressur den Instinkt partiell zur Willenshandlung zu machen. Damit ist der Instinkt zwar domestiziert, aber das Kernmotiv bleibt doch Instinkt. So ist es zweifellos gelungen, eine große Anzahl von Instinkten dermaßen einzuhüllen in rationale Begründungen und Absichten, daß wir das ursprüngliche Motiv unter den vielen Hüllen nicht mehr erkennen können. Auf diese Weise scheint es uns, als ob wir fast keine Instinkte mehr besäßen. Wenn wir aber das von RIVERS empfohlene Kriterium der unproportionierten Reaktion, der all-or-none-reaction, auf das menschliche Handeln anwenden, so finden wir unzählige Fälle, wo übertriebene Reaktionen stattfinden. Die Übertreibung ist ja eine allgemein verbreitete menschliche Eigentümlichkeit. Wenn schon jeder mit großer Sorgfalt seine Reaktion rational begründet, wozu er immer und überall Vorwände findet, so bleibt die Tatsache des Übertreibens doch bestehen. Und warum tut, gibt oder sagt er nicht gerade soviel, als benötigt oder vernünftig oder richtig oder wahr ist, sondern noch darüber hinaus? Weil eben in ihm ein unbewußter Vorgang ausgelöst wurde, der ohne Zutun der Vernunft abläuft und darum das Maß der vernünftigen Motivation entweder nicht erfüllt oder überschreitet. Dieses Phänomen ist so gleichmäßig und so regelmäßig, daß wir es nur als Instinkt bezeichnen können, obschon keiner im entsprechenden Fall seine Handlungsweise als instinktiv anerkennen möchte. Ich glaube daher, daß das menschliche Handeln in weit höherem Maße von Instinkten beeinflußt ist, als man gewöhnlich annimmt, und daß wir in dieser Hinsicht vielfachen Urteilstäuschungen unterliegen, wiederum infolge der instinktiven Übertreibung des rationalistischen Standpunktes.

Instinkte sind typische Formen des Handelns, und überall, wo es sich um gleichmäßige und regelmäßig sich wiederholende Formen des Reagierens handelt, handelt es sich um Instinkt, gleichgültig, ob sich eine bewußte Motivierung dazu gesellt oder nicht.

Gleicherweise, wie es fraglich ist, ob der Mensch viele oder nur wenige Instinkte besitze, ist es auch eine bis dahin noch kaum ventilierte Frage, ob er viele Urformen oder Archetypen der psychischen Reaktion besitze oder nicht. Wir begegnen auch bei dieser Frage derselben großen Schwierigkeit, die ich vorhin erwähnte. Wir sind dermaßen gewohnt, mit althergebrachten und selbstverständlichen Begriffen zu operieren, daß es uns gar nicht mehr bewußt ist, inwiefern diese Begriffe auf Archetypen unserer Anschauung beruhen. Auch die Urbilder sind stark verhüllt durch die außerordentliche Differenzierung unseres Denkens. Ähnlich wie die Biologie dem Menschen meist nur wenige Instinkte zuerkennen möchte, so reduzierte auch die Erkenntnistheorie die Archetypen auf relativ wenige und logisch beschränkte Kategorien des Verstandes.

Bei PLATO sind die Archetypen der Anschauung noch außerordentlich hoch bewertet als metaphysische Ideen, als paradeigmata, zu denen sich die wirklichen Dinge nur wie mimeseis, wie Nachahmungen, verhalten. Bekanntlich steht auch die mittelalterliche Philosophie von AUGUSTIN, von dem ich die Idee des Archetypus entlehne[9], bis MALEBRANCHE und BACON in dieser Hinsicht auf platonischem Boden. Immerhin taucht auch schon in der Scholastik der Gedanke auf, daß die Archetypen dem menschlichen Geiste eingegrabene Naturbilder seien, nach denen er seine Urteile forme. So sagt HERBERT OF CHERBURY: «Instinctus naturales sunt actus facultatum illarum a quibus communes illae notitiae circa analogiam rerum internam, eiusmodi sunt, quae circa causam, medium et finem rerum bonarum, malum, pulchrum, gratum etc. per se etiam sine discursu conformantur[10].»

9. Der Ausdruck «archetypus» dagegen findet sich bei DIONYSIUS AREOPAGITA und im *Corpus Hermeticum*.

10. *De Veritate*. 2. Ausg. London, 1633. (Die natürlichen Instinkte sind die Aktivitäten jener Fähigkeiten, denen jene allgemeinen Erkenntnisse [nach einer inne-

Von DESCARTES und MALEBRANCHE an sinkt der metaphysische Wert der Idee, des Archetypus. Er wird zum Gedanken, zur inneren Bedingung des Erkennens, wie SPINOZA klar formuliert: «Per ideam intelligo mentis conceptum, quem mens format[11].» KANT endlich reduziert die Archetypen auf die beschränkte Zahl der Kategorien des Verstandes. SCHOPENHAUER geht in der Vereinfachung noch weiter, um aber andererseits den Archetypen wieder zu einer fast platonischen Bewertung zu verhelfen.

In diesem leider allzu summarischen Überblick sehen wir wiederum jene psychologische Entwicklung am Werke, welche die Instinkte unter rationalen Motivierungen verhüllt und die Archetypen in rationale Begriffe umwandelt. Unter dieser Hülle ist der Archetypus kaum mehr zu erkennen. Und doch ist die Art und Weise, wie sich der Mensch innerlich die Welt abbildet, trotz aller Verschiedenheit in der Einzelheit ebenso gleichmäßig und regelmäßig, wie sein instinktives Handeln. Wie wir den Begriff eines unser bewußtes Handeln regulierenden oder determinierenden Instinktes aufstellen müssen, so müssen wir auch für die Gleichmäßigkeit und Regelmäßigkeit der Anschauung einen zum Instinkt korrelativen Begriff einer die Art der Auffassung determinierenden Größe haben. Diese Größe bezeichne ich eben als Archetypus oder Urbild. Man könnte das Urbild passend als *Anschauung des Instinktes von sich selbst* oder als *Selbstabbildung des Instinktes* bezeichnen, nach Analogie des Bewußtseins, welches auch nichts anderes ist als eine innere Anschauung des objektiven Lebensprozesses. In derselben Weise, wie die bewußte Auffassung dem Handeln Form und Bestimmung erteilt, so bedingt die unbewußte Auffassung durch den Archetypus die Form und Bestimmung des Instinktes. Gleicherweise, wie wir den Instinkt als «raffiniert» betrachten, so ist auch die das Zustandekommen des Instinktes bewirkende Intuition, d. h. die Auffassung mittels des Archetypus von unglaublicher Präzision. So muß der vorerwähnte Yuccafalter sozusagen ein Bild jener Situation, in

ren Analogie der Naturdinge] solcher Art entspringen, welche, bezüglich Ursache, Mittel und Zweck des Guten, wie des Bösen, Schönen, Angenehmen etc., rein durch sich selbst ohne diskursive Überlegung gebildet werden.)

11. In: *Die Ethik*. 2. Teil. *Über die Natur und den Ursprung des Geistes*. Definitionen. (Unter *Idee* verstehe ich einen Begriff des Geistes, welchen der Geist bildet. – Nach der Übersetzung von J. STERN. Leipzig, 1887.)

welcher sein Instinkt ausgelöst wird, in sich tragen. Dieses Bild ermöglicht es ihm, die Blüte und ihre Struktur zu «erkennen».

Wie uns das von RIVERS aufgestellte Kriterium der all-or-none-reaction ermöglicht hat, leicht überall die Tätigkeit des Instinktes zu entdecken, so hilft uns vielleicht auch der Begriff des Urbildes die Tätigkeit der intuitiven Erfassung aufzufinden. Am leichtesten gelingt uns dies bei den Primitiven. Dort finden wir überall gewisse typische Bilder und Motive, welche die Grundlagen ihrer Mythologien bilden. Diese Bilder sind autochthon und von relativ großer Gleichmäßigkeit, so z. B. die Vorstellung der magischen Kraft und Substanz, der Geister und ihres Verhaltens, der Helden und Götter und ihrer Legende. In den großen Religionen der Erde sehen wir ihre Vervollkommnung und zugleich ihre fortschreitende Einhüllung in rationale Formen. Selbst in der exakten Wissenschaft tauchen sie auf als die Wurzeln unerläßlicher Hilfsbegriffe, wie der Energie, des Äthers und des Atoms [12]. In der Philosophie gibt uns BERGSON das Beispiel der Wiederbelebung eines uralten Bildes in seinem Begriff der «durée créatrice», der sich schon bei PROCLUS findet und in ursprünglicher Form bei HERAKLIT.

Die analytische Psychologie hat sich alltäglich bei Gesunden und Kranken mit den störenden Beimischungen der Urbilder zu der bewußten Auffassung zu beschäftigen. Denn die auf Einmischung des Instinktes beruhenden Übertreibungen des Handelns sind veranlaßt durch intuitive, d. h. durch Archetypen bewirkte Auffassungen, welche allzustarke und oft eigentümlich verzerrte Eindrücke erzeugen.

Archetypen sind typische Formen des Auffassens, und überall, wo es sich um gleichmäßige und regelmäßig wiederkehrende Auffassungen handelt, handelt es sich um einen Archetypus, gleichviel ob dessen mythologischer Charakter erkannt wird oder nicht.

Das *kollektive Unbewußte* besteht aus der Summe der Instinkte und ihrer Korrelate, der Archetypen. So wie jeder Mensch Instinkt besitzt, so besitzt er auch die Urbilder. Die Beweise hiefür erbringt in erster

12. Abgesehen von dem gegenwärtig obsolet gewordenen Begriff des Äthers sind Energie und Atom primitive Anschauungen. Eine Urform ersterer ist das *mana*, die des letzteren das Atom DEMOKRITS und die «Seelenfunken» der australischen Ureinwohner. (Vgl. *Über die Psychologie des Unbewußten*. 1960, p. 78. Ges. Werke, Bd. 7, Paragr. 108 f.)

Linie die Psychopathologie jener geistigen Störungen, bei denen das kollektive Unbewußte herausbricht. Dies ist bei der Schizophrenie der Fall. Dort sehen wir häufig das Auftreten archaischer Triebe, vergesellschaftet mit unverkennbar mythologischen Bildern.

Es ist meines Erachtens unmöglich zu sagen, welches das Prius ist, die Auffassung oder der Trieb zum Handeln. Mir scheint, als ob beides ein und dieselbe Sache, ein und dieselbe Lebenstätigkeit wäre, die wir nur zum eigenen besseren Verständnis in Begriffe auseinandergelegt denken müssen[13].

13. Ich habe mich im Laufe meines Lebens vielfach mit dem Thema dieser kurzen Mitteilung befaßt und die Schlüsse, zu denen mein Nachdenken allmählich geführt hat, in einer Abhandlung, welche aus einer Vorlesung an der Eranos-Tagung 1946 entstanden ist, niedergelegt. Sie ist im Eranos-Jahrbuch 1946 publiziert unter dem Titel: *Der Geist der Psychologie.* Dort findet der Leser die ganze weitere Entwicklung des Problems von Trieb und Archetypus. Von biologischer Seite wurde die Frage von FRIEDRICH ALVERDES in: *Die Wirksamkeit von Archetypen in den Instinkthandlungen der Tiere,* (Zoolog. Anzeiger, 1937, Bd. 119, Heft 9/10) behandelt.

DIE PSYCHOLOGISCHEN GRUNDLAGEN DES GEISTERGLAUBENS

DIE PSYCHOLOGISCHEN GRUNDLAGEN DES GEISTERGLAUBENS[1]

Wenn wir in die Vergangenheit des Menschengeschlechts zurückblicken, so finden wir neben vielen andern religiösen Überzeugungen einen allgemein verbreiteten Glauben an die Existenz von Luft- oder Hauchwesen, welche sich in der Umgebung der Menschen aufhalten und ihn unsichtbar, aber wirksam beeinflussen. Meistens wird damit der Gedanke verknüpft, daß diese Wesen die Geister oder Seelen verstorbener Menschen seien. Dieser Glaube findet sich vom höchsten Kulturvolk bis zum Australneger, der noch im Steinzeitalter lebt. Bei den westlichen Kulturvölkern allerdings hat die seit etwas mehr als hundert Jahren bestehende rationalistische Aufklärungsepoche den Geisterglauben bekämpft und ihn bei einer großen Anzahl von Gebildeten verdrängt, zugleich mit andern metaphysischen Überzeugungen.

Wie diese aber bei der großen Masse noch lebendig bestehen, so auch der Geisterglaube. Das Spukhaus ist auch in den aufgeklärtesten und intellektuellsten Städten noch nicht ausgestorben, so wenig wie der Bauer aufgehört hat, an die Behexung seines Viehes zu glauben. Wir haben es im Gegenteil gesehen, daß der Geisterglaube gerade im Zeitalter des Materialismus – dieser unvermeidlichen Folge der rationalistischen Aufklärung – eine Wiederbelebung auf höherer Stufe erlebt hat, und diesmal nicht als einen Rückfall in die Dunkelheit des Aberglaubens, sondern als ein intensives wissenschaftliches Interesse, als ein Bedürfnis, mit dem Lichte der Wahrheit dieses düstere Chaos zweifelhafter Tatsachen zu erhellen. Die Namen eines CROOKES, MYERS, WALLACE, ZOELLNER und vieler anderer ausgezeichneter Autoren symbolisieren diese Wiedergeburt und Erneuerung des Geisterglaubens. Wenn man sich auch über die Natur der Beobachtungen streiten,

1. Ein Vortrag, gehalten in der British Society for Psychological Research in London im Juli 1919.

wenn man diesen Forschern auch Irrtümer und Selbsttäuschungen vorwerfen kann, so bleibt ihnen doch das unsterbliche moralische Verdienst, mit dem ganzen Gewicht ihrer Autorität und ihres großen wissenschaftlichen Namens, unter Hintansetzung persönlicher Ängstlichkeit, für diese Bemühungen, in der Finsternis ein neues Licht zu entzünden, eingetreten zu sein. Sie haben weder das akademische Vorurteil noch den Spott der Menge gescheut, und haben gerade in einer Zeit, wo das Denken der Gebildeten mehr denn je der materialistischen Strömung verfiel, auf Phänomene psychischer Provenienz hingewiesen, welche zum Materialismus der Gegenwart in schärfstem Widerspruch zu stehen schienen.

Diese Männer bezeichnen daher eine Reaktion des menschlichen Geistes gegen die materialistische Weltanschauung. Vom Standpunkt der Geschichte aus betrachtet ist es keineswegs erstaunlich, daß sie sich gerade des Geisterglaubens bedienten als der wirksamsten Waffe gegen die bloß sinnlich bedingte Wahrheit, denn der Geisterglaube hat auch für den Primitiven dieselbe funktionale Bedeutung. Die ungeheure Abhängigkeit des Primitiven von den umgebenden Umständen, die vielfache Not und Bedrängtheit seines Lebens unter feindlichen Nachbarn und gefährlichen Raubtieren, öfters ausgeliefert einer unbarmherzigen Natur, seine geschärften Sinne, seine sinnliche Begehrlichkeit, seine mangelhaft beherrschten Affekte, alles bindet ihn an physische Realitäten, sodaß er stets in Gefahr steht, einer völlig materialistischen Einstellung und damit der Degeneration zu verfallen. Sein Geisterglaube aber, oder besser gesagt, seine Wahrnehmung des Geistigen, reißt ihn immer wieder aus der Bindung an die bloß sicht- und tastbare Welt heraus und drängt ihm die Gewißheit einer geistigen Realität auf, deren Gesetze er ebenso sorgsam und ängstlich zu befolgen hat, wie die Gesetze der ihn umgebenden physischen Natur. Er lebt daher eigentlich in zwei Welten. Seine physische Realität ist zugleich auch eine Geisterwelt; so unleugbar ihm jene ist, so wirklich ist ihm auch diese, nicht etwa aus bloßem Dafürhalten, sondern aus Naivität der Wahrnehmung geistiger Dinge. Wo immer diese Naivität durch die Berührung mit der Kultur und ihrer für den Primitiven verderblichen Aufgeklärtheit zugrunde gegangen ist, hörte auch seine Bedingtheit durch das geistige Gesetz auf und er degenerierte. Vor diesem Untergang wird ihn auch das Christentum nicht bewahren, denn diese hochentwickelte Religion verlangt auch eine hochentwickelte Psyche, um ihre segensreichen Wirkungen entfalten zu können.

Das Geisterphänomen ist dem Primitiven die unmittelbare Evidenz der Realität des Geistigen. Wenn wir näher untersuchen, worin für ihn das Geisterphänomen besteht, so finden wir folgende psychologische Tatsachen: Vor allem ist die *Geistervision* unter den Primitiven nicht selten. Man ist geneigt anzunehmen, daß diese beim Primitiven ungleich viel häufiger vorkomme, als beim Kulturmenschen, und man leitet daraus die Idee ab, die Geistervision sei bloßer Aberglauben, denn bei einem aufgeklärten Menschen komme so etwas nie vor, außer etwa in krankhaften Zuständen. Es ist ganz gewiß, daß der Kulturmensch ungleich viel weniger von der Geisterhypothese macht als der Primitive; es ist aber meines Erachtens ebenso gewiß, daß das psychische Phänomen selber nicht sehr viel seltener bei ihm vorkommt als beim Primitiven. Ich bin überzeugt, daß ein Europäer, der dieselben Exerzitien und Praktiken durchliefe, welche ein Medizinmann gebraucht, um sich die Geister sichtbar zu machen, auch dieselben Wahrnehmungen machen würde. Er würde sie allerdings anders deuten und dadurch entkräften, was aber von der Tatsache als solcher nichts wegnähme. Bekannt ist ja der Umstand, daß auch der Europäer allerhand merkwürdige psychische Wahrnehmungen machen kann, wenn er längere Zeit unter primitiven Umständen zu leben gezwungen ist, oder wenn er sich sonstwie unter außerordentlichen psychischen Bedingungen befindet.

Eine wesentliche Stütze des Geisterglaubens bildet für den Primitiven der *Traum*. Im Traume treten sehr oft handelnde Personen auf, welche vom primitiven Bewußtsein gerne als Geister verstanden werden. Für den Primitiven haben gewisse Träume bekanntlich einen unvergleichlich viel höheren Wert als für den Kulturmenschen. Er spricht nicht nur sehr viel von seinen Träumen, sondern sie sind ihm auch so bedeutungsvoll, daß es oft scheint, als könne er sie von der Wirklichkeit kaum unterscheiden. Den Kulturmenschen im allgemeinen erscheinen zwar die Träume als unwichtig, aber es gibt doch auch unter ihnen sehr viele Menschen, welche gewissen Träumen eine große Bedeutung beilegen, und zwar gerade um ihres oft fremden und eindrucksvollen Charakters willen. Diese Eigentümlichkeit gewisser Träume läßt die Annahme, daß sie Eingebungen seien, verständlich erscheinen. Zu der Inspiration gehört aber auch implicite ein Inspirierendes, ein Spiritus oder Geist, wenn schon von dieser logischen Folgerung wenig die Rede ist. Ein besonders günstiger Fall ist das nicht seltene Auftreten Verstorbener in Träumen. Der naive Verstand hält dies für ein Wiedererscheinen der Toten.

Eine weitere Quelle für den Geisterglauben sind die psychogenen Krankheiten, nervöse Störungen, besonders solche von hysterischer Art, welche bei Primitiven öfters vorzukommen scheinen. Da solche Krankheiten aus psychologischen Konflikten hervorgehen, die größtenteils unbewußt sind, so hat es den Anschein, als ob diese Krankheiten verursacht wären durch diejenigen Lebenden oder Verstorbenen, welche mit dem subjektiven Konflikt irgendwie wesentlich verbunden sind. Handelt es sich um Verstorbene, so liegt die Annahme nahe, daß es ihr Geist sei, welcher eine schädliche Wirkung ausgeübt habe. Da pathogene Konflikte häufig bis in die Kindheit zurückreichen und auf diese Weise mit den Erinnerungen an die Eltern zusammenhängen, so ist es verständlich, daß dem Primitiven gerade die Geister verstorbener Angehöriger von besonderer Wichtigkeit sind. Aus diesen Beziehungen erklärt sich der vielfach verbreitete Ahnen- und Verwandtenkultus. Der Totenkult bedeutet in erster Linie einen Schutz gegen das Übelwollen der Verstorbenen. Wer sich mit der Behandlung Nervenkranker beschäftigt, weiß, wie groß die Bedeutung der Elterneinflüsse auf die Kranken ist. Viele Patienten fühlen sich geradezu verfolgt von den Eltern, auch wenn diese längst tot sind. Die psychologischen Nachwirkungen der Eltern sind so stark, daß sich, wie gesagt, bei vielen Völkern ein ganzes System des Totenkultus herausgebildet hat [2].

2. Als ich mich 1925/26 auf einer Expedition am Mount Elgon aufhielt, erkrankte eine unserer Wasserträgerinnen, eine junge Frau, die in einem benachbarten Kraal wohnte, allem Anschein nach an einem septischen Abort mit hohem Fieber. Unsere spärliche Ausrüstung genügte nicht zu einer Behandlung. Die Angehörigen ließen sofort einen «nganga», einen Medizinmann kommen. Dieser ging in immer weiteren Kreisen um die Hütte herum und beschnupperte die Umgebung. Plötzlich stand er still auf einem Pfad, der vom Berg herunter kam, und erklärte, die Kranke sei die einzige Tochter von Eltern, die allzu jung gestorben seien und sich jetzt oben im Bambuswald aufhielten, von woher sie jede Nacht herunter kämen, um die Tochter krank zu machen, damit sie sterbe und ihnen dann Gesellschaft leiste. Es wurde nun sofort an diesem Pfade eine «Geisterfalle» in Gestalt einer Miniaturhütte gebaut, eine kleine Lehmfigur als Simulacrum der Kranken geformt und mit «posho» (Lebensmitteln) in das Hüttchen gelegt. Nachts kehrten die Geister dort ein, weil sie meinten, bei der Tochter zu sein. Zu unserem maßlosen Erstaunen genas die Kranke innerhalb von zwei Tagen. War unsere Diagnose falsch? Das Rätsel blieb ungelöst.

Von unzweifelhafter Bedeutung für die Entstehung des Geisterglaubens sind die eigentlichen *Geisteskrankheiten.* Bei primitiven Völkern handelt es sich, soweit Genaueres darüber bekannt ist, meist um Krankheiten deliriöser, halluzinatorischer und katatoner Art, die anscheinend zu dem weiten Gebiet der Schizophrenie gehören, einer Krankheit, welche die Großzahl der chronischen Geisteskranken ausmacht. Immer und überall wurden Geisteskranke als von bösen Geistern Besessene angesehen. Diesem Glauben kommt der Kranke durch seine Halluzinationen entgegen. Diese Art von Kranken leidet weniger an Visionen als vielmehr an Halluzinationen des Gehörs: sie hören «Stimmen». Diese Stimmen sind häufig diejenigen von Angehörigen, oder von Personen, welche mit den subjektiven Konflikten des Kranken irgendwie verknüpft sind. Auf den naiven Verstand machen solche Halluzinationen natürlicherweise den Eindruck, als ob sie von Geistern herrührten.

Vom Geisterglauben kann man nicht reden, ohne zugleich auch den Seelenglauben in Betracht zu ziehen. Der Seelenglauben ist ein Korrelat zum Geisterglauben. Wie in der primitiven Überzeugung ein Geist meist ein Totengeist ist, so war er vorher die Seele eines Lebenden. Dies ist namentlich dort der Fall, wo die Überzeugung vorherrscht, daß der Mensch nur *eine* Seele besitze. Diese Annahme besteht aber gar nicht überall, sondern es wird sehr häufig angenommen, daß der Mensch zwei oder mehrere Seelen besitze, von denen die eine oder andere den Tod überdauert und eine relative Unsterblichkeit besitzt. In diesem Fall ist der Totengeist nur eine von den verschiedenen Seelen des Lebenden. Er ist also nur ein Teil der Gesamtseele, ein psychisches Fragment sozusagen.

Der Seelenglauben ist somit eine fast notwendige Voraussetzung des Geisterglaubens, insofern es sich um den Glauben an Totengeister handelt. Es gibt nun in der primitiven Überzeugung allerdings nicht bloß Totengeister, sondern auch Elementardämonen, von denen nicht angenommen wird, daß sie je Menschenseelen oder Teile von solchen gewesen seien. Für diese Gruppe von Geistern käme daher eine andere Ableitung in Frage.

Bevor wir nun näher auf die psychologischen Grundlagen des Seelenglaubens eintreten, wollen wir einen kurzen Rückblick auf die vorhin erwähnten Tatsachen werfen. Ich habe in der Hauptsache drei Quellen hervorgehoben, welche dem Geisterglauben eine sozusagen tatsächliche Grundlage verschaffen: die Geistervision, den Traum und die krankhaften Störungen des Seelenlebens. Der normalste und häufigste Fall ist der Traum, dessen große Bedeutung für die primitive Psychologie allgemein anerkannt wird. Was ist nun der Traum?

Der Traum ist ein psychisches Gebilde, welches ohne bewußte Motivierung im schlafenden Zustande entsteht. Im Traumschlafe ist das Bewußtsein allerdings nicht völlig erloschen, sondern es besteht noch eine geringe Bewußtheit. So hat man z. B. in den meisten Träumen noch ein relatives Bewußtsein seines Ich, allerdings eines sehr beschränkten und eigentümlich veränderten Ich, das man als Traum-Ich bezeichnet. Es ist nur ein Fragment oder eine Andeutung des wachen Ich. Bewußtsein besteht nur insofern, als ein psychischer Inhalt mit dem Ich assoziiert ist. Das Ich stellt einen psychischen Komplex von besonders fester innerer Bindung dar. Da der Schlaf selten ganz traumlos ist, so kann man auch annehmen, daß der Ich-Komplex selten als Tätigkeit ganz erlischt. Seine Tätigkeit ist in der Regel durch den Schlaf nur beschränkt. An dieses Ich assoziieren sich im Traume psychische Inhalte, die so an das Ich herantreten, wie z. B. die realen äußeren Umstände, weshalb wir auch im Traume meistens in Situationen versetzt sind, welche keine Ähnlichkeit mit dem wachen Denken, sondern vielmehr mit Wirklichkeitssituationen haben. Wie die realen Menschen und Dinge in unser Blickfeld treten, so treten auch die Traumbilder wie eine andere Art von Realität in das Bewußtseinsfeld des Traum-Ich. Wir haben nicht das Gefühl, daß wir die Träume machen, sondern sie kommen zu uns. Sie unterliegen nicht unserer Willkür, sondern gehorchen eigenen Gesetzen. Sie stellen offenbar autonome psychische Komplexe dar, welche aus sich selber sich zu gestalten vermögen. Ihre Motivquelle ist uns unbewußt. Wir sagen darum, daß die Träume aus dem Unbewußten kommen. Wir müssen daher annehmen, daß es selbständige psychische Komplexe gibt, die unserer Bewußtseinskontrolle entgehen und nach ihren eigenen Gesetzen auftreten und verschwinden. Aus unserem wachen Dasein glauben wir zu wissen, daß wir unsere Gedanken machen und sie dann haben, wann wir wollen. Wir glauben auch zu wissen, warum und wozu wir diese Gedanken haben und kennen ihre Herkunft. Wenn uns je ein Gedanke wider unseren Willen kommt und uns beherrscht, oder wenn er plötzlich ohne unseren Willen verschwindet, so empfinden wir diesen Fall als einen Ausnahmefall oder gar als etwas Krankhaftes. Der Unterschied der psychischen Aktivität im Wachen und im Schlafzustand scheint daher bedeutend zu sein. Im Wachen untersteht die Psyche anscheinend dem bewußten Willen, im Schlaf dagegen erzeugt sie Inhalte, die fremd und unverständlich wie aus einer andern Welt in unser Bewußtsein hineinragen.

Dasselbe ist nun der Fall mit der Vision. Sie ist wie ein Traum, aber im wachen Zustand. Sie tritt aus dem Unbewußten neben die bewußte Wahrnehmung und ist nichts anderes als ein momentaner Einbruch eines unbewußten Inhaltes in die Kontinuität des Bewußtseins. Das gleiche Phänomen findet auch in der Geistesstörung statt. Anscheinend ganz unvermittelt hört das Ohr nicht bloß die Geräusche der Umgebung, die von außen kommenden Schallwellen, sondern es wird von innen erregt und hört psychische Inhalte, welche keine unmittelbaren Bewußtseinsinhalte des Subjektes waren[3]. Neben den Urteilen, welche durch den Intellekt und das Gefühl aus Prämissen gebildet werden, treten Meinungen und Überzeugungen auf, welche sich dem Subjekt aufdrängen, anscheinend aus wirklichen Wahrnehmungen, tatsächlich aber aus inneren unbewußten Bedingungen stammend. Dies sind die Wahnideen.

Das Gemeinsame dieser drei Fälle ist die Tatsache, daß die Psyche als Ganzes keine unteilbare Einheit ist, sondern ein teilbares und mehr oder weniger geteiltes Ganzes. Obschon die einzelnen Teile untereinander zusammenhängen, so sind sie doch von relativer Selbständigkeit, welche so weit geht, daß gewisse Seelenteile entweder gar nicht oder nur selten mit dem Ich in Assoziation treten. Ich habe diese Seelenteile als *autonome Komplexe* bezeichnet und auf die Tatsache ihres Vorhandenseins meine sogenannte *Komplextheorie* der Psyche gegründet[4]. Nach dieser Theorie bildet der Ich-Komplex das für unsere Psyche charakteristische Zentrum. Er ist aber nur einer unter verschiedenen Komplexen. Die andern Komplexe treten mehr oder weniger oft in Assoziation mit dem Ich-Komplex und werden auf diese Weise bewußt. Sie können aber auch längere Zeit existieren, ohne mit dem Ich in Assoziation zu treten. Ein treffliches und allgemein bekanntes Beispiel hiefür ist die

3. Es gibt auch Fälle, wo die Stimmen der Kranken die eigenen bewußten Gedanken laut vortragen. Doch sind dies seltenere Fälle.

4. Vgl. *Allgemeines zur Komplextheorie,* in diesem Bande.

Psychologie der Bekehrung des Paulus. Obschon der Moment der Bekehrung ein absolut plötzlicher zu sein scheint, so wissen wir doch andererseits aus vielfacher Erfahrung, daß zu einer so fundamentalen Umwandlung eine längere innere Vorbereitung gehört; und erst wenn diese vollendet ist, d. h. wenn das Individuum zur Bekehrung reif ist, bricht die neue Erkenntnis mit gewaltigem Affekt durch. Saulus war unbewußt schon längere Zeit ein Christ, daraus erklärt sich sein fanatischer Christenhaß; denn Fanatismus findet sich immer bei solchen Menschen, die einen inneren Zweifel zu übertönen haben. Darum sind die Konvertiten immer die schlimmsten Fanatiker. Die Vision Christi auf dem Wege nach Damaskus bezeichnet bloß den Moment, wo der unbewußte Christuskomplex sich mit dem Ich des Paulus assoziierte. Daß ihm Christus dabei quasi objektiv als Vision gegenübertrat, erklärt sich aus dem Umstand, daß die Christlichkeit des Saulus ein ihm unbewußter Komplex war. Daher erschien ihm dieser Komplex projiziert, als quasi nicht zu ihm selber gehörig. Er konnte sich selber als Christen nicht sehen; daher er aus Widerstand gegen Christus blind wurde und nur durch einen Christen wieder geheilt werden konnte. Die psychogene Blindheit, um die es sich in diesem Falle handelte, ist erfahrungsgemäß immer ein (unbewußtes) Nichtsehenwollen. Das Nichtsehenwollen in diesem Falle entspricht dem fanatischen Widerstand des Saulus gegen das Christentum. Dieser Widerstand ist, wie die Schrift beweist, bei Paulus nie ganz erloschen, sondern brach in seinen Anfällen, die man fälschlicherweise als Epilepsie erklärt, zeitweise wieder hervor. Die Anfälle entsprechen einer plötzlichen Wiederkehr des Sauluskomplexes, der durch die Bekehrung so abgespalten wurde, wie früher der Christuskomplex.

Wir dürfen aus Gründen intellektueller Moral den Fall des Paulus nicht einer metaphysischen Erklärung unterwerfen, sonst müßten wir auch alle ähnlichen Fälle, die sich bei unsern Kranken ereignen, auf die gleiche metaphysische Weise erklären. Damit aber käme man zu ganz absurden Konklusionen, gegen die sich nicht nur die Vernunft, sondern auch das Gefühl sträubt.

In Träumen, Visionen, krankhaften Halluzinationen und Wahnideen treten die autonomen Komplexe der Psyche am deutlichsten hervor. Weil sie dem Ich unbewußt, also fremd sind, erscheinen sie zunächst immer projiziert. Im Traume sind sie durch andere Personen dargestellt, in der Vision gewissermaßen in den Raum projiziert, wie in der Geistesstörung die Stimmen, insofern diese nicht von den Kranken direkt den Personen ihrer Umgebung zugeschrieben werden. Die Verfolgungsideen richten sich bekanntlich häufig auf bestimmte Personen, welche mit den Qualitäten des unbewußten Komplexes ausgestattet werden. Sie werden vom Kranken als feindlich empfunden, weil sein Ich dem unbewußten Komplex feindlich gegenüber steht, etwa wie Saulus seinem nichtanerkannten Christuskomplex. Die Christen wurden von ihm verfolgt als Repräsentanten des in ihm bestehenden, aber von ihm nicht anerkannten Christuskomplexes. Dieser Fall wiederholt sich im Alltagsleben beständig: ohne lange zu zögern ist man stets bereit, irgend eine Annahme über Menschen und Sachen zu projizieren und diese dementsprechend zu hassen oder zu lieben. Da Nachprüfen und Nachdenken so umständlich und schwierig sind, so urteilt man lieber unbeschwert und realisiert nicht, daß man bloß projiziert und somit sich selber zum Opfer eines närrischen Illusionstricks macht. Man gibt sich keine Rechenschaft von der Ungerechtigkeit und Lieblosigkeit solchen Verfahrens, und vor allem denkt man nie an die beträchtliche Einbuße an Persönlichkeit, die man erleidet, wenn man sich aus lauter Fahrlässigkeit den Luxus gestattet, seine eigenen Fehler oder Vorzüge andern anzudichten. Es ist in jeder Hinsicht äußerst unvorteilhaft, den andern für so dumm und so minderwertig zu halten, wie man selber ist, und man sollte um den Schaden wissen, den man damit anrichtet, daß man die eigenen guten Eigenschaften willig an auf Beute erpichte moralische Wegelagerer abtritt.

Die *Geister* sind also, vom psychologischen Standpunkt aus betrachtet, *unbewußte autonome Komplexe, welche projiziert erscheinen,* da sie sonst keine direkte Assoziation mit dem Ich haben [5].

Ich habe vorhin ausgeführt, daß der Seelenglaube ein notwendiges Korrelat des Geisterglaubens sei. Während die Geister als fremd und als dem Ich nicht zugehörig empfunden werden, ist dies bei der oder den Seelen nicht der Fall. Der Primitive empfindet die Nähe oder den Einfluß eines Geistes als unangenehm oder gefährlich und fühlt sich

5. Man möge dies nicht als metaphysische Konstatierung mißverstehen. Die Frage, ob es *Geister an sich* gibt, ist damit nicht von ferne entschieden. Die Psychologie beschäftigt sich nicht mit dem «An-sich» der Dinge, sondern nur mit deren Vorstellung.

erleichtert, wenn der Geist gebannt werden kann. Umgekehrt aber empfindet er den Verlust einer Seele wie eine schwere Krankheit und führt auch eine schwere körperliche Krankheit auf Seelenverlust zurück. Es gibt zahlreiche Riten, den Seelenvogel wieder in den Kranken zurückzulocken. Kinder dürfen nicht geschlagen werden, weil ihre Seele sich sonst beleidigt zurückziehen könnte. Die Seele ist für den Primitiven also etwas, das normalerweise bei ihm sein sollte; die Geister aber scheinen ihm etwas anderes zu sein, das normalerweise nicht in seiner Nähe sein sollte. Er meidet daher auch die Orte, wo sich Geister aufhalten. Er betritt sie nur mit Scheu, zu religiösen oder magischen Zwecken.

Die Mehrheit der Seelen weist auf eine Mehrheit von Komplexen von relativer Autonomie hin, die sich wie Geister verhalten können. Die Seelenkomplexe aber erscheinen dem Ich als zugehörig und ihr Verlust als krankhaft, im Gegensatz zu den Geisterkomplexen, deren Beziehung zum Ich Krankheit bewirkt, und deren Abspaltung Genesung bedeutet. Daher kommt es, daß die primitive Pathologie als Ursache von Krankheit nicht nur den Seelenverlust kennt, sondern auch die Besessenheit durch den Geist. Die beiden Theorien halten sich so ziemlich die Waage. Dieser Sachlage entsprechend müßte man also die Existenz unbewußter Komplexe fordern, welche normalerweise zum Ich gehören, und solcher, welche normalerweise sich dem Ich nicht assoziieren sollten. Erstere sind die Seelenkomplexe, letztere die Geisterkomplexe.

Diese der primitiven Überzeugung geläufige Unterscheidung entspricht nun genau meiner Auffassung des Unbewußten. Das Unbewußte zerfällt nach meiner Auffassung in zwei scharf zu unterscheidende Teile. Der eine Teil ist das sogenannte *persönliche Unbewußte.* Es enthält alle diejenigen psychischen Inhalte, welche im Laufe des Lebens vergessen worden sind. Ihre Spuren sind im Unbewußten noch erhalten, auch wenn jede bewußte Erinnerung erloschen ist. Außerdem enthält es alle subliminalen Eindrücke oder Perzeptionen, welche eine zu geringe Energie besaßen, um das Bewußtsein erreichen zu können. Dazu kommen noch die unbewußten Vorstellungskombinationen, welche *noch* zu schwach und zu undeutlich sind, um die Bewußtseinsschwelle überschreiten zu können. Schließlich finden sich im persönlichen Unbewußten auch alle diejenigen Inhalte, die sich als inkompatibel mit der bewußten Einstellung erweisen. Meist betrifft dies eine ganze Gruppe von Inhalten. Vor allen Dingen unterliegen der Verdrängung wegen Inkompatibilität diejenigen Inhalte, welche uns moralisch, ästhetisch oder intellektuell als unzulässig erscheinen. Bekanntlich kann der Mensch nie nur Schönes, Gutes und Wahres denken und fühlen. Wenn man sich aber bestrebt, eine möglichst ideale Einstellung zu haben, so verdrängt man automatisch alles, was zu dieser Einstellung nicht paßt. Wenn, wie dies bei differenzierten Menschen fast immer der Fall ist, eine Funktion, wie z. B. das Denken, vor allem entwickelt ist und damit das Bewußtsein beherrscht, so wird dadurch das Fühlen in den Hintergrund gedrängt und es gerät damit zum großen Teil ins Unbewußte.

Aus diesen Materialien setzt sich das persönliche Unbewußte zusammen. Den anderen Teil des Unbewußten bezeichne ich als das *unpersönliche oder kollektive Unbewußte.* Wie schon der Name zeigt, enthält dieses Unbewußte keine persönlichen Inhalte, sondern kollektive, d. h. solche, welche nicht einem Individuum allein zugehören, sondern mindestens einer ganzen Gruppe von Individuen, meist einem ganzen Volke, ja sogar der ganzen Menschheit. Diese Inhalte sind nicht Erwerbungen der Individualexistenz, sondern es sind Erzeugnisse von angeborenen Formen und Instinkten. Obschon das Kind keine angeborenen Vorstellungen hat, so hat es doch ein hochentwickeltes Gehirn mit ganz bestimmten Funktionsmöglichkeiten. Dieses Gehirn ist von den Ahnen vererbt. Es ist der Niederschlag der psychischen Funktion der ganzen Aszendenz. Das Kind bringt somit ein Organ ins Leben mit, das bereit ist, mindestens so zu funktionieren, wie es zu allen Zeiten funktioniert hat. Im Gehirn sind die Instinkte präformiert und ebenso alle Urbilder, auf deren Grundlage die Menschen stets gedacht haben, also der ganze Reichtum an mythologischen Motiven[6]. Bei einem normalen Menschen ist es natürlich nicht leicht, ohne weiteres die Existenz eines kollektiven Unbewußten nachzuweisen, aber in seinen Träumen melden sich von Zeit zu Zeit mythologische Vorstellungen.

6. Worunter keinesfalls die jeweilige Gestalt des Motivs, sondern dessen vorbewußtes (und daher unanschauliches) Schema zu verstehen ist. Man kann dieses dem in der Mutterlauge präformiert vorhandenen Kristallgitter vergleichen, das nicht zu verwechseln ist mit dem verschieden ausgebildeten Axialsystem des individuellen Kristalls.

Am deutlichsten sieht man solche Inhalte in Fällen von Geistesstörung, speziell in der Schizophrenie. Dort entfalten sich oft die mythologischen Bilder in ungeahnter Mannigfaltigkeit. Die Geisteskranken produzieren oft Ideenverbindungen und Symbole, die man nicht auf die Erfahrungen ihres individuellen Daseins zurückführen kann, wohl aber auf die menschliche Geistesgeschichte. Es ist primitives mythologisches Denken, welches seine Urbilder reproduziert, und nicht Reproduktion bewußter Erfahrungen [7].

Das *persönliche Unbewußte* enthält also Komplexe, welche dem Individuum zugehören und einen unerläßlichen Teil seines psychischen Lebens bilden. Wenn irgendwelche Komplexe, die mit dem Ich assoziiert sein sollten, durch Verdrängung oder durch Versinken unbewußt werden, so erfährt das Individuum einen Verlust. Und wenn ihm, z. B. durch psychotherapeutische Behandlung, ein verloren gegangener Komplex wieder bewußt gemacht wird, so empfindet es dadurch einen Kraftzuwachs [8]. Die Heilung vieler Neurosen geschieht auf diesem Weg. Wenn dagegen ein Komplex des *kollektiven Unbewußten* sich dem Ich assoziiert, d. h. bewußt wird, so empfindet das Individuum diesen Inhalt als fremd, unheimlich und zugleich faszinierend; auf jeden Fall wird das Bewußtsein dadurch in beträchtlicher Weise beeinflußt, sei es, daß es den Komplex als krankhaft empfindet, sei es, daß es dadurch dem normalen Leben entfremdet wird. Es tritt durch Assoziation eines kollektiven Inhaltes an das Ich immer ein Zustand von «Entfremdung» ein, denn es mischt sich etwas in das individuelle Bewußtsein, das eigentlich unbewußt, d. h. vom Ich getrennt, bleiben sollte. Gelingt es, einen solchen Inhalt wieder aus dem Bewußtsein zu entfernen, so fühlt sich das Individuum erleichtert und normaler. Der Einbruch dieser fremden Inhalte findet sich als charakteristisches Sym-

7. Vgl. dazu: *Wandlungen und Symbole der Libido.* 1912. Neuauflage: *Symbole der Wandlung.* 1952; ferner S. SPIELREIN, *Über den psychischen Inhalt eines Falles von Schizophrenie.* In: *Jahrbuch für psychoanalytische und psychopathologische Forschungen.* Bd. III, 1911. 1. Hälfte, p. 329 ff; J. NELKEN, *Analytische Beobachtungen über Phantasien eines Schizophrenen.* In: *Jahrbuch für psychoanalytische und psychopathologische Forschungen.* Bd. IV, 1912, p. 504 ff.; C. A. MEIER, *Spontanmanifestationen des kollektiven Unbewußten.* In: *Zentralblatt für Psychotherapie.* Bd. XI, 1939.

8. Dieser wird allerdings nicht immer als angenehm empfunden. Man ist ja zuvor mit dem Verlust des Komplexes gar nicht unzufrieden gewesen, solange man die schlimmen Folgen des Verlustes nicht zu spüren bekam.

ptom am Anfang vieler Geisteskrankheiten. Die Kranken werden von fremden und unerhörten Gedanken befallen, die Welt sieht verändert aus, die Menschen haben fremde, verzerrte Gesichter usw. [9].

Die Inhalte des persönlichen Unbewußten empfindet man als zur eigenen Seele gehörig, die Inhalte des kollektiven Unbewußten hingegen erscheinen fremd und wie von außen kommend. Die Reintegration eines persönlichen Komplexes wirkt erleichternd und oft direkt heilend, der Einbruch eines kollektiv-unbewußten Komplexes dagegen ist ein sehr unangenehmes, ja sogar gefährliches Zeichen. Der Parallelismus mit dem primitiven Seelen- und Geisterglauben ist deutlich. *Die Seelen der Primitiven entsprechen den autonomen Komplexen des persönlichen Unbewußten, die Geister dagegen den Komplexen des kollektiven Unbewußten.* Vom Standpunkt der Wissenschaft aus bezeichnen wir prosaischerweise das, was der Primitive als Seelen oder Geister auffaßt, als psychische Komplexe. In Anbetracht der außerordentlichen Rolle, welche der Seelen- und Geisterglaube in der Geschichte und in der Gegenwart spielt, dürfen wir uns mit der bloßen Konstatierung solcher Komplexe nicht begnügen, sondern müssen etwas tiefer in ihr Wesen eindringen.

Man kann diese Komplexe leicht experimentell demonstrieren mittelst des Assoziationsexperimentes [10]. Das Experiment besteht bekanntlich darin, daß man der Versuchsperson ein Wort zuruft, worauf die Versuchsperson so rasch wie möglich mit einem dazugehörigen Wort reagiert. Die Reaktionszeit wird gemessen. Nach der allgemeinen Erwartung müßten alle einfachen Wörter ungefähr mit gleicher Geschwindigkeit beantwortet werden können, und nur «schwierige» Wörter würden eine längere Reaktionszeit verursachen. In Wirklichkeit liegt aber die Sache anders. Es gibt oft unerwartet lange Reaktionszeiten auf sehr einfache Wörter, während schwierigere Wörter rasch beantwortet werden. Es hat sich bei näherer Nachforschung herausgestellt, daß

9. Kenner dieser Materie werden die Einseitigkeit meiner Darstellung beanstanden, denn sie wissen, daß der *Archetypus,* eben der autonome Kollektivinhalt, nicht nur den hier geschilderten negativen Aspekt besitzt. Ich habe mich aber hier auf die landläufige Symptomatologie, wie sie in jedem Lehrbuch der Psychiatrie zu finden ist, und auf die ebenso landläufige Abwehreinstellung gegen das Ungewöhnliche beschränkt. Selbstverständlich hat der Archetypus auch eine positive Numinosität, deren ich a. a. O. reichlich Erwähnung getan habe.

10. Vgl. meine Schrift *Diagnostische Assoziationsstudien.* 1906.

lange Reaktionszeiten meistens dann eintreten, wenn das Reizwort auf einen Inhalt trifft, der stark gefühlsbetont ist. Außer der Verlängerung der Reaktionszeit treten auch noch andere charakteristische Störungen auf, auf deren Einzelheiten ich hier nicht eingehen kann. Die gefühlsbetonten Inhalte betreffen meistens Dinge, von denen die Versuchsperson möchte, daß sie dem andern unbekannt blieben. Es handelt sich in der Regel um etwas peinliche und darum verdrängte Inhalte, sogar etwa um solche, welche der Versuchsperson selber unbekannt sind. Wenn ein Reizwort auf einen solchen Komplex trifft, so fällt ihr überhaupt keine Antwort ein, oder es fallen ihr so viele Dinge ein, daß sie aus diesem Grunde gar nicht weiß, was antworten, oder sie wiederholt mechanisch das Reizwort, oder gibt eine Antwort und ersetzt sie gleich durch eine andere usw. Wenn man, nach vollendetem Experiment, die Versuchsperson noch einmal befragt, was sie auf die einzelnen Reizwörter geantwortet hat, so kann sie sich an die gewöhnlichen Reaktionen meistens gut erinnern, an die Komplexwörter dagegen meistens schlecht.

Diese Eigentümlichkeiten zeigen deutlich die Eigenschaften des autonomen Komplexes: er bewirkt eine Störung in der Reaktionsbereitschaft, er entzieht einem die Antwort, oder bewirkt wenigstens eine unverhältnismäßige Verspätung, oder er verursacht eine nicht passende Reaktion, und nachträglich entzieht er auch oft die Erinnerung an die Antwort. Er durchbricht also den bewußten Willen, indem er die Einstellung stört. Darum sprechen wir von der *Autonomie der Komplexe.* Wenn wir einen Neurotischen oder einen Geisteskranken diesem Experiment unterwerfen, so entdecken wir, daß dieselben Komplexe, welche das Reagieren stören, auch zugleich wesentlicher Inhalt der psychischen Störung sind. Sie verursachen nicht nur die Reaktionsstörungen, sondern auch die Symptome. Ich habe einzelne Fälle gesehen, wo gewisse Reizwörter mit fremden und anscheinend sinnlosen Wörtern beantwortet wurden, mit Wörtern, die der Versuchsperson ganz unerwartet heraussprangen. Es klang so, als hätte ein fremdes Wesen aus ihr gesprochen. Diese Wörter gehörten in den autonomen Komplex. Diese Komplexe können, wenn durch einen äußeren Reiz angeregt, plötzliche Verwirrungen des Denkens, Affekte, Depressionen, Angstzustände usw. erzeugen, oder sie äußern sich in Halluzinationen. Kurz, sie benehmen sich so, daß der primitive Geisterglauben als eine ungemein anschauliche Formulierung dafür erscheint.

Wir können nun die Parallele noch weiter ziehen. Gewisse Komplexe entstehen durch schmerzliche oder peinliche Erfahrungen im individuellen Leben. Es sind Lebenserfahrungen affektvoller Art, welche langdauernde psychische Wunden hinterlassen. Eine schlimme Erfahrung kann z. B. wertvolle Eigenschaften eines Menschen unterdrücken. Daraus entstehen unbewußte Komplexe persönlicher Natur. Der Primitive würde in diesem Fall von Seelenverlust sprechen – richtigerweise, denn tatsächlich sind gewisse Teile der Psyche anscheinend verschwunden. Ein Teil der autonomen Komplexe entsteht aus solchen persönlichen Erfahrungen. Ein anderer Teil aber stammt aus ganz anderer Quelle. So leicht ersichtlich die erstere Quelle ist – weil sie eben das jedermann sichtbare äußere Leben betrifft –, so dunkel und schwer verständlich ist die andere, weil sie immer Wahrnehmungen oder Eindrücke von Inhalten des kollektiven Unbewußten betrifft. Gewöhnlich versucht man diese inneren Wahrnehmungen durch äußere Ursachen zu rationalisieren, ohne damit aber der Sache beizukommen. Es handelt sich im Grunde genommen um irrationale Inhalte, welche dem Individuum zuvor nie bewußt waren und die es darum vergebens irgendwo außen nachzuweisen versucht. Die primitive Auffassung drückt dies treffend aus mit ihrer Überzeugung, daß ein fremder Geist dabei seine Hand im Spiele habe. Nach meiner Erfahrung treten diese inneren Erlebnisse entweder dann ein, wenn eine äußere Erfahrung dermaßen erschütternd auf das Individuum eingewirkt hat, daß seine ganze bisherige Lebensanschauung zusammenbricht, oder wenn die Inhalte des kollektiven Unbewußten aus irgend einem Grunde eine so große Energie erlangen, daß sie das Bewußtsein zu beeinflußen vermögen. Dieses letztere Ereignis tritt meines Erachtens dann ein, wenn im Leben eines Volkes oder überhaupt einer größeren menschlichen Gruppe eine tiefgreifende Veränderung politischer, sozialer oder religiöser Natur stattfindet. Diese Veränderung bedeutet zugleich eine Veränderung der psychologischen Einstellung. Wir sind zwar gewohnt, tiefgreifende historische Veränderungen ausschließlich auf äußere Ursachen zurückzuführen. Ich glaube aber, daß die äußeren Umstände öfters mehr oder weniger bloße Gelegenheiten sind, bei welchen die unbewußt vorbereitete, neue Einstellung zu Welt und Leben manifest wird. Durch allgemeine soziale, politische und religiöse Bedingungen wird das kollektive Unbewußte affiziert und zwar in dem Sinne, daß alle diejenigen

Faktoren, welche durch die herrschende Weltanschauung resp. Einstellung im Leben eines Volkes unterdrückt werden, sich allmählich im kollektiven Unbewußten ansammeln und dadurch seine Inhalte beleben. Meistens sind es dann ein Individuum oder mehrere von besonders kräftiger Intuition, welche diese Veränderungen im kollektiven Unbewußten wahrnehmen und sie in mitteilbare Ideen übersetzen. Diese Ideen breiten sich dann rasch aus, weil auch bei den andern Menschen parallele Veränderungen im Unbewußten stattgefunden haben. Es herrscht eine allgemeine Bereitschaft, die neuen Ideen aufzunehmen, obschon andererseits auch ein heftiger Widerstand dagegen besteht. Neue Ideen sind nicht nur bloß Gegner der alten, sondern sie treten auch meistens in einer Form auf, welche der alten Einstellung als mehr oder weniger unannehmbar erscheint.

Wann immer Inhalte des kollektiven Unbewußten belebt werden, so wirkt dieses Ereignis übermächtig auf das Bewußtsein. Es tritt immer eine gewisse Verwirrung ein. Tritt die Belebung des kollektiven Unbewußten ein infolge des Zusammenbruches der Lebenshoffnungen und -erwartungen, so entsteht dadurch die Gefahr, daß sich das Unbewußte an die Stelle der Wirklichkeit setzt. Dieser Zustand wäre krankhaft. Tritt dagegen die Belebung ein durch psychologische Vorgänge im Unbewußten des Volkes, so fühlt sich zwar der Einzelne bedroht oder mindestens desorientiert, aber der daraus hervorgehende Zustand ist kein krankhafter, wenigstens nicht für das Individuum. Wohl aber ließe sich dann der Geisteszustand des ganzen Volkes mit einer Psychose vergleichen. Gelingt die Übersetzung der unbewußten in eine mitteilbare Sprache, so entsteht eine erlösende Wirkung. Die in den unbewußten Inhalten befindlichen Triebkräfte werden durch die Übersetzung ins Bewußtsein übergeführt und bilden eine neue Kraftquelle, welche einen folgenschweren Enthusiasmus auslösen kann [11].

Die Geister sind nicht unter allen Umständen gefährlich und schädlich, sondern können, wenn in Ideen übersetzt, auch segensreiche Wirkungen entfalten. Ein allgemein bekanntes Beispiel für einen solchen Übergang eines kollektiv-unbewußten Inhaltes in die allgemeine Sprache ist das Pfingstwunder. Für den Außenstehenden befanden sich die

11. Die obige Beschreibung des Zustandekommens einer Kollektivpsyche ist im Frühjahr 1919 verfaßt worden. Die Zeitereignisse von 1933 an geben dazu die Bestätigung.

Apostel in einem Zustand ekstatischer Verwirrung[12]. Aber aus eben diesem Zustande heraus vermittelten sie die neue Lehre, welche der unbewußten Erwartung des Volkes den passenden und erlösenden Ausdruck verlieh und sich mit erstaunlicher Schnelligkeit durch das ganze römische Weltreich ausbreitete.

Die Geister sind Komplexe des kollektiven Unbewußten, welche entweder an die Stelle einer verloren gegangenen Anpassung treten, oder eine ungenügend gewordene Einstellung eines ganzen Volkes durch eine neue zu ersetzen trachten. Die Geister sind also entweder krankhafte Gedanken oder noch unbekannte neue Ideen.

Die Geister der Verstorbenen scheinen mir dadurch zu entstehen, daß derjenige Betrag an affektiver Zugehörigkeit, welcher den Verstorbenen mit seinen Angehörigen verband, mit dem Tode seine Realanwendung verliert und darum in das Unbewußte gerät, wo er einen kollektiven Inhalt belebt, der oft keine günstigen Wirkungen auf das Bewußtsein ausübt. Die Bataks und viele andere Primitive sagen daher, daß die Verstorbenen sofort mit dem Tode ihren Charakter verschlechtern und den Lebenden immer irgendwie zu schaden trachten. Sie sagen dies offenbar aus der vielfach gemachten Erfahrung, daß eine unaufgelöste Bindung an Verstorbene die Menschen zum Leben weniger tauglich macht, ja sogar seelische Krankheiten verursacht. Die ungünstige Wirkung kann unmittelbar eintreten in Gestalt von Libidoverlust, Depression und körperlicher Krankheit. Als postmortale Ereignisse werden auch allgemein Spukphänomene berichtet. Es handelt sich dabei in erster Linie um psychische Tatsachen, die man nicht in Abrede stellen kann. Die mit der sogenannten allgemeinen Aufklärung sonderbarerweise verbundene Superstitionsphobie veranlaßt sehr oft, daß höchst interessante Tatsachenberichte schleunigst unterdrückt werden und so der Forschung verloren gehen. Ich habe nicht nur vielerlei Berichte dieser Art bei meinen Patienten eruieren können, sondern selber einiges beobachtet. Aber mein Material ist zu spärlich, als daß ich darauf eine begründbare Ansicht basieren könnte. Immerhin bin ich zur subjektiven Überzeugung gelangt, daß es sich beim Spuk um Tatsachen handelt, von denen man zwar träumt, aber wovon die «Schulweisheit» keine Notiz nehmen will.

12. Apg. 2, 13: «Sie sind voll süßen Weines».

Ich habe in diesem Aufsatz eine psychologische Auffassung des Geisterproblems skizziert, wie sie sich aus der derzeitigen Erkenntnis unbewußter Prozesse ergibt. Ich habe mich ganz auf das Psychologische beschränkt und mit Absicht die Frage, ob Geister auch an und für sich existieren und ihre Existenz durch materielle Wirkungen bekunden könnten, aus der Diskussion gelassen. Nicht etwa, weil ich a priori der Meinung wäre, eine solche Frage wäre unsinnig, sondern weil ich nicht in der Lage bin, irgendwie beweisende Erfahrungen beizubringen. Mein Leser ist sich wohl mit mir bewußt, wie außerordentlich schwierig es ist, Beweise für die unabhängige Existenz der Geister zu finden, denn die gewöhnlichen spiritistischen Kommunikationen sind meist nichts anderes als sehr alltägliche Manifestationen des persönlichen Unbewußten. Immerhin gibt es erwähnenswerte Ausnahmen. So möchte ich auf den merkwürdigen Fall, den STEWART E. WHITE in einer Reihe von Büchern beschreibt, aufmerksam machen. Die Kommunikationen haben hier einen ungewöhnlich tieferen Gehalt als anderswo. So werden z. B. eine Reihe von archetypischen Ideen produziert, darunter z. B. der Archetypus des Selbst, sodaß man beinahe meinen könnte, es handle sich um Entlehnungen aus meinen Schriften. Ganz abgesehen von einem bewußten Plagiat halte ich auch eine kryptomnestische Reproduktion für unwahrscheinlich. Es dürfte sich wirklich um genuine Spontanproduktion des kollektiven Archetypus handeln. Das ist an sich nichts Außergewöhnliches, da man gerade den Typus des Selbst überall in der Mythologie, wie in individuellen Phantasieprodukten antreffen kann. Die spontane Bewußtwerdung von Kollektivinhalten, deren Vorhandensein im Unbewußten von der Psychologie schon längst eruiert worden ist, gehört mit zu der allgemeinen Tendenz mediumistischer Kommunikationen, die Inhalte des Unbewußten ins Bewußtsein überzuführen. Ich habe den weitaus größeren Teil der spiritistischen Literatur gerade auf die in den Kommunikationen zutage tretenden Tendenzen untersucht und bin dabei zum Schlusse gekommen, daß im Spiritismus ein Spontanversuch des Unbewußten vorliegt, in kollektiver Form bewußt zu werden. Die Bemühungen der sogenannten Geister laufen darauf hinaus, entweder die Lebenden direkt bewußter zu machen, oder den neu Verstorbenen – und damit indirekt wieder den Lebenden – ihre psychotherapeutischen Bemühungen angedeihen zu lassen. Der Spiritismus als Kollektiverscheinung verfolgt also dieselben

Ziele wie die ärztliche Psychologie und dabei produziert er sogar, wie seine neuesten Manifestationen dartun, dieselben Grundvorstellungen – allerdings in der Form von «Geisterlehren» –, welche für das Wesen des kollektiven Unbewußten charakteristisch sind. Solche Dinge, so verblüffend sie auch sein mögen, beweisen nichts für und nichts gegen die Geisterhypothese. Ein anderes ist es allerdings mit den geglückten *Identitätsnachweisen.* Ich werde nicht die Modetorheit begehen, alles, was ich nicht erklären kann, für Schwindel anzusehen. Es dürfte nur sehr wenige Nachweise dieser Art geben, welche dem Kriterium der *Kryptomnesie* und vor allem der «extrasensory perception» standhalten. Die Wissenschaft kann sich den Luxus der Naivität nicht gestatten. Diese Fragen sind noch zu beantworten. Wer sich aber für die Psychologie des Unbewußten interessiert, dem kann ich nur empfehlen, die Bücher STEWART E. WHITE's zu lesen[13]. Das interessanteste Buch scheint mir *The Unobstructed Universe,* 1944, zu sein. Auch *The Road I know,* 1945, ist bemerkenswert, insofern sich darin eine vortreffliche Anleitung zu jener Methode der *aktiven Imagination* findet, die ich schon seit mehr als 30 Jahren in der Neurosenbehandlung verwende, um unbewußte Inhalte dem Bewußtsein zuzuführen[14]. Man findet in diesen Schriften noch die primitive Gleichung: Geisterland = Traumland (Unbewußtes).

Wo es sich um parapsychologische Phänomene handelt, so scheinen diese in der Regel mit der Gegenwart eines Mediums verbunden zu sein[15]. Sie sind, soweit wenigstens meine Erfahrung reicht, exteriorisierte Wirkungen unbewußter Komplexe. Von diesen Exteriorisationen bin ich allerdings überzeugt. Ich habe z. B. vielfach telepathische Wirkungen unbewußter Komplexe gesehen und auch eine Reihe parapsychologischer Phänomene beobachtet. Aber ich kann in all dem keinen Beweis für die Existenz von wirklichen Geistern erblicken, sondern muß dieses Erscheinungsgebiet bis auf weiteres für ein Kapitel der Psycho-

13. Herr Dr. KÜNKEL in Los Angeles hat mich freundlichst auf STEWART E. WHITE aufmerksam gemacht.

14. Eine kurze Schilderung der Methode findet sich in: *Die transzendente Funktion,* in: *Geist und Werk.* 1958; ferner in: *Die Beziehungen zwischen dem Ich und dem Unbewußten.* 1963, Kap. III. (Ges. Werke, Bd. 7)

15. Aber es gibt auch von dieser Regel gewisse bemerkenswerte Ausnahmen. (Vgl. z. B. den ortsgebundenen Spuk.)

logie halten[16]. Ich glaube, die Wissenschaft muß sich diese Beschränkung auferlegen. Darüber aber soll man nie vergessen, daß die Wissenschaft nur eine Angelegenheit des Intellektes ist. Der Intellekt ist nur eine unter mehreren fundamentalen psychischen Funktionen und genügt darum nicht zur Schaffung eines allgemeinen Weltbildes. Dazu gehört zum mindesten auch das Gefühl. Das Gefühl hat vielfach andere Überzeugungen als der Intellekt, und es ist nicht immer zu beweisen, daß die Überzeugungen des Gefühls gegenüber denen des Intellektes minderwertig seien. Wir haben ferner die subliminalen Wahrnehmungen des Unbewußten, welche dem bewußten Intellekt nicht zur Verfügung stehen und deshalb bei einem intellektuellen Weltbild nicht in Betracht kommen. Wir haben daher allen Grund, unserem Intellekt nur eine beschränkte Gültigkeit einzuräumen. Wo wir aber mit dem Intellekt arbeiten, müssen wir wissenschaftlich vorgehen und solange einem Erfahrungssatze treu bleiben, bis untrügliche Beweise seiner Ungültigkeit vorliegen.

16. Nachdem ich seit einem halben Jahrhundert von vielen Menschen und in vielen Ländern psychologische Erfahrungen gesammelt habe, fühle ich mich nicht mehr so sicher wie im Jahre 1919, als ich obigen Satz niederschrieb. Ich zweifle offen gestanden daran, daß eine ausschließlich psychologische Methodik und Betrachtung den in Frage stehenden Phänomenen gerecht werden kann. Nicht nur die Feststellungen der Parapsychologie, sondern auch meine eigenen theoretischen Überlegungen, die ich in meinem Eranosbeitrag von 1946 (vgl. Bd. 14, p. 485.) skizziert habe, führten mich zu gewissen Postulaten, welche das Gebiet der atomphysikalischen Vorstellungen, d. h. des Raum-Zeitkontinuums berühren. Damit wird die Frage der transpsychischen Realität, welche der Psyche unmittelbar zugrunde liegt, aufgeworfen.

BIBLIOGRAPHIE

ALVERDES, Friedrich: Die Wirksamkeit von Archetypen in den Instinkthandlungen der Tiere. In: *Zoologischer Anzeiger* CXIX (Leipzig 1937), pp. 225–236.

BERGER, Hans: Über die körperlichen Äußerungen psychischer Zustände. Jena 1904.

BINSWANGER, Ludwig: Über das Verhalten des psychogalvanischen Phänomens beim Assoziationsexperiment. In: Diagnostische Assoziationsstudien (II, pp. 446–530). Siehe dort.

BOLTZMANN, Ludwig: Populäre Schriften. Leipzig 1905.

BUSSE, Ludwig: Geist und Körper, Seele und Leib. Leipzig 1903.

CHAMBERLAIN, Houston Stewart: Goethe. München 1912.

CODRINGTON, Robert Henry: The Melanesians. Oxford 1891.

CRAWLEY, Alfred Ernest: The Idea of the Soul. London 1909.

DELATTE, Louis: Textes latins et vieux français relatifs aux Cyranides (Bibliothèque de la Faculté de Philosophie et Lettres de l'Université de Liège CXIII). Lüttich 1942.

Diagnostische Assoziationsstudien. Beiträge zur experimentellen Psychopathologie. Hg. von C. G. Jung. 2 Bde. J. A. Barth, Leipzig 1906/10. Neuauflagen je 1911 und 1915.

FLOURNOY, Théodore: Automatisme téléologique antisuicide. Un cas de suicide empêché par une hallucination. In: *Archives de psychologie* VII (Genf 1908), pp. 113–137.

— Des Indes à la planète Mars. Étude sur un cas de somnambulisme avec glossolalie. 3., unveränderte Aufl. Paris und Genf 1900.

FREUD, Sigmund: Sammlung kleiner Schriften zur Neurosenlehre. 2 Bde. Wien 1908/09.

— Die Traumdeutung. Wien 1900.

— Zur Psychopathologie des Alltagslebens. Berlin 1901.

FROBENIUS, Leo: Das Zeitalter des Sonnengottes. Berlin 1904.

GATSCHET, Albert Samuel: The Klamath Language. Zitiert in: LÉVY-BRUHL. Siehe dort.

GROT, Nicolas von: Die Begriffe der Seele und der psychischen Energie in der Psychologie. In: *Archiv für systematische Philosophie* IV/3 (Berlin 1898), pp. 257—335.

HARTMANN, Eduard von: Die Weltanschauung der modernen Physik. 2. Aufl. Bad Sachsa 1909.

HERBERT OF CHERBURY, Edward, Baron: De veritate [Originalausgabe 1624]. Englische Übersetzung (University of Bristol Studies VI). Bristol 1937.

HONORIUS VON AUTUN: Speculum Ecclesiae. Migne, Patrologia Latina CLXXII col. 807 ff.

HUBERT, Henri, und Marcel MAUSS: Mélanges d'histoire des religions. Paris 1909.

JAMES, William: The Principles of Psychology. 2 Bde. London 1891.
JUNG, Carl Gustav*: Über die Psychologie der Dementia praecox: Ein Versuch. Carl Marhold, Halle a. S. 1907. [Ges. Werke III (1968)]
— Wandlungen und Symbole der Libido. Ein Beitrag zur Entwicklungsgeschichte des Denkens. Deuticke, Leipzig und Wien 1912. Neuauflagen 1925 und 1938. Neuausgabe: Symbole der Wandlung. Analyse des Vorspiels zu einer Schizophrenie. Rascher, Zürich 1952. [Ges. Werke V]
— Versuch einer Darstellung der psychoanalytischen Theorie. Deuticke, Leipzig und Wien 1913. Neuausgabe Rascher, Zürich 1955. [Ges. Werke IV (1969)]
— Collected Papers on Analytical Psychology. Hg. von Constance E. Long. Baillière, Tindall & Cox, London 1916. Neuauflage 1917. [Ges. Werke I (1966), II, III (1968), IV (1969), VI (1960 und 1967), XVII]
— Die transzendente Funktion. In: Geist und Werk. Festschrift zum 75. Geburtstag von Daniel Brody. Rhein-Verlag, Zürich 1958. [Ges. Werke VIII (1967)]
— Psychologische Typen. Rascher, Zürich 1921. Neuauflagen 1925, 1930, 1937, 1940, 1942, 1947 und 1950. [Ges. Werke VI (1960 und 1967)]
— Die praktische Verwendbarkeit der Traumanalyse. In: Wirklichkeit der Seele. (Psychologische Abhandlungen IV) Rascher, Zürich 1934. Neuauflagen 1939 und 1947. [Ges. Werke VI (1960 und 1967)]
— Über die Psychologie des Unbewußten. Rascher, Zürich 1943. Neuauflagen 1948, 1960 und 1966 (Paperback). [Ges. Werke VII (1964)]
— Psychologie und Alchemie. (Psychologische Abhandlungen V) Rascher, Zürich 1944. Erweiterte Neuausgabe 1952. [Ges. Werke XII]
— Der Geist der Psychologie. In: *Eranos Jahrbuch* XIV (1946). Rhein-Verlag, Zürich 1947. Leicht verändert als «Theoretische Überlegungen zum Wesen des Psychischen» in: Von den Wurzeln des Bewußtseins. Studien über den Archetypus. (Psychologische Abhandlungen IX) Rascher, Zürich 1954. [Ges. Werke VIII (1967)]
— Die Psychologie der Übertragung. Erläutert anhand einer alchemistischen Bilderserie, für Ärzte und praktische Psychologen. Rascher, Zürich 1946. [Ges. Werke XVI (1958)]
— und Karl KERÉNYI: Einführung in das Wesen der Mythologie. Das göttliche Kind / Das göttliche Mädchen. Rhein-Verlag, Zürich 1951. [JUNGS Beiträge in: Ges. Werke IX/1]
— und PETERSON. Siehe dort.
— und RICKSHER. Siehe dort.
— Siehe auch Diagnostische Assoziationsstudien.
KANT, Immanuel: Anthropologie. Werke VIII, hg. von Ernst Cassirer. Bruno Cassirer Verlag, Berlin 1912–1922.
— Träume eines Geistersehers, erläutert durch Träume der Metaphysik. Werke II.
KERNER VON MARILAUN, Anton: Pflanzenleben II: Geschichte der Pflanzen. 2 Bde. Leipzig und Wien 1891.
KOCH-GRÜNBERG, Theodor: Südamerikanische Felszeichnungen. Berlin 1907.
KÜLPE, Oswald: Einleitung in die Philosophie. 7. Aufl. Leipzig 1915.
LEHMANN, Alfred: Die körperlichen Äußerungen psychischer Zusände. Übersetzung. 3 Teile. Leipzig 1899.

* In diesem Band zitierte Werke, chronologisch.

LEHMANN, Friedrich Rudolf: Mana. Der Begriff des «außerordentlich Wirkungsvollen» bei Südseevölkern. Institut für Völkerkunde, Leipzig 1922.

LÉVY-BRUHL, Lucien: Les fonctions mentales dans les sociétés inférieures. 2. Aufl. Paris 1912.

LIPPS, Théodor: Leitfaden der Psychologie. 2., völlig umgearbeitete Aufl. Leipzig 1906.

LOVEJOY, Arthur: The Fundamental Concept of the Primitive Philosophy. In: *The Monist* XVI (Chicago 1906), pp. 357–382.

LUMHOLTZ, Carl: Unknown Mexico. London 1903.

MAEDER, Alphonse: Heilung und Entwicklung im Seelenleben. Die Psychoanalyse, ihre Bedeutung für das moderne Leben. Zürich 1918.

— Régulation psychique et guérison. Dédié à C. G. Jung pour son 50ième anniversaire. In: *Archives suisses de neurologie et de psychiatrie* XVI (Zürich 1925), pp. 198–224.

MANGET, Joannes Jacobus: Bibliotheca chemica curiosa. 2 Bde. Genf 1702.

MANNHARDT, Wilhelm: Wald- und Feldkulte. 2 Bde. 2. Aufl. Berlin 1904.

MCGEE, W. J. The Siouan Indians – A Preliminary Sketch. In: *Fifteenth Report of the U. S. Bureau of Ethnology for 1893–94* (Washington 1897), pp. 153–204.

MEIER, Carl Alfred: Antike Inkubation und moderne Psychotherapie. Rascher, Zürich 1949.

— Spontanmanifestationen des kollektiven Unbewußten. In: *Zentralblatt für Psychotherapie* XI (Leipzig 1939), pp. 284–303.

MERINGER, Rudolf: Wörter und Sachen. In: *Indogermanische Forschungen* XVI (Straßburg 1904).

NELKEN, Jan: Analytische Beobachtungen über Phantasien eines Schizophrenen. In: *Jahrbuch für psychoanalytische und psychopathologische Forschungen IV* (Leipzig und Wien 1912), pp. 504–562.

NUNBERG, H.: Über körperliche Begleiterscheinungen assoziativer Vorgänge. In: Diagnostische Assoziationsstudien (II, pp. 196–222). Siehe dort.

OSTWALD, Wilhelm: Die Philosophie der Werte. Leipzig 1913.

PECHUEL-LOESCHE, Eduard: Volkskunde von Loango. Stuttgart 1907.

PETERSON, Frederik, und C. G. JUNG: Psychophysical Investigations with the Galvanometer and Pneumograph in Normal and Insane Individuals. In: *Brain* XXX (London 1907), pp. 153—218.

PREUSS, K. Th.: Der Ursprung der Religion und Kunst. In: *Globus* LXXXVI (Braunschweig 1904), pp. 321–327, 355–363, 375–379, 388–392 und LXXXVII (Braunschweig 1905), pp. 333–337, 347–350, 380–384, 394–400 und 413–419.

REID, Thomas: Essays on the Active Powers of Man. Edinburgh 1788.

RHINE, J. B.: New Frontiers of the Mind. Farrar & Rinehart, New York-Toronto 1937. [Deutsch: Neuland der Seele. Deutsche Verlagsanstalt, Stuttgart 1938.]

RICKSHER, C., und C. G. JUNG: Further Investigations on the Galvanic Phenomenon. In: *Journal of Abnormal and Social Psychology* II (Albany, N. Y., 1907), pp. 189–217.

RIVERS, W. H. R.: Instinct and the Unconscious. In: *British Journal of Psychology* X (Cambridge 1919/20), pp. 1–7.

ROSENCREUTZ, Christian: Chymische Hochzeit. Straßburg 1616.

Saint-Graal, Le, ou le Joseph d'Arimathie. Première branche des romans de la table ronde. Hg. von Eugène Hucher. 3 Bde. Le Mans 1875–1878.

SCHILLER, Friedrich: Über die ästhetische Erziehung des Menschen [Originalausgabe 1795]. Sämtliche Werke XVIII. Cotta, Stuttgart und Tübingen 1826.

SCHULTZE, Fritz: Psychologie der Naturvölker. Entwicklungspsychologische Charakteristik des Naturmenschen in intellektueller, ästhetischer, ethischer und religiöser Beziehung. Leipzig 1900.

SELIGMANN, C. G.: The Melanesians of British New Guinea. Cambridge 1910.

SILBERER, Herbert: Probleme der Mystik und ihrer Symbolik. Wien und Leipzig 1914.

SÖDERBLOM, Nathan: Das Werden des Gottesglaubens. Untersuchungen über die Anfänge der Religion. Übersetzung. Leipzig 1916.

SPENCER, Baldwin, und F. J. GILLEN: The Northern Tribes of Central Australia. London 1904.

SPIELREIN, Sabine: Über den psychologischen Inhalt eines Falles von Schizophrenie. In: *Jahrbuch für psychoanalytische und psychologische Forschungen* III (Leipzig und Wien 1911), pp. 329–400.

SPINOZA, Benedictus de: Die Ethik. 2. Teil: Über die Natur und den Ursprung des Geistes, Definitionen. Übersetzung. Hg. von J. Stern. Leipzig 1887.

STERN, L. William: Über Psychologie der individuellen Differenzen. Ideen zu einer «Differentiellen Psychologie». (Schriften der Gesellschaft für psychologische Forschung XII) Leipzig 1900.

TYLOR, Edward B.: Die Anfänge der Cultur. Untersuchungen über die Entwicklung der Mythologie, Philosophie, Religion, Kunst und Sitte. Übersetzung. 2 Bde. Leipzig 1873.

VERAGUTH, Otto: Das psychogalvanische Reflexphänomen. Berlin 1909.

VISCHER, Friedrich Theodor: Auch Einer. Eine Reisebekanntschaft. 2 Bde. 9. Aufl. Stuttgart 1902.

WARNECK, J.: Die Religion der Batak. Leipzig 1909.

WHITE, Stewart E.: The Road I Know. New York 1942; London 1951.

— The Unobstructed Universe. New York 1940; London 1949.

WUNDT, Wilhelm: Grundzüge der physiologischen Psychologie. 3 Bde. 5., völlig umgearbeitete Aufl. Leipzig 1903.

Bei neueren Werken (von 1920 an) ist nach Möglichkeit auch der Verlag angegeben.